# 全民健身　国家战略

国家体育总局　编

人民体育出版社

**图书在版编目（CIP）数据**

全民健身 国家战略 / 国家体育总局编. —北京：人
民体育出版社，2016
ISBN 978-7-5009-5068-4

Ⅰ. ①全… Ⅱ. ①国… Ⅲ. ①全民健身—中国
Ⅳ. ①G812.4

中国版本图书馆 CIP 数据核字（2016）第 278258 号

\*

人民体育出版社出版发行
三河兴达印务有限公司印刷
新 华 书 店 经 销

\*

787×1092 16 开本 16.5 印张 300 千字
2016 年 12 月第 1 版 2016 年 12 月第 1 次印刷
印数：1—5,000 册

\*

ISBN 978-7-5009-5068-4
定价：60.00 元

社址：北京市东城区体育馆路 8 号（天坛公园东门）
电话：67151482（发行部） 邮编：100061
传真：67151483 邮购：67118491
网址：www.sportspublish.com
（购买本社图书，如遇有缺损页可与邮购部联系）

发展体育运动，增强人民体质，是我国体育工作的根本方针和任务。全民健身是全体人民增强体魄、健康生活的基础和保障，人民身体健康是全面建成小康社会的重要内涵，是每一个人成长和实现幸福生活的重要基础。我们要广泛开展全民健身运动，促进群众体育和竞技体育全面发展。

——习近平

# 《全民健身 国家战略》编委会

# 作 者 名 单

（按章节顺序排列）

冯建中　李颖川　李如龙　李相如

胡鞍钢　邹东涛　向　勇　任　海

魏　翔　郑继伟　刘国永　陈　刚

许基仁　王　兵

# 前 言

冯建中[1]

党中央、国务院高度重视体育工作，十八大以来提出了一系列新思想、新论断、新认识，做出了一系列新决策、新部署、新要求。习近平总书记多次就体育在全面建成小康社会和实现中华民族伟大复兴的中国梦历史进程中的重要意义发表重要讲话。这些关于体育综合价值和多元功能、关于体育协调发展、关于弘扬中华体育精神和奥林匹克精神的重要论述，为体育事业改革发展明确了方向。

整体上看，"十二五"时期全民健身工作完成了三次跨越：第一次跨越是借助于筹办 2008 年北京奥运会，全力唱响"全民健身与奥运同行"主题，将形式多样的全民健身活动与筹备奥运会各项工作同步开展，在全国掀起了一个全民健身的新热潮；第二次跨越是在成功举办北京奥运会后，国务院颁布《全民健身条例》，设立了"全民健身日"，首次明确了公民在全民健身活动中的权利，确立了全民健身工作的法律地位，明确"国务院制定全民健身计划，明确全民健身工作的目标、任务、措施、保障等内容，县级以上地方人民政府根据本地区的实际情况制定本行政区域的全民健身实施计划"。随后印发了《全民健身计划（2011—2015年)》，提出了"大群体"工作格局；第三次跨越是 2014 年国务院印发 46号文件，提出将全民健身上升为国家战略，首次将全民健身价值定位提高到促进人的全面发展、丰富人民群众精神文化生活、推动经济社会和谐发展、提升国家民族综合实力、倡导相关领域融合发展的全新高度。

全民健身上升为国家战略，使全民健身从系统目标提升为国家目标，这对全民健身工作的思维方式、管理方式、运行机制、内涵外延以及体育

[1]冯建中，国家体育总局原副局长。

产业、体育消费等都产生了重大影响。落实全民健身国家战略，需要准确认识全民健身的国家战略价值，需要切实构建全民健身的国家战略格局，需要统筹推进全民健身的国家战略部署。探索国家战略视野下全民健身的新特点、新内容和新要求，不仅是个实践问题，也是理论、学术界值得认真研究探讨的课题。

　　为更好地适应全民健身上升为国家战略的形势和需求，国家体育总局邀请社会各界人士从文化、经济、社会、媒体等方面，对全民健身国家战略的内涵与价值、正在进行的探索与实践、未来落实的思路和举措进行阐述，并结集形成了这本《全民健身　国家战略》。这本书从什么是全民健身国家战略、如何认识全民健身国家战略、如何落实全民健身国家战略这三个角度进行了解读，13 篇文章既相对独立，又形成体系，可以视为对全民健身国家战略从理论到实践层面的初步探索成果。相信这本书会帮助全国体育工作者以及广大社会公众更好地理解和认识上升为国家战略的全民健身，并为我国全民健身事业的理论与实践发展提供智力支持。恳请社会各界同仁与我们一道，为全民健身成为健康中国建设的有力支撑和全面建成小康社会的国家名片而一起奋斗！

冯建中

2016 年 8 月 8 日

# 目　录

# 第一篇

# 什么是全民健身国家战略：价值内涵

落实全民健身国家战略　引领全民健身伟大实践

什么是国家战略

全民健身战略的国家发展地位

全民健身国家战略：内涵与发展思路

# 落实全民健身国家战略
# 引领全民健身伟大实践

李颖川 ❶

　　当前，我国全民健身工作迎来了重要的战略机遇期。2014 年 10 月，国务院印发《关于加快发展体育产业　促进体育消费的若干意见》（国发〔2014〕46 号），明确地把全民健身上升为国家战略。在我国进入全面建成小康社会决胜阶段，经济发展进入新常态的背景下，全民健身上升为国家战略，具有十分深刻的内涵。同时，中央把足球改革列入全面深化改革的研究议题进行部署；2015 年 7 月，北京联合张家口成功获得 2022 年冬奥会举办权；2016 年 3 月，《国民经济和社会发展第十三个五年规划纲要》明确提出实施全民健身战略是推进健康中国建设的重要内容。这些外部条件的变化，也为全民健身国家战略的贯彻落实带来了新的环境和要求。因此，准确把握全民健身国家战略的深刻内涵，以新发展理念为引领，进一步明确思路，厚植优势，在全面深化体育改革的时代历程中，使全民健身在经济发展新常态下为全面建成小康社会和建设健康中国做出积极贡献，是党和国家对体育系统提出的一项重要战略任务，必须切实抓紧抓好。

## 一、准确认识全民健身国家战略的深刻内涵

　　全民健身上升为国家战略，使全民健身从系统目标提升为国家目标，这是全民健身事业改革发展的重大历史机遇，标志着全民健身进入了一

---

❶李颖川，国家体育总局局长助理。

个新的发展阶段。全民健身上升为国家战略，充分体现了党中央、国务院对体育工作，特别是对全民健身工作的高度重视和殷切期望，这将对全民健身工作的领导体制、运行机制产生重大影响，全民健身与文化、旅游、健康、养老、产业等方面的深度融合，将成为全民健身事业发展的新常态。

国家战略，是综合一国之力而行之的方略，是建设和运用国家各方面的实力和人力，为实现国家总目标而制定的总体性战略。全民健身国家战略要求我们要同心同德、抢抓机遇，因势而谋、顺势而为、乘势而上，将政府、社会、市场、个人的多元诉求统一到国家战略的层面进行统筹、协调、整合，从战略价值、战略格局和战略部署层面打造全民健身事业发展的升级版。

## （一）　全面实现全民健身国家战略的战略价值

战略价值事关整体和长远，决定发展方向和核心利益。全民健身是全体国民增强体魄、健康生活的基础和保障，人民群众的身体健康是实现全面小康的重要方面，是每一个人高质量成长和实现幸福生活的根基。全民健身在提高人民群众身体素质和健康水平，促进人的全面发展；丰富人民群众精神文化生活，推动经济社会和谐发展；提升国家民族综合实力，倡导相关领域融合发展等方面都有着不可替代的作用。在健康中国建设的时代背景下，全民健身和健康中国两个国家战略的叠加效应将显现更加强大的战略价值。我们要进一步更新观念，跳出以往单纯从个体和局部的角度看待全民健身价值的局限，站在中华民族伟大复兴和实现"两个一百年"宏伟目标的高度，来认识全民健身的国家战略价值，不断挖掘和充分展现全民健身的社会价值和综合作用，真正把全民健身从体育系统价值上升为国家战略价值。

## （二）　切实构建全民健身国家战略的战略格局

战略格局体现关系和结构，决定总体摆位和力量配比。国务院颁布

《全民健身条例》和《全民健身计划》后，全民健身已经纳入各级政府的经济社会发展大局中通盘谋划。经过近几年持续不断的努力，"政府主导、部门协同、全社会共同参与"的"大群体"工作格局日益巩固，效果逐步彰显。各级党委和政府以切实做好"三纳入"为切入点，不断健全全民健身工作领导协调机制，强化部门协作意识，调动社会各方力量，共同推动事业发展。我们要进一步巩固成果，推动建立更高层次的全民健身领导协调机制，利用国家制定"十三五"国民经济和社会发展规划与各项事业发展规划，参与文化体制改革和落实健康、卫生、养老、文化、旅游服务业和体育产业新政的机会，通过制定相关配套文件和实施细则，切实把全民健身列为各级政府和相关部门的工作内容，真正把全民健身从体育系统格局上升为国家战略格局，实现跨界整合，融合发展。

## （三）统筹推进全民健身国家战略的战略部署

战略部署涉及举措和效果，决定工作步骤和政策绩效。"十二五"时期以来，各级体育部门以构建覆盖城乡、比较健全的全民健身公共服务体系为目标，采取了多项措施，基本公共体育服务水平大幅提升。近一段时间，国家体育总局专门印发了《国家体育总局关于加强和改进群众体育工作的意见》等一系列与全民健身改革发展密切相关的文件，努力推动体育事业新一轮改革创新。我们要进一步解放思想，按照十八大以来中央的精神，围绕十八届三中全会全面深化改革的战略部署，加快转变政府职能，转变事业发展方式，改革事业发展的体制机制，实施创新驱动发展战略。围绕十八届四中全会全面推进依法治国的战略部署，深入推进依法治体，依法行政，完善法规法制建设，运用法治思维推进改革和决策。围绕十八届五中全会关于"十三五"时期国家各项事业发展要统一遵循的新发展理念，科学地做好"十三五"时期全民健身各项制度的顶层设计，围绕十八届六中全会全面从严治党的战略部署，提高执政党的战斗力和执政水平，真正把全民健身从体育系统部署上升为国家战略部署。

# 二、全面把握全民健身国家战略的时代特点

## （一）全面建成小康社会提出的新要求

全民健身是全面建成小康社会的重要基础。习近平总书记指出："没有全民健康，就没有全面小康。"全面建成小康社会为全民健身国家战略的落实提出了新要求，全面建成小康社会要求全民健身要重点加强基本公共服务体系建设。发展人民满意的公共体育事业，实现到 2020 年人人享有基本的公共体育服务，这是体育系统保障基本民生、使人民共享发展成果的重要体现。十八届五中全会强调，必须坚持发展为了人民、发展依靠人民、发展成果由人民共享，做出更有效的制度安排，使全体人民在共建共享中有更多的获得感。"十三五"规划指出，当前我国的基本公共服务供给仍然不足，我们要按照全面建成小康社会新的目标要求，不断完善全民健身公共服务体系，稳步提高基本公共服务均等化水平，使政府主导、部门协同、全社会共同参与的全民健身事业发展格局更加明晰，满足人民群众日益增长的体育需求。

全民健身要为全面建成小康社会提供人力资源支撑。目前，我国 15~64 岁年龄段人数已达 10 亿，这是我国国家财富的主要创造者，是全面建成小康社会的重要原动力。有研究结果显示，2015 年，中国人口平均预期寿命已超过 76 岁。从健康总人力资本角度来看，中国总人力资本从新中国成立前 189 亿人岁增至当前 1014 亿人岁，是新中国成立前的 5.4 倍。我们要通过全民健身活动的广泛开展，大力推动我国适龄人群进行体育健身活动，增强身体素质和健康水平，实现到 2020 年"十三五"末期人均预期寿命增加 1 岁的目标，显著增加人民健康寿命，对提高我国的劳动生产率形成有力支撑。

## （二）健康中国建设提供的新空间

国民经济和社会发展"十三五"规划中提出，推进健康中国建设，坚持预防为主的方针，推广全民健身，提高人民健康水平。2016 年 8 月份召开的全国卫生与健康大会提出要实现全民健身与全民健康深度融合。健康中国的内涵和主体是健康人民，主要目标是全民健身和全民健康指标达到中高收入国家水平。

大力推进全民健身，重在提高身体素质，加强疾病预防。根据 2013 年的统计数据，生活方式病导致的死亡已占到我国总死亡率的 87%，我国心脑血管病患者达 2.9 亿人，糖尿病患者有 1.14 亿人。2014 年，我国医疗机构就诊人数超 76 亿人次，住院人数超 2 亿人次。与此同时，全国医院数量为 25860 家，卫生技术人员 758.98 万。随着人口老龄化进程的加快，国家医疗资源紧张的矛盾不断加剧。相比被动式、高成本、短收益的医疗健康方式，全民健身是一种主动式、低成本、长收益的健康策略，有利于疾病防治关口前移，缓解医疗资源紧张。

全民健身有助于慢性病等重大疾病综合防治，降低国家医保的财政支出。有国外学者研究指出，在体育健身上投入 1 块钱，在医疗投入上就节省 10 块钱。我国慢性病治疗费用占医疗费用总支出的 70%。全民健身与医疗结合，有利于降低慢性病患者治疗费用支出。2014 年 9 月，国家体育总局与广安门医院、北京大学附属人民医院合作，由医生对呼吸病患者进行运动量评估，体育专业人士指导锻炼，与运动结合的治疗手段使患者病情得到不同程度的缓解，医药费呈现显著下降。目前，这种体医结合的治疗模式已经从呼吸病扩展到心脏病等其他慢性疾病。另外，根据国家体育总局对江苏省的调研情况看，南通市通过对使用医保卡用于体育健身消费的职工进行对比研究后发现，80% 以上使用医保卡参与体育健身的人，发热感冒等小病小痛明显减少，医保门诊支出减少 20%~25% 的约占 70%，医保门诊支出减少 15%~20% 的约占 25%。

## （三）经济发展新常态提出的新期待

近年来，受国内外错综复杂的发展环境影响，我国经济运行中的一些矛盾风险日益突出，社会预期和市场信心有所减弱，经济下行压力明显加大，我国经济发展进入新常态。经济发展进入新常态，意味着中国经济已进入一个与过去30多年高速增长期不同的新阶段，实质上就是进入高效率、低成本、可持续的中高速增长阶段。为有效应对新常态，国务院部署打造大众创业、万众创新和增加公共产品、公共服务"双引擎"。体育产业涉及面广、市场潜力大、社会参与性强，在促进经济和社会事业发展方面大有可为。

经济新常态下，体育产业既是重要的民生事业，又是重大的发展工程。从经济发展阶段来看，中国已经进入以"发展型消费"为主的发展阶段，2015年我国经济总量67.7万亿元，人均GDP约8000美元。北京、上海、天津等7省市人均GDP更是超过了1万美元。按照国际经验，当人均GDP达到5000美元，体育产业等发展型消费将呈现"井喷式"的发展态势。另外，近年来我国城市化水平进程不断加快，2014年城市化水平已达54.77%，与世界平均水平大体相当。体育从本质上来说是城市文化，发达国家大众体育发展经验表明，城市化水平达到45%以上时，国民的体育参与需求和体育消费都将快速提高。从相关产业来看，2014年我国文化及相关产业增加值已达到2.39万亿元，占GDP的比重约为3.76%；2015年旅游业总收入4.13万亿元，旅游直接就业2798万人，2014年旅游及相关产业增加值占GDP比重已达4.33%。体育产业是目前少数几个总供给小于总需求的领域，体育消费潜力尚未释放。2014年，全国体育产业总规模1.36万亿元，增加值4040.98亿元，仅占GDP比重0.64%，明显落后于发达国家体育产业占GDP比重1%~3%的水平。同时，我国体育消费以运动服装、器材等"实物型"消费为主，"参与型"消费水平偏低，全年人均消费约为150美元，远低于发达国家人均200~600美元的体育消费水平。因此，伴随我国城乡居民收入持续增加，消费需求不断扩大、消费结构加速升级，以提升人民身体素质和健康水平的全民健身将大有可为。全民健身所带动和释放的巨大体育消费需求，既是体育产业发展巨大的原动力，也将成为中国经济新的消费增长点，助力于中国经济提质增效。

## （四）全面深化体育改革提供的新环境

十八大以来，体育系统不断深化体育事业改革，着力破解制约体育事业发展的突出矛盾，制定实施了一系列改革措施。涉及全民健身工作的主要包括：一是推进职能转变，简政放权，实施行政审批制度改革，出台《国家体育总局关于推进体育赛事审批制度改革的若干意见》，取消群众性和商业性体育竞赛活动审批；二是以中国足球改革为突破口，扎实推进体育社会组织改革试点，出台了《中国足球协会调整改革方案》《以运动项目管理中心和单项体育协会改革委突破口  深化体育管理体制改革的方案》《汽车摩托车运动管理中心改革总体方案》等一系列文件，协会试点改革迈出了实质性步伐；三是启动了第一批 14 个全国性体育协会与国家体育总局的脱钩改革试点工作。另外，国家体育总局推进中央专项巡视反馈意见的整改落实，印发了《国家体育总局关于加强和改进群众体育工作的意见》。

全面深化体育工作改革的举措，为开展群众体育工作创造了良好的机遇和条件。从内部来看，有利于转变长期以来封闭的群众体育体制，实现群众体育从单一管理向多方治理转变，形成群众体育与竞技体育、体育产业前后衔接、左右联动、上下配套、系统集成的整体效应，更好地发挥群众体育的综合价值和社会功能。从外部来看，各项改革措施的逐步落地，将有助于释放全民健身的社会热情和市场活力，人民群众体育健身意识不断增强，健康生活方式逐渐形成，市场主体日益多元，社会力量参与全民健身的热情不断高涨，体育产业与医疗卫生、文化教育、旅游休闲等相关产业融合发展不断深化。

## （五）北京冬奥会筹办带来的新任务

2022 年北京冬奥会申办成功，为我国冰雪运动和产业的发展注入了强劲动力。习近平总书记指出，在北京举办一场全球瞩目的冬奥盛会，为推广普及我国冰雪运动提供了良好机遇。长期以来，受多重因素影响，冰雪运动在我国发展比较滞后，冬季项目普及程度不高、关注人群比较局限。除了自然环境、文化传统等主、客观因素外，缺乏有效的推动力也是重要原因。筹备和举办 2022 年北京冬奥会，将会使冰雪运动成为人民群众普遍关心的热点项目，在国内掀起冰雪运动的新一轮热潮。

加快推进冰雪运动的普及和发展，是当前及今后一个时期全民健身工作的重要内容，要为实现"三亿人参与冰雪运动"做出积极贡献。2015 年 1 月 14 日，习近平总书记在会见国际奥协主席、亚奥理事会主席艾哈迈德亲王时指出，北京举办冬奥会将带动 3 亿多人参与冰雪运动，这将是对国际奥林匹克运动发展的巨大贡献。申办成功后，党和国家领导人对加快推动冰雪运动的普及与发展高度关注和重视，习近平、李克强、张高丽、刘延东等领导同志多次做出重要批示和指示。2016 年 3 月 18 日，习近平总书记在听取北京冬奥会、残奥会筹办工作情况汇报时再次强调，要把推动冰雪运动普及贯穿始终，大力发展群众冰雪运动，增强人民体质。3 月 24 日，张高丽同志在出席第 24 届冬奥会工作领导小组第二次全体会议时也强调："大力推动冰雪运动发展和普及，尽快补上冬季运动短板。"当前，距 2022 年北京冬奥会开幕还有 6 年多的时间，人民群众热情高涨、社会力量积极参与，全民健身工作要顺势而动、借势发力，补齐冬季项目发展的短板，扩大冰雪运动参与人口，完善冰雪运动场地设施，丰富冰雪运动活动内容，实现冬季项目和夏季项目的协调发展，同时也为体育产业发展增添强大动力。

## 三、新发展理念对落实全民健身国家战略提出新要求

创新、协调、绿色、开放、共享的发展新理念是党中央十八大以来提出的治国理政重大理论创新成果，关系我国发展全局的深刻变革。新

发展理念在每个领域都能找到契合自己发展的落脚点，是战略机遇期内涵发生深刻变化形势下，事关全局、根本、方向和长远发展的"纲"与"魂"。"十三五"规划指出，实现发展目标、破解发展难题、厚植发展优势，必须牢固树立和贯彻落实五大发展理念。当前，全民健身工作机遇与挑战并存，落实全民健身国家战略必须要贯彻好五大发展理念，抓住新机遇，引领新发展。

（一）坚持创新发展，把创新摆在全民健身工作的核心位置，解决发展动力问题。创新是引领发展的第一动力。随着经济发展进入新常态和体育工作改革进入深水区，对照贯彻落实全民健身国家战略的要求，全民健身工作需要通过不断推进各方面创新，尤其是理论创新、制度创新、技术创新、手段创新，来激发和形成新的活力与动力。比如，创新全民健身管理体制和运行机制，培育和壮大体育社会组织，发挥好市场在资源配置中的决定性作用；创新全民健身经费筹集和投入模式，改变政府一家投入的现状，调动社会资本投入全民健身工作的积极性等。坚持全民健身创新发展，首先要把发展基点放在创新上，把创新摆在核心的位置，通过形成促进创新的体制架构释放改革红利，依靠创新驱动发展。

（二）坚持协调发展，实现全民健身工作系统发展、整体发展，解决发展不平衡问题。协调是持续健康发展的内在要求。十八届五中全会提出协调发展的理念，旨在补齐发展短板，解决发展不平衡问题，体现了目标导向和问题导向的统一。对于全民健身工作来说，必须牢牢把握全民健身国家战略的深刻内涵和总体要求，准确认识全民健身在经济社会发展中的定位和价值，找准短板，正确处理发展中的重大关系。从总体布局看，要主动适应经济发展新常态，与经济、社会和民生等领域改革发展相协调，统筹研究和实施好各项重大政策、重大工程和重大项目。从体育工作看，要推动体育事业和体育产业协调发展，竞技体育和群众体育协调发展，夏季项目和冬季项目协调发展，奥运项目和非奥项目协调发展等。从全民健身工作本身看，要调整优化资源配置，建设完善好全民健身公共服务体系，推动城乡、区域协调发展，实现青少年等不同人群的协调发展。总之，就是要打破路径依赖，在协调发展中拓宽发展空间，在加强薄弱领域中增强发展后劲，不断增强全民健身发展的整体性。

（三）坚持绿色发展，要牢固树立生态环境意识，通过全民健身工作促进人与自然的和谐共存。绿色是永续发展的必要条件。按照十八届五中全会部署，坚持绿色发展理念，必须在促进人与自然和谐共生、推动低碳循环发展、全面节约和高效利用资源等6个方面加大工作力度。全民健身工作在绿色发展理念下大有可为。从社会经济大局来看，全民健身是生态优势转化为发展优势的重要路径。任何全民健身赛事和活动的开展必须以良好的生态条件为基础，与此同时，体育赛事和活动所带来的交通、住宿、饮食、旅游等各种消费需求可有效拉动当地的经济发展和增加就业。其次，从全民健身工作本身来说，要推动形成有利于低碳循环的生活方式，既要大力加强科学健身教育，倡导健康生活方式，增强人民体质，还要努力建设全民健身"三边工程"（身边的场地、身边的组织和身边的活动）等，方便群众就近开展健身活动，形成全民健身低碳生活方式。

（四）坚持开放发展，把全民健身工作深度融入我国社会经济发展大局，积极参与世界体育文化交流，解决发展内外联动问题，拓展发展新空间。开放是事业繁荣发展的必由之路。全民健身上升为国家战略，对体育工作提出了新的要求。从深化体育工作改革释放内生动力来看，全民健身要突破当前政府一家办体育的管理体制和运行机制，构建"政府主导、部门协同、智库和社会组织等社会力量共同参与"的开放型管理格局。从顺应经济新常态要求来看，全民健身是体育产业发展的基础，对拉动居民体育消费具有重要推动作用，要进一步推动全民健身与医疗、教育、旅游、媒体、文化等相关行业对接融合，实现资源共享和联动效应；要积极融入国家一带一路、京津冀协同发展、长江经济带三大战略，扩展全民健身工作新领域。从发挥后发优势实现赶超发展来看，全民健身要积极利用全球资源，在政策研制、科学研究、人才培养、赛事活动等各方面积极参与并主动开展国际合作，深化人文交流，实现互利共赢。

（五）坚持共享发展，要重点加强全民健身公共服务体系建设，着力增进人民福祉，增强获得感，解决社会公平正义问题。共享是中国特色社会主义的本质要求。党的十八届五中全会指出："坚持共享发展，必须坚持发展为了人民、发展依靠人民、发展成果由人民共享，做出更有效的制度安排，使全体人民在共建共享发展中有更多获得感，增强发展动力，增进人民团结，朝着共同富裕方向稳步前进。"全民健身是重大民生工程，关系千家万户的切身利益。要坚持把全民健身公共服务和基本健身设施作为公共产品向全民提供的核心理念，着力保基本、兜底线、补短板，加强公共体育服务制度建设，努力增加全民健身公共产品供给，让人民群众共同享有改革带来的实惠。"十三五"期间，要以全民健身工作为抓手，推动建设群众身边的场地设施、广泛开展群众喜闻乐见的体育健身活动，把中央的好理念化成群众的获得感。

## 四、落实全民健身国家战略的重点举措

落实全民健身国家战略是今后一个时期的长期任务，需要加强顶层设计，分步推进实施。《全民健身计划（2016—2020 年》是"十三五"时期体育系统落实全民健身国家战略的重要指导文件，当前要重点结合《全民健身计划（2016—2020 年)》中的目标任务和措施要求，全面做好落实工作：

### （一）加快转变政府职能，形成适应形势发展的管理体制

党的十八大以来，中央提出全面深化改革，完善和发展中国特色社会主义制度，推进国家治理体系和治理能力现代化。治理理论强调管理的多中心、多主体，要限制和缩小政府职能，实现政府和社会对公共事务的互动和合作。近年来，国家体育总局以转变政府职能为主线，以足球改革和行业协会脱钩为契机，通过简政放权、依法行政，重点解决管

办不分、政社不分、政企不分等问题，释放社会和市场活力，突出服务职能，在体育管理体制改革方面推进力度很大。随着各项改革措施的逐步落地，群众体育管理体制正逐渐从计划经济体制下的政府管理模式向社会主义市场经济体制下的政府治理模式转变，全民健身工作开展的体制性约束正在逐步突破，体制环境大为改善。从推进落实全民健身国家战略的要求来看，下阶段我们还需要按照中央转变政府职能的要求，继续加强以下几个方面的工作：

一是坚持问题导向，问需于民。体育工作改革要体现政府、社会、市场和公民等不同主体的利益诉求。在《全民健身计划（2016—2020年)》的研制过程中，国家体育总局开门纳言、上下联动，社会各界提出了很多很好的意见、建议和期待。这是我们下阶段继续深化体育工作改革的重要基础和支撑，要系统梳理、归纳和研究，尽快出台相配套的改革措施方案。

二是继续简政放权，做到放管并重。取消群众性和商业性赛事审批后，马拉松、自行车等项目快速发展，足球、篮球等职业联赛持续火爆，说明我们的体育工作改革达到了释放市场活力、丰富体育产品供给的预期目的。因此，要进一步坚定思想，持续推进行政审批制度改革，充分发挥社会力量和市场机制的作用。但同时我们也要清楚看到当前暴露出的赛事服务水平参差不齐、联赛管理能力不足、市场监管缺位等各种突出问题。进一步明确政府管什么、管多宽、怎么管，实行"权力清单"和"负面清单"制度，有所为有所不为；要从"管理"向"服务"转变，集中精力制定政策法规和行业标准，为社会和市场参与全民健身工作做好制度保障和营造良好环境，切实履行好仲裁和监管职责。

三是建设完善体育政策法规体系建设，法无授权不可为，强调依法依规行政。2016年2月，国务院公布《关于修改部分行政法规的决定》（国务院令第666号），其中就包括对《全民健身条例》的修改。下阶段，我们要围绕落实全民健身国家战略，抓紧推进《体育法》的修订工作，并以此为契机，稳步推进体育政策法规体系建设。成熟一个、出台一个，包括明确政府、社会和市场在全民健身工作中的职责边界，激励青少年参与体育健身，引导发挥社会力量参与全民健身工作，建立体育征信、纠纷仲裁机制等，逐步消除模糊认识、厘清模糊地带，形成有利于全民健身和体育产业发展的政策体系，使各项工作做到有法可依。

四是加快监督问责机制建设，抓好各项已出台文件的贯彻落实工作。明确各有关单位和部门的任务分工和职责划分，逐项建立台账，做到任务分解细化、责任落实到人；建立各地自查、实地督查、第三方评估等多种形式相结合的督导检查长效机制，定期跟踪督办；建立信息通报制度，对逾期未办结的工作，通过督办通知、向相关部门（省政府）分管负责人通报以及向社会公开发布等多种形式，予以公布。

## （二）围绕全民健身工作特点，做实不同层面的工作机制

全民健身内涵十分丰富，事业发展涉及不同领域、多个部门，需要各级政府间、政府不同部门间、体育系统内部各部门间的协同配合，需要充分借助于各方面的力量和资源共同推进。体育部门要充分借助于当前国家对体育工作高度重视的机会，因势利导，建立并做实不同层面的协调工作机制，提升体育部门的话语权和资源整合能力。

### 1. 以健康中国建设为契机，推动建立国家层面的全民健身工作机制

落实全民健身国家战略，需要推动建立与之相配套的领导协调机制。全民健身作为非医疗干预健康的重要手段，已逐渐得到党中央、国务院和有关部门的普遍认可和重视。2015年11月，"国务院防治重大疾病工作部际联席会议制度"将国家体育总局列为成员单位；《健康中国建设规划（2016—2020年）》和国家"十三五"规划也将全民健身作为健康中国建设的重要内容。我们要紧密围绕健康中国建设，充分借助于"十三五"

规划的贯彻落实，努力推动国家层面工作机制的建立，通过高层次协调机制解决全民健身工作在政策制定、经费投入、服务保障、协调发展等各方面的瓶颈问题。国家层面协调机制的建立，也将为更多省市建立相应机制形成表率并提供有效支撑。

## 2. 丰富完善大群体工作格局，做实部委层面全民健身工作机制

近年来，"政府主导、部门协同、全社会共同参与"的大群体工作格局已基本形成，但从实际效果来看，部门协同的机制还没有真正建立，全社会共同参与的程度还有待提升。在继续联合各有关部委共同贯彻落实《全民健身计划（2016—2020年）》的基础上，国家体育总局要利用参与文化体制改革和落实健康、卫生、养老、文化、旅游服务业和体育产业新政的机会，切实把全民健身列为各级政府和相关部门的工作内容，真正推动全民健身实现跨界整合，融合发展。一是政府主导要抓住要害，在政策导向、督导检查、顶层设计上发挥更大作用；二是部门协同要进一步深化、细化、具体化，要根据部门职能将各单位分门别类，结合全民健身工作特点、性质提出针对性的融合发展思路；三是改善当前社会参与不够的状况，促使政府、社会、市场和公民在全民健身工作中各负其责、各尽其能、各尽其力。

## 3. 推进试点、不断创新，探索全民健身上下联动的新机制

近年来，国家体育总局在推动全民健身、形成有效工作机制方面做了很多好的探索和尝试。比如，在全民健身公共服务体系建设方面安排一省、三县、一区进行试点，与江苏省人民政府签署合作协议共建公共体育服务体系示范区，支持宁夏中宁和彭阳县、江西崇义县、北京东城区等地方政府探索全民健身公共服务体系建设；开展"全民健身示范城市（区）"试点工作，选择全国20个城市（区）为试点单位，积累各种特色做法和初步经验；与天津市人民政府签署协议实施"全运惠民"工程，探索利用全运会平台推动当地全民健身工作开展，实现大型综合性运动会综合效益

的最大化。此外，还在积极研究探索"全民健身城市联盟""全民健身公益 TOP 计划""全民健身激励机制"等各种新的措施和机制，有效推进全民健身国家战略的落实。

## （三）配合供给侧结构性改革，有效提高全民健身公共服务产品供给能力

按照全面建成小康社会的总目标和健康中国建设的总要求，不断加强供给侧结构性改革，有效改善体育资源配置，扩大有效供给，显著提高全民健身公共服务供给结构对群众健身需求变化的适应性和灵活性，更好满足人民群众日益增长的多元化的健身需求，努力构建全民健康和全民健身型社会，实现党的十八届五中全会提出的"发展体育事业，推广全民健身，增强人民体质"的任务目标。

### 1. 加强全民健身政策与法制保障

运用法治思维和法治方式推进全民健身公共服务体系建设，在修订《体育法》、制定《公共文化服务保障法》和其他相关法律、行政法规中进一步完善全民健身的立法内容，依法保障公民的体育健身权利。加快完善与全民健身相关的保险政策，确保举办和参与全民健身活动的安全。加快地方全民健身立法，加强全民健身与精神文明、社区服务、公共文化、健康、卫生、旅游、科技、养老、助残等相关制度建设的统筹协调，完善健身消费政策，将加快全民健身相关产业与消费发展纳入体育产业和其他相关产业政策体系。做好全民健身事务中的纠纷预防与化解工作，利用社会资源提供多样化的全民健身法律服务。

### 2. 大力培育和发展体育社会组织和市场组织，实现供给主体多元化和供给方式的多样化

优先扶持和培育全国性体育社会组织。加强各级体育总会作为枢纽型体育社会组织的建设，鼓励筹建全国体育运动学校联合会、全国青少年体育俱乐部联合会，带动各级各类单项、行业和人群体育组织开展全

民健身活动。

扶持和引导基层体育社会组织发展。加强对基层体育社会组织的指导服务，重点培育发展在基层开展体育活动的青少年体育俱乐部和城乡社区服务类社会组织，鼓励基层体育组织依法依规进行登记，为基层体育社会组织创造发展环境。重视发挥健身骨干在开展全民健身活动中的作用，引导、服务、规范其健康发展。推进体育社会组织品牌化发展和在社区体育和青少年体育建设中发挥作用，形成架构清晰、类型多样、服务多元、竞争有序的现代体育社会组织发展新局面。

鼓励私人企业作为市场主体，参与提供全民健身公共服务。市场机制在公益性领域同样可以发挥重要作用。通过大力推进政府购买公共服务、政府与社会资本（PPP）模式等，引导私人企业在体育场地设施建设、体育活动与服务、体育信息与培训等方面发挥日益重要的作用。

### 3. 创新供给机制，增加产品数量，提高产品质量

#### (1) 盘活存量、扩大增量，统筹规划全民健身场地设施建设

按照配置均衡、规模适当、方便实用、安全合理的原则，科学规划和统筹建设全民健身场地设施。着力构建群众身边的全民健身设施网络和城市社区 15 分钟健身圈。一是盘活存量资源。做好已建全民健身场地设施的使用、管理和提档升级，鼓励社会力量参与现有场地设施的管理运营。完善大型体育场馆免费、低收费开放政策，研究制定相关政策鼓励中小型体育场馆免费、低收费开放。确保公共体育场地设施和符合开放条件的企事业单位、学校体育场地设施全部向社会开放。二是扩大增量资源。重点建设一批便民利民的中小型体育场馆，建设县级体育场、全民健身中心、社区多功能运动场等类型的场地设施，结合基层综合性文化服务中心、农村社区综合服务设施建设及区域特点，实现行政村健身设施全覆盖。新建居住区严格落实"室内人均建筑面积不低于 0.1 平方米或室外人均用地不低于 0.3 平方米"配建全民健身设施的要求，不得挪用或侵占。老城区与已建成居住区无全民健身场地设施或现有设施未达到规划建设指标要求的，要因地制宜配建全民健身设施。充分利用旧厂房、仓库、老旧商业设施等闲置资源改造建设为健身场地设施，合

理做好城市空间的二次利用，推广多功能、季节性、可移动、可拆卸、绿色环保的健身设施。利用社会资金，结合国家主体功能区、国家公园和旅游景区的规划与建设，合理利用景区、郊野公园、城市公园、公共绿地及空置场所建设休闲健身场地设施。

(2) 广泛开展全民健身活动，提供丰富多彩的活动供给

因时、因地、因需开展群众身边的健身活动，分层分类引导运动项目发展，丰富和完善全民健身活动体系。大力发展健身走（跑）、骑行、登山、徒步、游泳、球类、广场舞等群众喜闻乐见的运动项目，积极培育帆船、击剑、赛车、马术、极限、航空等具有消费引领特征的时尚休闲运动项目，鼓励开发适合不同人群、不同地域特点的特色运动项目，扶持推广武术、太极拳、健身气功等民族民俗民间传统运动项目。

激发市场活力，为社会力量举办全民健身活动创造便利条件，发挥网络等新兴活动组织渠道的作用，完善业余体育竞赛体系。鼓励各地举办不同层次和类型的全民健身运动会，支持各地结合地域文化、旅游休闲等资源，打造具有区域特色、国际影响和可持续性的品牌赛事活动。利用筹备和举办国际国内大型综合性和专项体育赛事的机会普及体育文化，营造健身氛围，分享赛事遗产，推动竞技体育与群众体育全面协调发展，使举办体育赛事的成果惠及更多群众。

(3) 增加全民健身文化、培训和信息供给

弘扬体育文化，普及健身知识，宣传健身效果，倡导健康新理念。营造以参与体育健身、拥有强健体魄为荣的个人发展理念和社会舆论氛围，把身心健康作为个人全面发展和适应社会的重要能力。发挥体育健身对形成健康文明生活方式的重要作用，通过体育竞赛和活动树立重规则、讲诚信、争贡献、乐分享的良好社会风尚。树立全民健身榜样，讲述体育好故事，弘扬奥林匹克精神和中华体育精神，发挥体育文化在践行社会主义核心价值观、弘扬中华民族传统美德和提升国家软实力方面的独特价值和作用。

创新机制，拓宽渠道，加强全民健身专业指导者队伍建设。一是加强与人力资源和社会保障部、教育部、全国总工会等部门合作，在做好社会体育指导员、运动防护师专业水平提升的基础上，加大运动健康指导相关

专业人员培养力度，继续壮大社会体育指导员、全民健身志愿者队伍。二是加强竞技体育与全民健身人才队伍的互联互通，使全民健身与学校体育、竞技体育形成良性互动，为优秀体育教师和竞技体育人才为全民健身服务创造条件。扶持和发挥好民间健身领军示范人物的指导作用。三是发挥互联网等科技手段在人才培训中的作用，加大对社会化体育健身培训机构的扶持力度。

## 4. 在关键领域谋划实施全民健身重大工程和重点项目

推进全民健身基本公共服务均等化。围绕新型城镇化，推动全民健身基本公共服务向农村延伸，以乡镇、农村社区为重点做好基本公共服务的均等提供，各级地方政府结合实际情况精准落实。坚持普惠性、保基本、兜底线、可持续、因地制宜的原则，重点扶持革命老区、民族地区、边疆地区、贫困地区加快发展全民健身事业，为实施国家兴边富民行动、精准扶贫脱贫、农业现代化等重大战略发挥积极作用。

推进全民健身重点人群建设。加强学校体育教育，将提高青少年的体育素养和养成健康行为方式作为学校教育的重要内容。实施"青少年体育活动促进计划"，积极发挥"青少年阳光体育大会"等品牌活动的示范引领作用，使青少年提升身体素质、掌握运动技能、养成锻炼兴趣，形成终身体育健身的习惯。重视老年人体育，支持社区利用公共服务设施和社会场所组织开展适合老年人的体育健身活动，为老年人健身提供科学指导，发挥全民健身在积极老龄化、健康老龄化方面的独特作用。有效推动残疾人康复体育和健身体育广泛开展。

推进全民健身重点项目建设。加快发展足球运动，着力加大足球场地供给，把兴建足球场纳入城镇化和新农村建设总体规划，鼓励社会力量建设小型、多样的足球运动场地。广泛开展校园足球，抓紧完善大学、高中、初中、小学四级足球竞赛体系。积极倡导和组织形式多样的民间足球活动，举办全国多层级的足球赛事，不断扩大足球人口规模。大力普及推广冰雪运动，利用筹备和举办北京冬奥会的契机，实施群众冬季运动推广普及计划。以京冀优先快速发展为带动，以东北地区全面提升为基础，以西北、华北地区发展为重点，鼓励各地依托当地自然和人文资源，开展适

19

合不同人群、不同需求、形式多样、健康有趣的冰雪健身项目，举办群众喜闻乐见的大众冰雪活动和赛事，实现 3 亿人参与冰雪运动，使冰雪运动的群众基础更加坚实。

### 5. 建立全民健身多元化资金筹集机制，加大资金投入和保障力度

一是加大政府财政资金直接投入。通过一般公共预算、体育彩票公益金等渠道，加大投入，支持改善城乡公共体育设施条件、组织开展全民健身活动、举办体育赛事等。持续推进中央财政安排补助资金支持体育系统大型体育场馆向社会免费、低收费开放工作。完善中央转移支付方式，鼓励和引导地方政府加大全民健身的财政经费投入。县级及以上地方人民政府应将全民健身工作相关经费纳入财政预算，并随着国民经济的发展逐步增加对全民健身的投入。

二是引导建立多元化融资机制。研究制定政府向社会力量购买公共文化服务指导性目录、办法及实施细则，安排一定比例的彩票公益金等财政资金，通过政府购买服务，鼓励社会力量参与全民健身活动、公益性体育培训、健身指导和公益性青少年体育赛事活动等公共服务产品的供给，加大对基层健身组织和健身赛事活动的购买比重。积极探索和推广政府与社会资本合作（PPP）模式在全民健身领域的应用，通过中央预算补助、特许经营、公建民营等多种方式，引导社会力量投资建设全民健身中心、冰场等公共体育设施和运营全民健身服务项目。

三是落实用好有关优惠政策。落实好公益性捐赠税前扣除政策，引导公众对全民健身事业进行捐赠。社会力量通过公益性社会团体或县级以上人民政府及其部门用于全民健身事业的公益性捐赠，符合税法规定的部分，可在计算企业所得税和个人所得税时依法从其应纳税额中扣除。会同财政部共同研究，力争对符合规定条件的体育场馆，用于体育活动的房产、土地，减征或免征房产税、城镇土地使用税，通过税收优惠支持体育产品和服务供给。会同有关部门，研究制定促进社会大型体育场馆免费、低收费开放的相关政策。

## （四）发挥全民健身的动力源作用，促进体育产业快速发展

充分发挥市场机制在资源配置中的决定性作用是体育产业发展的重要基础。在全民健身公共服务供给领域，政府是责任主体，市场机制是辅助手段；但在全民健身私人产品供给领域，企业是责任主体，政府主要做好宏观管理。对于市场竞争性领域，政府部门必须坚决退出，让市场在资源配置中发挥决定性作用。当前，国家体育总局通过取消群众性和商业性赛事审批、推进协会实体化改革等举措，已经在退出市场竞争性领域方面取得了积极成效。下阶段，可依据体育产业统计分类标准，紧密结合当前工作实际，进一步梳理哪些是竞争性的全民健身产品，将其交由市场来提供，政府部门要果断退出。

加强政策引导和保障，在供给和需求两侧发力，促进体育产业健康快速发展。在国务院直接领导下，国家体育总局与发改委、财政部等有关部门紧密合作，不断加强政策研究，促进体育领域有效投资和消费的快速增长。一是积极发挥财政性资金作用，带动社会投资进入体育产业。在保障全民健身公共服务投入的基础上，鼓励各地充分利用彩票公益金支持体育产业发展。引导鼓励各地设立体育产业引导资金，研究设立国家体育产业投资基金的可行性。二是推动场馆开放，培育消费人群。在体育系统大型体育场馆向社会免费、低收费开放的基础上，研究推动社会力量举办的体育场馆免费、低收费开放的可行性。三是大力发展冰雪产业，研制出台《冰雪运动发展规划（2016—2025年）》《加快发展冰雪产业的若干意见》《全国冰雪运动设施建设规划（2016—2022年)》。四是以《健身休闲运动发展中长期规划（2016—2025年)》为框架，制定山地户外、水上运动、航空运动、汽车露营营地等专项规划，引导社会资本投入。

大力推进体育产业与相关产业的融合发展。提高体育本体产业发展水平是体育产业与相关产业融合发展的现实基础。体育产业的多面性、混合性和包容性特点，是其与相关产业融合发展的基础。从国际产业演进规律看，无论是以美国为代表的"混合型体育产业"，还是以英法为代表的

"健康休闲产业"，都反映出体育产业的融合化特征。在美国经济结构的42个部门中，体育产业的关联强度被列为第 8 位，其根本原因就是健身娱乐业、竞赛表演业等本体产业高度发达，从而与旅游、传媒、金融等相关产业形成非常良好的联动效应。其次，体育产业融合发展要分层面逐步推进。根据产业融合理论，产业融合是一个多层面、多内容的融合过程，包括技术融合、业务融合、市场融合三个阶段。在我国体育本体产业尚不完善的前提下，我们需要分步骤推进融合工作：一是通过标准融合和规划融合实现体育产业与相关产业的技术融合。比如，2015 年体育部门已开始会同旅游部门研制起草《体育旅游发展纲要》及相配套的支持目录，支持建设体育旅游示范基地、旅游线路、示范项目。二是通过人才融合和组织融合实现体育产业与相关产业的业务融合。比如，鼓励体育企业与其他行业企业的交叉兼并和重组，整合各自优势资源，降低交易费用和成本，形成新的业务领域。三是从消费者的需求融合和供应商的产品融合来实现体育产业与相关产业的市场融合。比如，拓展医保卡功能，不仅用于结算医疗费用，还可用满足体育健身休闲消费。总之，近两年，随着体育、文化、旅游、医疗等产业国家层面政策的出台，将有效促进各相关领域的深入融合发展，体育产业也将迎来更广阔的发展空间。

推动冰雪运动发展，既是落实全民健身国家战略的重要内容，也是培育新的经济增长点的有效举措。我们要充分利用筹办 2022 年北京冬奥会的重大历史契机，围绕"3 亿人参与冰雪运动"的重点任务，明确思路、补齐短板、夯实基础、增加供给，大力推动冬季群众体育活动的开展，推动我国冰雪运动和冰雪产业的持续、健康、蓬勃发展。一是充分发挥后发优势，加快推进顶层设计。二是加强冰雪运动宣传，开展群众喜闻乐见的冰雪活动，以青少年人群为重点扩大冰雪运动参与人群。三是加强场馆设施建设。四是健全冰雪人才培养体系。五是加快发展冰雪设备和用品制造业。

全民健身上升为国家战略是历史赋予我们的机遇，今后的五年，是全面建成小康社会的决胜阶段，推进健康中国建设的攻坚阶段，也是深化体育改革、倡导形成全民健身新时尚的关键阶段。我们要把握机遇、迎接挑战、提升水平、取得突破，真正让全民健身惠及全体人民，让国家战略引领全民健身的伟大实践。

# 什么是国家战略

李如龙 [1]

　　关于国家战略，学术界还存在着不同的认识和理解，世界上许多国家对国家战略的研究正在开展之中。无论是东方国家还是西方国家，无不把国家战略作为战略体系结构中的第一层次。我国目前比较一致的认识是，战略体系可由国家战略—军事战略—军种战略、战区战略、重大安全领域（核、太空、网络空间）战略三级五类构成，同样把国家战略作为战略体系中的第一层次。

## 一、国家战略概述与内涵

### （一）国家战略的概念

　　国家战略来源于大战略。美国最早使用国家战略一词，并将其正式列为军事用语。第二次世界大战中，英国的大战略概念传入美国，到战后逐渐演变成为国家战略，被美国正式列为军事术语。其定义是："在平时和战时使用军事力量的同时，发展和使用国家的政治、经济和心理力量，以实现国家目标的艺术和科学。"受美国战略理论的影响，日本给国家战略下的定义是："为了达成国家目标，特别是保证国家安全，平时和战时，综合发展并有效运用国家政治、军事、心理等方面力量的方策。"不难看出，美、日国家战略在实质上大同小异。前苏联及东欧国家不使用国家战

---

[1] 李如龙，军事科学院研究员，大校军衔，博士生导师。

略的概念,有的把它等同于大战略,有的认为两者是有区别的,其区别就在于大战略是运用国家力量,达成军事目标,而国家战略则是运用国家力量,达成国家总体目标。

自 20 世纪 80 年代以来,我国学术界也开始了对国家战略的探讨,但尚无统一认定。有的认为,我国虽然没有正式发布国家战略,但它体现在党和国家制定的总路线、总方针、总政策之中;有的则从区别于大战略的意义上来认识和使用国家战略概念,认为国家战略是建设和运用国家各方面的实力和人力,以实现国家总目标而采用的方略。我们注意到,这里强调了"人力"在实施国家战略中的重要作用。国家制定与实施全民健身战略,其目的主要是通过增强全民身心素质,提高人口质量,以更好地实现国家战略目标。

2013 年版《战略学》(军事科学院军事战略研究部编著)对国家战略给出了明确的定义:国家战略是对国家安全与发展全局的筹划与指导,是战略体系结构的第一层次,是指导国家各个领域的总方略。其任务是依据国际国内情况,综合运用政治、军事、经济、科技、文化等国家力量,筹划指导国家建设与发展,维护国家安全,达成国家目标。

## (二) 国家战略的内涵

国家战略的主要内容,包括国家安全战略和国家发展战略两个部分。中国国家战略的基本着眼点是坚定不移走中国特色社会主义道路,坚持和平发展,坚持富国和强军相统一,创造有利于国家安全与发展的良好环境,确保国家政权巩固、社会稳定和长治久安,实现全面建成小康社会和中华民族伟大复兴的奋斗目标。

### 1. 国家安全战略及其内涵

#### (1) 国家安全与国家安全威胁

所谓国家安全,是指一国在特定时空范围内生存与发展免于危害和威胁的客观状态。它是一个历史的动态的范畴。时代所赋予的条件,从根本上规定着国家安全的性质与任务,影响着安全战略的建构与实施。世界多极化、经济全球化、社会信息化的时代背景，改革开放持续深化扩大以及统一大业尚未完成的基本国情，决定了当代中国国家安全具有性质的复杂性和利益的两重性等特征。

国家安全威胁主要包括传统安全威胁与非传统安全威胁两种。

所谓传统安全威胁，主要是指国家面临的军事威胁及威胁国际安全的军事因素。按照威胁程度的大小，可以划分为军备竞赛、军事威慑和战争三类。战争又有世界大战、全面战争与局部战争，国际战争与国内战争。常规战争与核战争等。传统安全威胁由来已久，自从有了国家，也就有了国家间的军事威胁。自 20 世纪七八十年代以来，人们把以军事安全为核心的安全观称为传统安全观，把军事威胁称为传统安全威胁，把军事以外的安全威胁称为非传统安全威胁。

所谓非传统安全，指的是人类社会过去没有遇到或很少见过的安全威胁。具体而言，是指近些年逐渐突出的、发生在战场之外的安全威胁。是相对传统安全威胁因素而言的，指除军事、政治和外交冲突以外的其他对主权国家及人类整体生存与发展构成威胁的因素。非传统安全问题主要包括经济安全、金融安全、生态环境安全、信息安全、资源安全、恐怖主义、武器扩散、疾病蔓延、跨国犯罪、走私贩毒、非法移民、海盗、洗钱等。非传统安全问题有以下主要特点：一是跨国性。非传统安全问题从产生到解决都具有明显的跨国性特征，不仅是某个国家存在的个别问题，而且是关系到其他国家或整个人类利益的问题；不仅是对某个国家构成安全威胁，而且可能对别国的国家安全不同程度地造成危害。二是不确定性。非传统安全威胁不一定来自某个主权国家，往往由非国家行为体如个人、组织或集团等所为。三是转化性。非传统安全与传统安全之间没有绝对的界限，如果非传统安全问题矛盾激化，有可能转化为依靠传统安全的军事手段来解决，甚至演化为武装冲突或局部战争。四是动态性。非传统安全因素是不断变化的，例如，随着医疗技术的发展，某些流行性疾病可能不再被视为国家发展的威胁；而随着恐怖主义的不断升级，反恐成为维护国家安全的重要组成部分。五是主权性。国家是非传统安全的主体，主权国家在解决非传统安全问题上拥有自主决定权。六是协作性。应对非传统安全问题加强国际合作，旨在将威胁减少到最低限度。

### (2) 当代中国安全战略·

国家安全战略是从国家和国际的全局高度筹划和指导维护国家安全利益的方略。国家安全战略是维护国家根本利益的集中体现，国家政治、军事、经济、外交、科技、社会发展等方面的战略决策都应受其指导并与之协调。

当代中国安全战略的基本内涵主要是：立足自身发展，突破战略瓶颈，维护战略机遇期，实现国家与民族的伟大复兴。发展是积聚实力的根本，实力是突破战略瓶颈的保证，突破战略瓶颈才能有效维护战略机遇期，维护好战略机遇期才能真正实现伟大复兴的远大理想。中国安全战略的目标是：维护国家领土、主权的完整和统一；维护海洋权益；维护安定的国内环境与和平、稳定的周边和亚太地区环境；促进社会主义现代化建设的发展和繁荣；维护世界和平，反对霸权主义和强权政治；建立公正、合理的国际政治、经济新秩序等。

中国社会主义的国家性质，以及党的历代领导集体的国家安全思想和国家安全战略的目标，决定了我国国家安全战略的特点是内向型、防御型、和平型的。作为社会主义国家，中国永远不称霸，永远不会欺侮别人，不干涉别国内政；也决不容许别国干涉中国内政。这是我国国家安全战略与美国和西方大国外向型、进攻型、扩张型的安全战略根本的区别。有的权威战略专家把中国的国家安全战略概括为"卫主权、求和平、保稳定、谋合作、促发展"：卫主权，即捍卫和维护国家领土主权的完整和统一，捍卫和维护海洋权益；求和平，即反对霸权主义、强权政治，维护周边、亚太地区和世界和平；保稳定，即确保稳定的政治环境和社会秩序，致力稳定周边环境；谋合作，即在和平共处五项原则和公认的国际关系准则基础上，谋求与所有国家在经济、科技、军事、环保、跨国犯罪等领域建立和发展友好合作关系；促发展，即以加快发展经济为中心，发展科技和教育事业，发展社会主义文化，发展国防力量，发展民族团结，发展生态环保工程，增强综合国力，促进第三世界国家的经济发展，促进世界经济发展和共同繁荣。

## 2. 国家发展战略及其内涵

国家发展战略是筹划指导发展国家的实力和潜力，以实现国家发展目标的方略，是国家战略的重要组成部分。它是包括政治、经济、社会、科技、文化、国防等各个领域的发展的战略。

国家发展与国家安全相辅相成，两者在实现国家战略目标上高度统一。没有国家发展作为国家安全的基础，或者没有国家安全保障的国家和平发展，都是不可想象的。在某种程度上来说，国家安全战略包含着国家发展战略的重要内容，有时两者又是密不可分的。

党的十八大确定了中国发展战略的主要内容是，实施创新驱动发展战略。其核心思想就是提高自主创新能力，建设创新型国家。科技创新是提高社会生产力和综合国力的战略支撑，必须摆在国家发展全局的核心位置。要坚持走中国特色自主创新道路，以全球视野谋划和推动创新，提高原始创新、集成创新和引进消化吸收再创新能力，更加注重协调创新。深化科技体制改革，推动科技和经济紧密结合，加快建设国家创新体系，着力构建以企业为主体、市场为导向、产学研相结合的技术创新体系。完善知识创新体系，强化基础研究、前沿技术研究、社会公益技术研究，提高科学技术水平和成果转化能力，抢占科技发展战略制高点。实施国家科技重大专项，突破重大技术瓶颈。加快新技术新产品新工艺研发应用，加强技术集成和商业模式创新。完善科技创新评价标准、激励机制、转化机制。实施知识产权战略，加强知识产权保护。促进重新资源高效配置和综合集成，把全社会智慧和力量凝聚到创新发展上来。

当前，国家应把发展的基点放在依靠自力更生上，这是中国走和平发展道路的一条重要原则，也是维护国家安全的基本要求。全球化时代，开放发展、合作发展、共同发展为大势所趋，但立足自身发展仍然是国家富强的根本。在全球化的千变万化中，民族国家仍然是国际体系的基本战略元素，国际关系本质上仍然是一种权力关系。国际体系内安全博弈仍然遵循实力原则，还主要是比拼力量的游戏，国家之间仍然依靠超过对手力量优势来摆脱安全困境。在这种前提下，没有哪一个国家愿意把核心技术、关键资源拱手相送，借助于外力实现一般性的发展还可以，实现超越性的发展很难。国家利益、战略目标的实现，只能依靠国家发展来实现。当前，中国正以让世界惊羡的发展速度强盛起来，这是我们信心和力量的源泉。但同时又必须清醒地认识到，我们仍然是一个硬实力和软实力相对有限的地区性大国，是一个前景远大而道路艰险的发展中大国。历史经验表明，解决中国的发展问题，增强中国的综合国力，从根本上要依靠我们自己。维护安全和发展的双重使命，只有自力更生、自主创新、尽早使综合国力出现质的飞升，才能在激烈的国际角逐中立于不败之地。

总之，中国的国家战略所追求的核心利益主要表现在国家安全和国家发展两个方面。国家安全，即维护国家主权和领土完整；国家发展，即以全面、协调、可持续发展为特征的国家进步，这两个方面相辅相成，共同构成了国家走向强大的前提，以国家发展为内容，维护国家安全是实现国家发展的前提；而推进国家建设和现代化事业，不仅能现实地提高人民生活水平，而且也为维护国家安全能够提供有效的力量保障。

# 二、国家战略制定与实施的制约因素

国家战略是在既定条件之上对国家安全与发展的能动驾驭。所谓既定条件，就是一定时期内世界大势和国家形势的综合体现，包括政治、经济、军事、科技、人文、自然等要素，以及这些要素之间的相互关系。简而言之，上述要素也就是国家各方面的实力和人力。全面、深入、准确地研究影响国家战略制定与实施的条件因素，是正确制定国家战略、合理实施国家战略的基础和前提。

## （一）国家战略目标受国家战略能力制约

国家战略目标是国家政治意志和国家利益的最高体现，统领和规范国家安全与发展的各个领域。国家战略目标从根本上决定着国家安全与发展的目标，以及军事力量运用的取向和方式，决定着国防和军队建设的规模和投入，决定着军事资源的时间和空间配置。国家战略的出发点和落脚点，就是要综合运用各种力量和手段，支撑保障国家战略目标的实现，始终坚持在国家发展战略的总体部署下筹划军事力量建设，始终坚持把维护国家利益作为安全与发展的最高准则。国家利益可以区分为核心利益、重要利益和一般利益。核心利益是关系到国家生存和发展的根本利益，对于任何一个主权国家而言，都需要坚决捍卫。在战略上必须把核心利益是否受到严重危害，作为决定军事上战与和的"红线"，而在非核心利益问题上留有余地，尽可能避免对实现国家战略目标造成不必要的干扰和冲击。

国家战略能力是营造态势、应对危机、遏制战争、打赢战争，进而实现国家战略目标的关键性、支柱性能力；同时也是保证和驱动国家和平发展的强大动力。它源于综合国力，由综合国力要素在国家统筹下经过动员、组织转化而来。无论是安全还是发展，更直接地取决于国家战略能力，特别是军事能力的数量、质量和结构。国家决策层的领导指挥能力、经济社会的战争支持能力，是战略应优先和重点考虑的能力条件。国家安全战略与国家发展战略的制定与实施，需要着眼于国家战略能力中政治、经济、军事、科技、文化等能力的综合运用，需要着眼于统筹兼顾当前能力运用和长远能力发展，需要着眼于提高潜力能力转化为现实能力的效率。

需要特别强调的是，在制约国家战略的诸多要素中，除了政治、经济、军事、科技、文化等实力因素之外，"人力"要素不可或缺，它在国家战略的制定与实施中，是必须认真考虑的重要因素。人民体质是否健康，直接关乎国家的安全与发展。

## （二）国家战略筹划受国际战略格局的制约

国家发展的态势是国家因综合国力消长而导致的在国际体系中的地位变化，以及这种变化所造成的相应态势。不同的发展态势决定不同的战略追求。国家战略态势的变化，必然带来国际社会中敌我友等国际关系的变动，带来所承受的国际压力的性质和强度的变动。历史业已证明，一个国家快速崛起，容易成为国际矛盾和斗争的焦点，容易遭到霸权国家的遏制、其他大国的挤压和周边国家的疑惧，更加安全的压力也会随之不断加大。这是出于崛起关键阶段的国家制定和实施国家战略必须考虑的重要因素。

国家发展水平和国际战略格局的变化密不可分。国际战略格局的重大调整，必然牵涉国际体系内不同国家权力地位的再分配，而一个国家，特别是大国发展态势的重大变化，往往对国际战略格局的走向产生深远影响。对国家战略筹划和指导者而言，既需要在国际战略格局的动态发展中把握国家安全与发展的态势，也需要立足国家发展态势来审视国际战略格局演变对自身的影响，这种影响既是政治和经济的，也必然是军事和科技、文化的。

当今国际形势风云变幻，国际战略格局由苏联解体后的美国一超独霸，逐渐呈现出多极化趋势。为了迟滞中国和平发展，美国战略重心逐步转向亚太，强力实施其"分化、西化、弱化、矮化、妖魔化"中国的既定政策；近年来，又利用周边国家对我快速崛起的疑惧和一些国家与我存在的领土海洋权益争端，挑拨离间，制造事端，企图通过网络反华联盟来遏制中国的崛起。面对这种严峻形势和挑战，我们必须创造性地运用中华民族战略智慧，处理好周边关系、中美关系以及安全与发展等一系列重大战略关系，在有利于我国发展的重要战略机遇期内，更多地拓展国家战略利益。周边国家的战略依托作用对于维护中国的安全与发展具有十分重要的战略意义，能否妥善处理好与邻国的关系，直接影响到中国的和平发展和国家统一。"亲善近邻""协和万邦"是中国古今一贯的战略传统，仍应是中国现代国际战略思维所遵循的基本原则，这对于中国走向世界至关重要。随着全球一体化进程的快速发展，我们在规划国家战略时要拥有更广阔的视野，不仅着眼于周边，更要放眼世界，不断拓展有利于中国和平发展的战略空间，广泛加强与世界各国的交流与合作。中国实施"一带一路"战略，以及"亚洲投资银行"的成立，都是在新的国际战略格局下采取的新的国家战略举措。在当前国际战略格局下，我们运用高超的战略智慧，抓住和延伸有利于中国和平发展的战略机遇期，富国强兵，社会和谐，才能实现中华民族的伟大复兴。

## （三）国家战略受地缘政治与地理环境制约

地缘政治与国家地理环境对国家战略的制定与实施具有重要的制约作用，也是国家制定军事战略和对外政策的重要依据；它制约着各势力之间战略关系的确定，同时左右天下战略格局的平衡与动荡。基于地缘因素制定的地缘战略是国家战略的重要组成部分，对于达成国家战略目的具有重大影响。

国际地缘政治是国家之间利用地理关系谋取和维护国家利益所形成的政治生态，可以区分为海洋、大陆和陆海复合三种基本类型，每一种类型的国家，其军事战略都或多或少表现出相应特质。国家地理环境包括地理位置、国土幅员、地形地貌、物产资源、气候条件等，对一个国家安全与发展具有最为稳定的制约作用。任何国家制定国家战略，都需要全面考虑本国的地理环境因素，尽可能因地制宜，充分利用地理环境中的有利条件，努力克服地理环境中的不利影响，更加有效地配置战略资源。需要指出的是国家地理环境对国家战略的有利影响和不利影响是相对的可变的，与国家力量和战略取向等有着密切关系。

国际地缘政治动态发展，国家地理环境基本稳定。国际地缘政治的变动，可能带来国家地理环境中某些要素战略权重值的上升或下降。如何依托和利用国家地理环境，如何在复杂激烈的国际地缘政治博弈中争取主动，是国家战略的重要任务。

国家间以地理位置、综合国力和距离远近等要素构成的地缘关系，主要表现为国家间的相互作用，是国家确定对外关系、制定国家战略的重要因素。中国历代统一王朝以及割据势力利用地缘关系制定国家对外战略，对当时的政治格局、经济格局以及军事格局产生了重大影响。先秦诸侯成就霸业、中原王朝开创盛世都与成功实施地缘战略密切相关。历史经验表明，地缘战略实施得当，对于增强自身实力，扩大势力范围，改变敌我力量对比，掌握对敌斗争主动权，具有十分重要的作用。

## （四）国家战略受安全威胁和军事能力的制约

制定国家战略应全面思考国家所面临的安全威胁。关注的焦点在于谁正在或将要威胁自己，威胁的地点在哪里，威胁的性质是怎样的，威胁的方式如何，威胁的强度有多大。只有掌握了这些情况，才能在战略上制定相应的对策。在政治多极化、经济全球化和社会信息化的时代，安全威胁是制定国家战略时首先考虑的重要方面，也是国家制定军事战略最直接的依据。安全威胁和军事能力对国家战略的影响是直接的。国家若没有良好的安全环境，遑论国家发展；国家若没有强大的军事力量做后盾，国家安全也是一句空话。

"有文事者，必有武备。"（《孔子家语》）制定与实施国家战略，必须坚定不移地加强军事力量建设。历史业已证明，如果仅有雄厚的经济实力，而没有强大的军事力量做支撑，实现强国之梦是不可想象的。盛唐的强大同样表现在文治武功的相得益彰。从贞观至开元的一百多年，唐王朝在注重国家发展的同时，始终没有忽视发展军事力量。而宋王朝虽然在经济和文化上曾取得过卓越成就，但执行了"重文抑武"的治国方针，其结果只能是不断地遭受外敌侵凌，不得不以金钱换取和平，这对于国家安全而言，无异于饮鸩止渴。今天的中国离成为世界强国仍有很远的路要走，我们制定与实施国家战略，必须借鉴历史经验，绝不能忽视军事力量建设。维护世界和平与促进共同发展，必须有强大的军事实力做保证。如果不能建设一支与我国地位相适应的军事力量，将无法应对所面临的威胁与挑战，实现强国战略将是一句空话。我们捍卫国家主权和领土完整，以及巩固社会主义政权，必须建设一支与我国领土和幅员相适应的强大的、能肩负重任的军事力量。只有坚持不懈地保持中华民族的尚武精神，我们才能肩负保卫国土及领海资源，保障人民生命财产的安全，以及巩固社会主义政权稳固的重任。应特别强调指出的是，军人是军事力量的主体，兵员的质量（如身体素质、心理健康等）直接关乎军队战斗力。国家实施《全民健身计划》将能切实提高全体国民的身心素质，也必将能够为军队输送高质量的、身心健康的兵员，支撑军事力量的发展与提高。

## （五）国家战略受战略文化与战略思维的影响

文化是一个民族的历程和结果，是一个国家或民族在自然、社会、经济等长期作用下形成的精神财富与物资财富的总和。战略文化则是在一个国家或民族历史文化传统基础上形成的战略思想和战略理论。战略服从服务于政治，同时又不以人的意志为转移地被打上国家或民族历史文化传统的深刻印记。从一定意义上讲，文化为里，战略为表；文化为种，战略为植。战略文化的特性，对一个国家或民族的战略实践具有深远而稳定的影响。中华民族战略文化的灵魂，集中体现在为求和平、谋统一、重防御：求和平表现为贵和尚同、兼爱非攻、慎战节武，非万不得已不使用武力，使用武力必须有所节制，力求以较低战争创伤来维护和平、恢复和平；谋统一，自秦汉以降，历朝历代都以实现天下一统、九州岛共贯作为最高最神圣的政治理想，并在统一战略实施过程中坚持文武兼用、刚柔相济、剿抚结合，强调收心重于收土；重防御，就是不以兵强天下，秉持自卫立场，人不犯我，我不犯人。这种战略文化传统的内在特质，与当代中国特色社会主义的政治属性相融合，形成了走和平发展道路的国家战略选择。战略思维是总揽全局的带有认识方法论的思考。古今中外战略决策，除基于客观条件之外，还取决于决策者的战略思维水平。战略思维的本质，是要运用一定的认识论、方法论，从纷繁芜杂而又对抗激烈、瞬息万变的战争运动中发现战争规律和战争指导规律，并以之筹划指导战争实践。比如近代以来西方以自我为中心、以冲突—暴力—强权为主轴的霸权主义文化，催生了扩张性战略思维，惯于以武力为支撑和手段进行"民主"输出和经济掠夺。中国传统战略文化具有朴素而又深厚的哲学基因，中国古代诸子百家都从不同角度为战争筹划指导提供了哲学上的指导。特别是《孙子兵法》，可以说是一部战争哲学的经典，其13篇闪耀着辩证思维的光芒。战略是历史文化的结晶，更是时代发展的产物。战略带有本国本民族鲜明的文化特性，同时也必须从世界多元文化中汲取营养。当今中国正在由大变强，正在成为全球影响不断扩大的新兴战略力量。这就要求我们在传承中华民族优秀战略文化传统的同时，拓展视野，胸怀世界，借鉴各国战略文化之所长，熟知国际法体系对我国综合力量运用的影响和制约，从而塑造出适应国家崛起的新型战略思维。

# 三、中国国家战略的必然选择

大国兴盛，必须有高超的战略规划。实现中华民族伟大复兴的中国梦，也需要我们谋划和制定切实可行的国家战略。当代中国无论是制定发展规划，还是谋划安全战略，都必须着眼时代发展趋势，立足本国实际，坚定不移地走和平发展道路。中国的国家战略，是与和平发展需求相适应的安全与发展战略。

## （一）国家战略目标必须凭借强大的综合国力而实现

中国的国家战略，必须确立以实力求和平、谋发展的思路。中国的战略传统，一贯主张国家之间平等相待，历来反对恃强凌弱。然而，西方列强以坚船利炮教给我们的道理是，实力才是国家维护发展与安全的可靠保证，才是民族平等的依恃。近代以来，许多中国人幻想"文明的"西方国家会平等待我。但是，这种善良的愿望一次又一次破灭。一个积贫积弱的国家不可能真正赢得国际尊严。崇尚实力，仍然是国际社会的生存法则。比如，欧盟只有与美国实力相当并在政治上团结起来，才能建立欧美真正的平等关系，有效维护欧洲利益。同样，中国也只有奋发图强，才能屹立于世界民族之林。

为了实现国家的安全与发展，中国必须通过自身努力与奋斗，增强综合国力，尤其是增强国家经济实力、科技实力、军事实力等硬实力。此外，还必须注重提高文化和教育等软实力，以提高人民的身心素质。首先，国家的安全与发展，必须有强大的经济基础做后盾。实现中华民族伟大复兴的中国梦，必须把发展作为第一要务。以经济建设为中心，是安全与发展的根本之策。其次，要大力发展教育和科技，提高国家的整体创新能力。应当清醒地认识到，没有科学技术的自主创造，就没有国家真正的独立和安全。目前，中国还不是科技强国，许多重要技术掌握在西方发达国家手中，特别是关系国家战略能力的核心技术，一直以来都受到以美国为首的西方发达国家对我们的封锁，必须靠我们自主生产。党的十八大制定的国家发展战略明确指出，科技创新是提高社会生产力和综合国力的战略支撑，必须摆在国家发展全局的核心位置。再次，积极推进国防现代化。这是促进世界和平、维护地区安全与稳定的物质基础。增强国防实力，是我国在当前抵御各种战略风险的有效手段，是确保周边安全环境稳定的重要保障。历史表明，没有军事保护的经济发展是不稳定的，也是脆弱的。有了强大的现代化国防，我们才有资格与世界强国平等交往。最后，提高全民族的身心素质，切实保障国家安全与发展战略的有效实施。世界上成就任何事业的决定因素是人而不是物，实现国家战略目标，除了其他诸多要素之外，提高人民的身心素质已刻不容缓，国家必须做出健全人民身心素质的切实可行的计划（比如制定与实施《全民健身战略》等），以增强人民体质，这是实现中国国家战略目标的必要举措。

中国要实现国家战略目标只能靠自己努力，而不能对美国等西方国家抱有任何幻想。有些人一厢情愿地以为，我们真的搞好民主政治、完全的市场经济，西方世界必然接纳我们作为民主国家，从此中国人就可以尽享美国式的"荣华富贵"。历史经验告诉我们，这是行不通的。中国如果放弃了自己用鲜血换来的政治制度选择，也就等于放弃了国家安全与发展的战略选择。把国家前途和民族命运托付给外人，实际上是"自废武功"，必然招致亡党、亡军、亡国的结果。

## （二）国家战略应谋求长远发展，确立忧患和机遇意识

和平发展理念的提出，表明了我们的具体战略目标是实现中华民族的伟大复兴，是强国梦得以实现的理想状态，我们所追求的强国，是在实力上与世界最先进国家达到横向对等的强国，尽管这种崛起还有很长的路要走，但是我们必须抱有坚定的信心。

对这种国家战略目标的定位，并不意味着我们将要以"争霸"和"挑战国际秩序"为目标，我们确立和实现发展与安全目标将是和平性的，我们实现中华民族伟大复兴的中国梦不是为了对外扩张，而是为了人民的和平和幸福。另外，实现国家和民族复兴大业，要求我们务必实施赶超战略，抓住一切有利的发展机遇加快自己的发展。没有一定的速度就没有发展，更谈不上赶超。国家和平发展目标内在性地要求我们必须有忧患意识和机遇意识，因为我们所走的发展道路不同于历史上传统大国的掠夺式扩张崛起道路，而是一条有赖于自身和平发展壮大的道路，因而，没有忧患意识便没有发展的动力，没有机遇意识便不会有发展的突破。

《易传》说："危者，安其位者也；亡者，保其存者也；乱者，有其治者也。是故君子安而不忘危，存而不忘亡，治而不忘乱。是以身安而国家可保也。"然而，在中国历史上，每逢"太平盛世"，人们贪图安逸不思进取，危机感和忧患意识弱化的情况非常普遍。当前，中国已经站在一个新的历史起点上，面临前所未有的机遇和挑战。我们应该时刻保持谦虚谨慎、艰苦奋斗精神和强烈的忧患意识。唯有如此，才可能保证和平发展的顺利实现。孟子说："无敌国外患者，国恒亡。"这句话应时刻警醒我们生于忧患、死于安乐，切不可自做和平梦而安享太平。

在世界发展的历史上，任何大国在崛起之初都曾面临霸权国家的强力打压。因此，中国在快速发展过程中，不要惧怕外界压力，不要对各种"中国威胁论"滥调反应过度。如果我们十分在意外界的评价和关注，就会束缚自己的手脚。当然，面对西方的言论攻击和歪曲，我们应当进行必要的解释和有力的反击，更应通过发展自己来影响世界，改变世界对中国形成新的正确的认识。

## （三）国家战略实施应遵循有所为有所不为的指导方针

在当前复杂的国际战略环境中，中国应慎重确定国家战略目标，充分考虑国情的实际，做出目光远大而又切实可行的国家战略选择。正如孟子所谓的"必有所不为，而后可以有为"。

中国要坚决维护自己的国家利益。我们不想惹事，但也决不怕事。特别是在涉及国家安全与发展等核心利益问题上，要保持积极进取的态度，不畏强暴，敢于斗争。历史表明，任何大国要想在绝对安全和平的条件下崛起是不可能的。若能在处于较弱的态势下战胜强敌，对国家提升国际地位有重大作用。

发挥中国传统的战略智慧，借助于世界多极化和经济全球化趋势的国际条件，造成你中有我、我中有你的利益关系。特别是以经济促政治，积极倡导多边主义和国际关系民主化，对强权政治形成"制衡"。近年来，我们实施"一带一路"走出去的经济发展战略，以及亚洲投资银行的成立，就是对这种战略构想的具体实践。抓住战略机遇期，谋求大发展，是国家崛起的关键。历史证明，只有当一个霸权国忙于应付其他棘手问题时，其他实力较强大的国家才可能崛起为新的强国。当今世界有很多危机和热点问题，其中很多是美国的傲慢战略使然，美国深陷其中而不能自拔。这在客观上有利于中国的发展，是中国实现安全与发展的有利时机。

更重要的是，坚持国家战略目标的有限性，这是我们必须牢记的战略原则。即使中国今后更加强大，也决不能改变。中国政府和领导人反复强调，中国的对外政策是反对霸权主义，维护世界和平；中国是第三世界国家，永远不称霸，现在不称霸，将来强大了也永远不称霸。这也是中国一贯的战略传统。

## （四）国家战略追求需要以新的国际关系理念开拓进取

上世纪 70 年代以来，随着改革开放的扩大和对外交流的加深，中国提出或倡导了许多富有创见的国际关系理念，如三个世界理论、世界多极化、国际关系民主化、世界多样性、国际政治经济新秩序、新安全观、"和谐世界""新型大国关系"等理论，得到了多数国家的赞同和支持。在国际舞台上，中国身体力行，积极实践和推广这些先进理念，对于促进世界和平、稳定和发展起到了积极作用。尤其是在地区安全领域，中国以互信、互利、平等、合作为核心的新安全观为指导，倡导成立了上海合作组织，成为新型地区安全合作的典范。中国主张以协商、谈判的外交手段解决国际争端，积极促进朝核六方会谈，使东北亚安全合作机制的步伐不断迈进。中国本着"近交谋远"的发展定位，在经济领域以"睦邻""安邻""富邻"为周边政策，积极参与东盟地区"10+1""10+3"对话，得到该地区各国越来越多的理解和支持；同时本着平等互利的原则，积极开展与第三世界广大发展中国家的经济合作，举办了"中非合作论坛""博鳌"亚洲论坛等，受到了广大亚洲和非洲国家的热烈响应。

当前，作为发展中大国的中国，在融入世界经济和参与政治游戏的过程中，必须慎重应对，应权衡利弊，化害为利；要积极参与和影响世界经济、政治游戏规则的制定，以维护国家的根本利益。可以预见，只要我们坚持改革开放政策，积极参与全球化进程，在平等互利的基础上与世界一切友好国家发展经贸关系，就能够为国家腾飞打下坚实基础。世界的和平源于国际关系多极化的相互制衡，中国在致力增强本国实力的同时，应乐见其他力量中心的壮大，为和平事业发挥各自的影响，这是我们所主张的"共同发展"题中应有之义。中国的发展需要和平的国际环境，因此我们应选择与现有国际体系、秩序及主导性大国合作的方式，积极参与现存体系的维护和修订，努力推动世界向多极化发展。同时，还应积极进取，积极推进中美新型大国关系的建立，为中国的和平发展铺平道路。

## （五）国家战略实施需要高超的国际斗争手段化解矛盾

当前，中国的快速发展，引起了国际反华势力的恐惧。他们策划对中国的战略遏制与围堵，有的甚至要搞"价值观同盟"，用冷战思维主导国家关系，这是历史的倒退。中华民族的伟大复兴，是任何力量都无法阻止的。营造有利于我们的国际战略合作关系，是中国有效平衡外部国际力量的重要途径。中国将以真诚的态度，与世界各大国建立战略合作、战略伙伴关系，增强与各大力量的战略互信，开展各方面的交流与合作。十八大以来，中国在继承传统对外关系的基础上，积极进取、开拓前行。当前，我们的大国外交努力目标是，助力民族复兴的"中国梦"和建设人类命运共同体，战略选择是坚持自身的和平发展，同时推动世界的和平发展；基本原则是合作共赢，构建以合作共赢为核心的新型国际关系。相信，这必将对于中国的安全与发展起着巨大的推动作用。中国独立自主的和平外交政策，反映了中国外交的成熟和自信。我们不搞结盟，就是要最广泛地团结世界各国人民共同发展；我们不搞对抗，就是要最大限度地减轻和平发展的成本。当然，中国能否和平发展，不完全取决于我们的愿望。世界各国，特别是大国领导人和决策层，应当正确解读中国的战略意图，减少战略猜忌与疑虑，加强战略沟通和协作，创造共赢局面。各国之间的战略分歧和利益冲突，应当通过谈判和协商予以解决，反对把自己的价值观强加于人，反对干涉他国内政的粗暴行为。中国还应高度重视与发展中国家的关系，决不要忘掉穷朋友，对弱国提供力所能及的帮助，支持各国共同繁荣和发展。

任何国家的安全与发展战略选择，既是利害关系的权衡，更是国家道义的标志。我们选择和平发展道路，就是对西方列强武力掠夺这种发展路径的否定。在国际交往中，中国应当理直气壮地宣传自己的政治理念，抢占道德制高点，掌握国际话语权，增强国家软实力，以获取战略上的主动地位。中国作为负责任的大国，要坚持和平共处五项原则，大力推动国际关系民主化，建立国际政治经济新秩序，并在这一框架下与其他国家开展平等互利的经济合作，维护世界持久和平，促进全球共同发展。

综上所述，在当前新的历史条件下，中国的国家战略应统筹兼顾好安全与发展两个方面。中国的安全不仅要考虑传统的军事威胁，还要考虑到政治安全、经济安全、社会安全、能源安全、文化安全、信息安全等新的威胁，提高国家抵御各种危机和风险的能力；中国的发展应是全面的、可持续的发展，不仅是经济的，还要统筹好其他诸多领域的发展。中国的国家战略运筹，必须站到更高的境界上，谋划国家的和平发展，发挥中国传统的战略智慧，借鉴世界各国发展进步的有益经验，综合运用各种力量（包括人力）保障国家战略的实施。本文写作的目的是，使大家以战略视野并从国家战略的高度，认识和重视实施全民健身战略的重大社会价值。制定《全民健身国家战略》，对于促进国家战略的顺利实施，进而实现国家的长治久安与繁荣富强，实现中华民族伟大复兴的中国梦将具有重要的战略意义！

# 全民健身战略的国家发展地位

李相如[1]

2014 年 10 月 20 日国务院发布了《关于加快发展体育产业促进体育消费的若干意见》（以下简称《意见》）。《意见》指出，要加快政府职能转变，进一步简政放权，并将全民健身上升为国家战略。这对全国各族人民来说是个福音，其中最鼓舞人心的一句话就是"将全民健身上升为国家战略"，仅仅十二个字把老百姓的健身锻炼与国家兴衰紧紧联系在一起，国务院的这一重大决策不仅极大地提高了全民健身在国家顶层设计的地位和意义，也极大地改变了以往计划或规划中对中国体育战略布局的口径与高度。

## 一、什么是全民健身战略

全民健身上升为国家战略，使我国全民健身从系统目标提升为国家目标，这意味着中国的全民健身政策、布局和目标等必将发生重大转变，对现有的全民健身工作的领导体制和运行机制也必将产生重大影响。落实全民健身国家战略，首先需要准确认识全民健身的国家战略价值，认识全民健身在实现国家总体战略目标中的重要地位，认识全民健身对提高国民体质、增进我国各族人民身心健康、实现健康中国的时代价值，认识全民健身对实现中华民族伟大复兴目标的重大意义。全民健身上升为国家战略，

---

[1] 李相如，首都体育学院休闲体育研究院院长，教授，博士生导师。

需要切实构建新的全民健身的国家战略格局，需要统筹推进全民健身的国家战略部署，需要理顺全民健身与其他领域的融合。探索国家战略视域下全民健身的新常态、新特点、新内容和新机制，不仅是个实践问题，也是理论创新与学术发展的新要求和学术价值所在。

## （一）名词术语需要统一和规范

全民健身上升为国家战略之后，在《意见》中并没有直接点出术语名称。因此，名词术语怎样准确地表述，首先是一个需要在实践和理论上需要统一和规范的问题。目前，在名词术语的表达上使用比较多的表述主要有两种：一是"全民健身国家战略"，二是"全民健身战略"。这两个名词术语的表达在核心思想和内涵上没有歧义，但前者更多的是在字面表述上强调全民健身的国家含义；后者则更加关注国家战略的整体性表述，强调全民健身与现有的国家战略表述的一致性和科学性。笔者经过思考和相关文献资料的研究分析之后认为"全民健身国家战略"这个名词术语不一定准确，在各级地方政府贯彻实施《国发46号》的过程中也会出现一些歧义。具体原因如下：

第一，全民健身战略本身就是国家战略，如果再加上"国家"二字，是一种重复；第二，现有的国家层面的战略表述上均无"国家"二字，例如科教兴国战略、创新驱动发展战略、可持续发展战略、西部大开发战略等，都是国家层面的战略，但均未在战略之前加"国家"二字；第三，全民健身战略是一种政府的规划和策略，除了中央政府，各层级的地方政府都要把全民健身纳入到当地的政治、经济和社会的发展之中。如果在"战略"之前加上"国家"二字，那么地方政府的工作或规划在表述上可能显有歧义或不顺，例如"广东省全民健身国家战略""南京市全民健身国家战略"等，这样的表述就会有歧义。而采用"全民健身战略"这个名词术语就可以避免上述的尴尬，例如"广东省全民健身战略""南京市全民健身战略"等，在表述上就比较顺畅。所以，建议采用"全民健身战略"这个名词术语为好。

## （二）全民健身战略的定义

什么是"全民健身战略"？"全民健身战略"的定义如何确立？《意见》的开篇指出："发展体育事业和产业是提高中华民族身体素质和健康水平的必然要求，有利于满足人民群众多样化的体育需求、保障和改善民生，有利于扩大内需、增加就业、培育新的经济增长点，有利于弘扬民族精神、增强国家凝聚力和文化竞争力。"指导思想的表述是："把增强人民体质、提高健康水平作为根本目标，解放思想、深化改革、开拓创新、激发活力，充分发挥市场在资源配置中的决定性作用和更好地发挥政府作用，加快形成有效竞争的市场格局，积极扩大体育产品和服务供给，推动体育产业成为经济转型升级的重要力量，促进群众体育与竞技体育全面发展，加快体育强国建设，不断满足人民群众日益增长的体育需求。""营造重视体育、支持体育、参与体育的社会氛围，将全民健身上升为国家战略。"根据《意见》和中共中央、国务院对体育工作的一系列文件法规，以及我国全民健身的实践与理论积累，我们对全民健身战略的定义如下：

全民健身战略是国家层面的战略，是国家为营造重视体育、支持体育、参与体育的社会氛围，促进休闲健身参与，增强人民体质、提高健康水平，推动体育消费，发展体育产业，不断满足人民群众日益增长的体育需求，达到实现体育强国总目标而制定的中、长期发展规划。

这个名词概念的核心关键词有五个：即国家层面、休闲健身参与、人民体质和健康水平、推动体育消费和发展体育产业、人民体育需求和体育强国。

## （三）全民健身战略的内涵诠释

### 1. 全民健身战略是国家层面的战略

国家战略是对国家未来发展的一种总体上的布局与规划，属于国家顶层设计的范畴。目前，我国的国家战略主要包括国家安全战略和国家发展战略两大类。与科教兴国战略、创新驱动发展战略、可持续发展战略、西部大开发战略等一样，全民健身战略是国家层面的战略。全民健身上升为国家战略，意味着我国把全民健身与国家实现全面小康社会和中华民族伟大复兴的中国梦的伟大目标紧密联在一起。中华民族的身体健康、体质增强、坚强的意志品质、体育的文化和国民健身素养成为了实现全面小康社会和中华民族伟大复兴的中国梦的伟大目标的重要内容和组成部分。从国际视野上看，世界发达国家从来都把国民的体质与民族素养作为强国的重要基石，都是国家安全战略和发展战略的重要举措。

全民健身上升为国家战略，意味着我国今日的全民健身不同于以往的全民健身，是我国全民健身从系统目标提升为国家目标的重要标志。彰显着中国的全民健身的目标地位从一般的增强国民体质的单一维度向民族身体素质和健康水平、人民群众多样化的体育需求、保障和改善民生、扩大内需、增加就业、培育新的经济增长点、弘扬民族精神、增强国家凝聚力和文化竞争力的多向维度进行转变；全民健身上升为国家战略，也意味着我国现有的全民健身工作的领导体制和运行机制必将发生重大转变，全民健身相关的政策法规、总体布局、在各级政府中的功能地位和经济社会发展的权重与布局、人民群众的休闲娱乐和生活幸福度水平等都将进入一个新的发展阶段。全民健身上升为国家战略，还意味着我国在全面建成小康社会的不懈努力之中，抓住时代的机遇，担负起健康中国的伟大使命，适应全民健身国家战略的深刻内涵变化，推动全民健身进入新轨道，使全民健身成为健康中国的有力抓手，成为全面建成小康社会的重要支撑点。

## 2. 休闲健身参与是全民健身战略下的基本参与方式

我国国民的休闲健身参与也将升级换代。如果说，我国 60 余年的群众体育和全民健身活动在呼唤人民群众参与体育锻炼、提高人民群众的健身意识、培育大批全民健身的社团组织和健身骨干、国民体质日益提高等方面取得了十分重要的阶段性成就，那么，"全民健身战略"下的国民休闲健身参与将引导全国国民步入到一个以健康理念为前导、科学健身为载体、身心健康为目的的新时代。

"全民健身战略"下的国民休闲健身参与，要引导国民发挥体育健身对形成健康文明生活方式的积极作用，激发国民爱运动、会运动，让运动健身成为一种新的生活方式。"全民健身战略"下的国民休闲健身参与，还要因时、因地、因需开展群众身边的健身活动，分层分类引导运动项目发展，丰富和完善全民健身活动体系。《意见》明确提出要"发展健身休闲项目。大力支持发展健身跑、健步走、自行车、水上运动、登山攀岩、射击射箭、马术、航空、极限运动等群众喜闻乐见和有发展空间的项目。鼓励地方根据当地自然、人文资源发展特色体育产业，大力推广武术、龙舟、舞龙舞狮等传统体育项目，扶持少数民族传统体育项目发展，鼓励开发适合老年人特点的休闲运动项目"。"全民健身战略"下的国民休闲健身参与，还要激发市场活力，为以社会力量举办全民健身活动创造便利条件，发挥网络等新兴活动组织渠道的作用，完善业余体育竞赛体系。鼓励各地举办不同层次和类型的全民健身运动会，支持各地结合地域文化、旅游休闲等资源，打造具有区域特色、国际影响、可持续性的品牌赛事活动。2015、2016 年在全国出现的马拉松热、广场舞热、各种路跑、徒步走比赛与活动席卷中华大地，国民的体育健身休闲参与的浪潮可谓一浪高过一浪。蓬勃兴起的各级各类体育赛事与活动必然惠及更多的国民，也极大地促进了我国竞技体育与群众体育的科学、协调、健康发展。

### 3. 增强人民体质、提高健康水平是全民健身战略的根本目标

增强人民体质、提高健康水平是全民健身战略的根本目标。这一根本目标从体质和健康两个方面阐明了全民健身战略的新意境和新内涵。过去强调体质，维度是单向的，主要是保障公民的身体发育、体质增强。而健康是多维度的，世界卫生组织关于健康的维度包括四个，即身体健康、心理健康、社会适应能力、道德水平，所以全民健身战略开拓了全民健身的立体维度，是过去全民健身的升级版。

2011 年世界卫生组织的研究报告中，深刻揭示"21 世纪对人类的最大威胁不是癌症、不是核扩散、不是艾滋病，21 世纪对人类最大的威胁

是生活方式病，影响人类健康的因素中生活方式占 60%"。而体育运动是一种积极健康的生活方式，是生活方式病的克星。大量数据和事实表明，全民健身是应对生活方式病的有力工具，是实现全民健康的主要途径和有效手段，是全体人民增强体魄、幸福生活的基础保障。而全民健康是国家综合实力的重要体现，是国家发展和社会进步的重要标志，是全面小康社会的必然要求和重要支撑点。

### 4. 推动体育消费和发展体育产业是全民健身战略的必由之路

全民健身战略为大力提高我国国民体育消费水平、促进体育产业升级换代创造了有利条件。2013 年国家体育总局群众体育调查数据显示，我国 20~69 岁人群中经常参加体育锻炼的人数比例仅为 18.7%，增长的潜力和空间很大。全民健身战略的实施，将极大激励和调动国民参与体育锻炼和运动健身的积极性，也预示着我国体育消费增长的潜力和空间很大。网易智库最新发布的《2015 大健康产业态度营销趋势报告》显示，在大健康产品消费中，超过一半的消费者在运动健身方面有消费支出，三分之一的消费者在食用保健品方面有消费支出，接近三成的消费者有中药材食疗的支出。其中，运动健身类是目前消费者大健康产品消费的主要方式，占比高达 52.3%。

体育产业是绿色产业和朝阳产业，是国家着力扶持和大力促进的新型产业。全民健身战略将为体育产业在优化产业布局、改善产业结构、抓好潜力产业等方面创造良好的政策环境，为积极拓展业态、促进康体结合、鼓励交互融通创造了融合发展条件，也为完善体育设施、发展健身休闲项目、丰富体育赛事活动创造了丰富的市场供给。有研究机构预测，以当前的增长速度，至 2020 年，我国整个大健康产业市场或将突破 10 万亿元。按照上述消费比例，运动健身市场也将在未来 15 年内实现 5 万亿元的规模。

### 5. 满足人民群众体育需求，加快体育大国向体育强国迈进是全民健身战略的最终任务

体育运动是人的基本需求，人类社会发展越高级，对体育运动的需求

越高。世界发达国家的经验表明，体育运动成为人的一种生活方式，是一种人类文明进步的重要标志之一。全民健身战略就是通过鼓励国民参与日常休闲健身活动，开放所有场馆设施为国民休闲健身服务，通过加强体育文化宣传，提高国民的体育兴趣和休闲健身意识，引导广大人民群众形成正确的体育消费观念，养成体育消费习惯。目前，我国政府体育部门正在组织实施《国家体育锻炼标准》，不断完善国民体质监测制度，并通过政府购买体育服务的方式（这种力度正在日益加大），为群众提供多种多样、简便易行、科学有效的体质测试服务，定期发布国民体质监测报告，抓两头促中间（抓青少年和老年人群，促中青年人群），最大限度地满足人民群众的体育需求。

体育强国是全民健身战略的最终任务。2008年的北京奥运会，我国体育健儿顽强拼搏，取得了举世瞩目的竞技体育成就，当仁不让地成为了世界竞技体育强国。但竞技体育仅仅是体育强国多项指标中的一项指标，体育强国不仅是奥运金牌的强国，还应该是健身运动的强国，体育消费的强国、体育产业的强国、体育赛事活动的强国、体育创新的强国，更应该是国民身体素质、体育素养、坚强体魄、健康体质的强国。在我国从体育大国向体育强国迈进的重要历史时期，全民健身战略为我国的体育强国之翼插上了腾飞的翅膀。

# 二、全民健身战略的产生背景与发展历程

## （一）背景

回顾中国近代史，从1840年的鸦片战争开始，中国人经历了一个多世纪的遭受外国列强的欺凌和侵略，国民体质的孱弱，被洋人辱为"东亚病夫"。旧中国，国民的预期寿命仅为35岁，儿童和青少年由于营养不良、疾病和体质纤弱，使得大批儿童和青少年夭折，国人的整体体质极弱，健康状况低下。

因此，我国一大批先哲和有识之士在从鸦片战争、中法战争到甲午战争，泱泱大国一败再败的痛苦中觉醒，从"东亚病天"的奇耻大辱中深刻反思"病夫"缘由，积极求索济世良方。从严复的《鼓民力》到梁启超的《新民说·论尚武》，从青年鲁迅的《摩罗诗力说》到青年毛泽东的《体育之研究》，振起国民尚武爱国之风，必以体育为药石，"文明其精神，野蛮其身体"。"盖有坚壮不拔之体魄，而后能有百折不屈之精神，有百折不屈之精神，而后能有鬼神莫测之智略，故能负重荷远而开拓世界也"。鲁迅力主体育要从儿童少年抓起，"儿童要动，万不可向静的死胡同走去"，须以身体之健康增进心理健康。毛泽东非常鄙弃那种"偻身俯首，纤纤素手，登山则气迫，涉水则足痉"的"短命颜子"，十分推崇"任金革死而不厌"的"悲歌慷慨之士"，他一生爱好体育，视"中流击水"为人生快事，"自信人生二百年，会当击水三千里"的气魄，乃是这位伟人搏击风涛、主宰沉浮的底蕴所在。然而，在旧中国，人民群众的身体健康和体育运动根本摆不上政府和社会的议事日程，导致国人的体质和健康状况每况愈下，"东亚病夫"成为了西方列强和日本帝国主义轻蔑和侮辱中国人的时代耻辱符号！

新中国成立之后，人民政府十分重视人民群众的身体健康和体魄强壮，党和国家的几代领导人从国家发展的战略高度，对体育工作和全民健身做过多次重要指示和号召，脱掉"东亚病夫"的帽子是新中国政府和亿万群众的共同心愿，我国的全民健身由此开启。

## （二）我国全民健身的发展历程

新中国成立后我国群众体育与全民健身的发展历程可以简约概括为：领袖号召、立规立法和国家战略三个阶段。

### 1. 响应领袖号召阶段

这一阶段有三个里程碑标志：毛泽东主席发出了"发展体育运动、增强人民体质"的伟大号召，国家体育运动委员会设立群众体育司，开展了轰轰烈烈的《准备劳动与卫国体育制度暂行条例和项目标准》（简称

"劳卫制"）。

　　1952 年 6 月 10 日，中华全国体育总会成立，毛泽东为大会题写了"发展体育运动，增强人民体质" 12 个大字的题词。这一题词，深刻地指出了体育运动和增强体质的内在联系，明确规定了中国社会主义体育事业必须为人民服务的根本目的和任务，为新中国体育事业指明了方向。毛泽东的全民健身思想是增强广大人民体质、促进人民身心健康，这是全民健身永远不变的航向。从 1952 年毛泽东主席发出这一伟大号召开始，亿万人民热烈响应，一场声势浩大的全国范围的群众体育锻炼的热潮蓬勃兴起。

　　1954 年国家体育运动委员会组建初期，在酝酿机关编制时，拟成立一个群众体育处，隶属办公厅。据相关史料记载，习仲勋同志在审定编制表时认为规格低了，说那怎么行？群众体育要独立成处。国家体委遵此意见修改后呈报时任副总理的邓小平同志审批。邓小平同志阅后指示说：不行，不能是处，要成立司。根据小平同志的指示，国家体委成立了单独的群众体育司。正是由于这一具有战略眼光的提议，在中国几千年的历史上，才第一次有了中央政府独立的职能司管理这个关系到人民群众体育锻炼、增强体质、促进身体健康的大事情，也为新中国群众体育和全民健身的发展起到了组织机构的奠基作用。时隔 60 多年后，我国再从今天的视角回望这段历史，更感到老一辈国家领导人的高瞻远瞩与远见卓识！

　　新中国成立后，为改变"东亚病夫"的形象，党和国家确立了重视国民体质健康的指导思想。1951 年，北京率先实施与"劳卫制"相仿的《体育锻炼标准》，上海也开始试行了《体育锻炼标准》，实行的结果非常有效。为此，1954 年 5 月 4 日，中央体委正式颁布了《准备劳动与卫国体育制度暂行条例和项目标准》（简称"劳卫制"），同日，中央体委、高教部、教育部、卫生部、团中央、全国学联等单位发出了《关于在中等以上学校中开展群众性体育运动的联合指示》。从而掀起了全国中学和大学群众性体育活动的热潮。1964 年改"劳卫制"名称为《国家体育锻炼标准》。1974 年又改名为《国家体育锻炼试行条例》，1982 年 8 月 27 日发布新的《国家体育锻炼标准》，1989 年 12 月 9 日经国务院批准发布了《国家体育锻炼标准施行办法》，1990 年 1 月 6 日国家体委发布《国家体育锻炼标准施行办法》，2003 年国家体育总局联合 8 个部委对《标准》进行了第三次修订，颁布了《普通人群体育锻炼标准》，它与同时期出台的《学生体质健康标准》互为补充，2013 年 12 月 16 日，国家体育总局、教育部、全国总工会印发了根据《国家体育锻炼标准施行办法》修订后的《国家体育锻炼标准施行办法》（以下简称《锻炼标准》），标志着我国全民健身进入了新的标准航道。

## 2. 进入立规立法阶段

这一阶段的里程碑标志是：《社会体育指导员等级制度》（以下简称《等级制度》）、《全民健身计划纲要》（以下简称《纲要》）、《中华人民共和国体育法》（以下简称《体育法》）和《全民健身条例》（以下简称《条例》）。

1993 年 12 月 4 日由国家体委公布了《等级制度》，并从 1994 年 6 月 10 日施行。《等级制度》的目的是加强全民健身的科学指导，是加强社会体育指导员队伍的建设与管理的重要举措，《等级制度》的实施对推动我国全民健身广泛、经常地开展具有重要的社会价值与现实作用。

1995 年 6 月 20 日国务院颁布实施《全民健身计划纲要》。《纲要》是国家发展社会体育事业的一项重大决策，是我国第一部涉及全体国民的健身计划纲要，是 20 世纪末和 21 世纪初我国发展全民健身事业的纲领性文件。《纲要》的颁布和实施极大地促进了我国全民健身活动的广泛开展，全民参与健身的人群日益增多，国民的身体素质和健康水平上了新台阶。

1995 年 8 月 29 日，《中华人民共和国体育法》在第八届全国人大常委会第十五次全体会议上获得全票通过。《体育法》的颁布，不仅填补了国家立法的一项空白，而且标志着中国体育工作开始进入依法行政、以法治体的新阶段，这是新中国体育事业发展的一座里程碑。《体育法》第二条规定"国家发展体育事业，开展群众性的体育活动，提高全民族身体素质。体育工作坚持以开展全民健身活动为基础，实行普及与提高相结合，促进各类体育协调发展"。第十条规定"国家提倡公民参加社会体育活动，增进身心健康"。

为了激励人民群众参与健身活动的积极性和持续性，2009 年 1 月 7 日，国务院决定每年 8 月 8 日为"全民健身日"。2009 年 8 月 30 日国务院制定并公布了《全民健身条例》。《条例》是指为了促进全民健身活动的开展，保障公民在全民健身活动中的合法权益，提高公民身体素质，属于国务院行政法规。《条例》的颁布为我国全民健身的持续、健康、长期发展起到了保驾护航的重要作用。

### 3. 全民健身战略阶段

这一阶段的里程碑标志是国务院印发的《关于加快发展体育产业 促进体育消费的若干意见》（以下简称《意见》）。

2014 年 10 月 20 日，国务院印发了《关于加快发展体育产业 促进体育消费的若干意见》。《意见》的重大突破在于积极倡导健康生活，推进健康关口前移，激发群众参与体育活动热情，并将全民健身上升为国家战略，营造全民健身氛围，把全民健身作为产业发展和扩大消费的基础。同时，提出了一些针对性、操作性强的措施：一是解决"想健身"的问题，鼓励日常健身活动，倡导每天锻炼一小时，引导群众养成健身习惯；二是解决"哪健身"的问题，加大体育设施投入，鼓励社会力量建设小型化、多样化活动场所和健身设施；三是解决"能健身"的问题，降低消费门槛，推动公共体育设施向社会免费或低收费开放；四是解决"会健身"的问题，普及科学健身知识，加强体育运动指导，推广"运动处方"，要求学生掌握一项以上体育运动技能。

《意见》将全民健身上升为国家战略，是新一届中央领导集体在新的历史时期，从国家发展、民族振兴、实现两个一百年奋斗目标和中华民族伟大复兴的中国梦的高度，对体育工作做出的新部署、提出的新要求，将引导全社会树立全新的体育发展理念，全面开创新时期体育发展的新局面。《意见》将全民健身上升为国家战略也标志着我国的全民健身进入到了一个崭新的发展阶段。

## 三、全民健身战略的国家发展地位

### （一）对全面小康社会、中华民族伟大复兴、两个一百年目标的实现具有重要支撑地位

全面小康社会一定是全体中国人健康幸福的新型社会，是实现中华民族伟大复兴和两个一百年目标的中国梦想成真的一天。《意见》将"增强人民体质、提高健康水平"作为根本目标，把改革作为全民健身战略的出发点，把不断满足人民群众日益增长的体育需求作为全民健身战略的归宿。提高全民族的身体素质和健康水平是近 300 年来中国人为之不懈奋斗的艰苦历程。这 300 年是中国人从被西方列强强迫戴上"东亚病夫"的耻辱帽子，到脱掉"东亚病夫"的耻辱帽子，再到中华民族身强体健、充满健康活力，是一个伟大民族的伟大复兴的蜕变与壮举。体育工作的根本目标就是要增强人民体质，提高健康水平。以习近平为总书记的新一届中央领导集体在新的历史时期果断地将全民健身上升为国家战略，是从国家发展、民族振兴、实现两个一百年奋斗目标和中华民族伟大复兴的中国梦的高度，对体育工作做出的新部署，提出的新要求。全民健身战略把人民群众的身心健康、健身休闲、民族的体育素养上升为国家意志和行动，是新一届中央领导集体认识到全民健身战略对国家长远发展具有的至关重要的作用和价值，对实现全面小康社会、中华民族伟大复兴、两个一百年目标具有重要支撑地位。

### （二）对改善民生、倡导健康社会、实现健康中国具有重要的民生保障地位

体育不仅仅是一个体育问题，还是一个重大的民生问题，也是一个公

平享受生存权利的人权问题。倡导大健康理念，树立健康文明生活方式，有助于延长群众健康寿命、提高群众生活品质。同时，实践证明激发群众参与体育活动的热情、培养良好的健身习惯、倡导投资健康的消费理念、推进健康关口前移、降低医疗开支与发展体育产业都是相辅相成的。2003 年我国在大江南北、城市乡村大力发展全民健身工程、全民健身的场地设施建设之际，在向世界宣告的《中国人权报告》中就以此为例证，批驳了西方对中国人权状况的污蔑。因此，全民健身战略对改善民生、倡导健康社会、实现健康中国、保障国民健身公平等都具有重要的民生保障地位。

## （三）提高体育消费、推动产业转型、促进绿色经济发展的新引擎地位

新一届中央领导集体将发展体育产业作为产业结构转型，大力发展绿色经济的开路先锋，就是要通过供给侧改革，淘汰落后产能，扶持体育企业快步成长，推动体育产业的长效有序发展。消费是经济增长的重要引擎，也是我国经济社会发展的潜力所在。中国是一个人口大国，近 14 亿人口的消费能量足以拉动产业经济的快速发展。新一届中央领导集体将发展体育产业的落脚点放在体育消费上，不仅表明了党中央、国务院对扩大体育消费问题的重视，也是党中央、国务院从国家发展的战略高度提出的重大举措。

从我国体育产业发展的当下情况看，体育产业的供能不足，潜力巨大。一方面，我国的体育产业体系布局不尽合理、功能不够完善、门类参差不齐。例如，2013 年体育产业增加值中，体育用品、服装鞋帽制造及销售占 74.09%，体育服务业占 21.45%，体育场馆建筑及其他占4.46%。体育用品业占比与 2012 年相比略有降低，但仍维持在 74% 以上，而体育服务业占比虽略有提高，但增长幅度较小。由此可知，我国体育产业结构中，体育用品制造销售业比重较高，而竞赛表演、健身休闲等体育服务业比重偏低，发展水平较低，体育产业结构有待优化。而从发达国家体育产业发展的经验看，体育产业与其他产业关联性很强。

比如举办大型体育赛事对举办地周边餐饮、酒店、旅游、交通、通信、房产、会展等产业拉动效应明显。目前，虽然我国体育产业的外部效应有一定显现，但总体带动力不强，产业延伸度不够，与科技、文化、旅游、健康、医疗、养老、教育、传媒等产业的融合还处于起步阶段，体育与其他产业融合发展的巨大潜力还没有得到充分释放。为此，《意见》在发展目标中提出"对其他产业带动作用明显"，意在发挥体育产业在经济发展中的拉动作用。

另一方面，我国国民的体育消费意识还普遍不够强，消费观念相对滞后，消费占到日常总消费的比值较低。例如，据国家体育总局 2014 年发布的 6~69 岁人群体育健身活动和体质状况的调查结果，在体育锻炼的人群中，68.1%的人有过体育消费，其中 58.5%的人全年消费总额在 500 元之内，年人均体育消费水平由原来的 593 元提高到 645 元（约合 100 美元）。从消费项目看，支付体育锻炼场所费用的比例提高，在支付过体育锻炼场所费用的人群中，人均消费为 612 元；尽管购买体育用品的比例下降，但购买过体育用品的人群中，人均消费金额大幅度提高。与国外发达国家相比，我国体育消费水平差距很大。例如，英国年人均体育消费达到 600 美元（2013 年），德国年人均体育消费达到 470 美元（2011 年），澳大利亚年人均体育消费达到 490 美元（2009 年），韩国年人均体育消费达到 240 美元（2011 年），日本年人均体育消费达到 200 美元（2012 年）。此外，我国体育企业供销渠道不够流畅，企业促销的方式落后，产品的质量和信誉不高，品牌的美誉度也不高，产品的附加值较低也都是导致我国体育消费水平较低的重要因素。因此，全民健身战略对推动产业结构转型、促进体育消费拉动内需、促进绿色经济发展都具有新引擎地位。

## （四）对国民综合素质的提高具有基础性地位

《意见》主要围绕"想健身""哪健身""能健身""会健身"四个方面阐述全民健身国家战略的基本思路。一是解决"想健身"的问题，大力宣传科学健身理念，鼓励日常健身活动，倡导每天锻炼一小时，引导群众养成健身习惯；二是解决"哪健身"问题，即加大体育健身场地设施投入，鼓励社会力量建设小型化、多样化活动场所和健身设施；三是解决"哪健身"的问题，即降低消费门槛，出台激励措施、推动公共体育设施向社会免费或低收费开放；四是解决"会健身"的问题，即普及科学健身知识，加强体育运动指导，推广"体育处方"，要求学生掌握一项以上体育运动技能。充分体现了国家对开展全民健身、增强人民体质的重视程度，以及为发展体育产业促进体育消费创造良好的社会氛围和发展环境的决心。

## （五）对我国由体育大国向体育强国迈进具有决定性（奠基）地位

胡锦涛同志在北京奥运会、残奥会总结表彰大会上发出了"进一步推动我国由体育大国向体育强国迈进"的号召。伴随着我国从体育大国向体育强国的迈进，全民健身已经成为提高全民族素质、实现人的全面发展的必由之路。建设体育强国要求规避片面强调竞技体育的发展路径，促进竞技体育和全民健身的有机协调发展，同时关注新生代农民工体育、职工体育、农村体育以及社区体育。国民身体健康程度、健身意识和体育场馆的建设也已成为构建体育强国的重要内容。体育强国其实没有绝对的指标，是各个方面的综合评价。首先，大众体育普及程度在我国较低，开展运动项目单一，我们应该积极发展；竞技体育水平处于世界领先水平，我们在努力保持；学校体育应继续完善并加快青少年校外社会体育指导员制度的建立；体育产业要不断发展。而全民健身战略的实施能真正推动上述几方面的发展升级，从而加快建立体育强国的步伐。

## （六）对改善国民健身条件、增强城市发展活力具有增添活力地位

《意见》将"创造发展条件"作为主要原则之一，是考虑到目前体育产业发展条件尚不成熟的情况。一方面民众对于全民健身的认识和重视程

度不够，一些政府部门对全民健身工作的重要性认识也不足；另一方面目前在政策及体制、机制方面仍存在制约体育产业发展的问题。对此，《意见》提出"营造重视体育、支持体育、参与体育的社会氛围，将全民健身上升为国家战略，把体育产业作为绿色产业、朝阳产业培养扶持，破除行业壁垒、扫清政策障碍，形成有利于体育产业快速发展的政策体系"。2025 年我国人均体育场地面积达到 2 平方米的发展目标是如何测算的？体育场地设施是发展体育事业和体育产业的必要物质基础，体育赛事、全民健身、体育培训等体育本体产业的发展都依托于场地设施。同时，体育场馆设施也是体育产业行业分类中的主要内容。近年来，我国体育场地设施建设的速度在不断加快，在体育产业总规模的比重不断上升。为此，《意见》把人均体育场地面积作为发展体育产业、促进体育消费的产业基础。

《意见》最后还明确规定："发展改革委、体育总局要会同有关部门对落实本意见的情况进行监督检查和跟踪分析，重大事项及时向国务院报告。"这更是明确昭示了全民健身战略在国务院的第一责任部门是发展改革委和体育总局，也体现了全民健身战略在国家发展中的整体性、通盘性和全局性地位。

# 四、全民健身战略与其他国家战略的关系

国家战略一般包括国家安全战略和国家发展战略两大类。国家安全战略是从国家和国际的全局高度筹划和指导维护国家安全利益的方略。它是维护国家根本利益的集中体现，国家政治、军事、经济、外交、科技、社会发展等方面的战略决策都应受其指导并与之协调。我国的国家性质，党的三代领导集体的国家安全思想、理论和国家安全战略的目标，决定了我国国家安全战略的特点是内向型、防御型、和平型的。2015 年 1 月23 日中共中央政治局召开会议，审议通过《国家安全战略纲要》，会议认为，制定和实施《国家安全战略纲要》，是有效维护国家安全的迫切需要，是完善中国特色社会主义制度、推进国家治理体系和治理能力现

代化的必然要求。

国家发展战略通常以基本国情为基础，以完善国内战略布局为核心目标，以富民强国为基本追求，其基本含义是基于以民为本的思想，为国民谋福利；确保国家战略资源和综合国力的增强，完善现代国家制度建设，以政治清明、社会和谐、法制完备、文化繁荣、生态平衡等为目标指向。可以分国家政治战略、经济战略、文化战略、外交战略等。

国家战略的内涵要素包括国家利益、国家目标、国家力量、国家意志和国家政策。根据这些要素，我国目前制定的国家战略大致分为三个层级：最高层为党和国家的最高目标，即顶层设计中的顶层；次高层为综合发展战略，即顶层设计中的中层；再次高层为经济发展战略，即顶层设计中的基础层（图1），各个层级共同体现着国家利益、国家目标、国家力量、国家意志和国家政策。

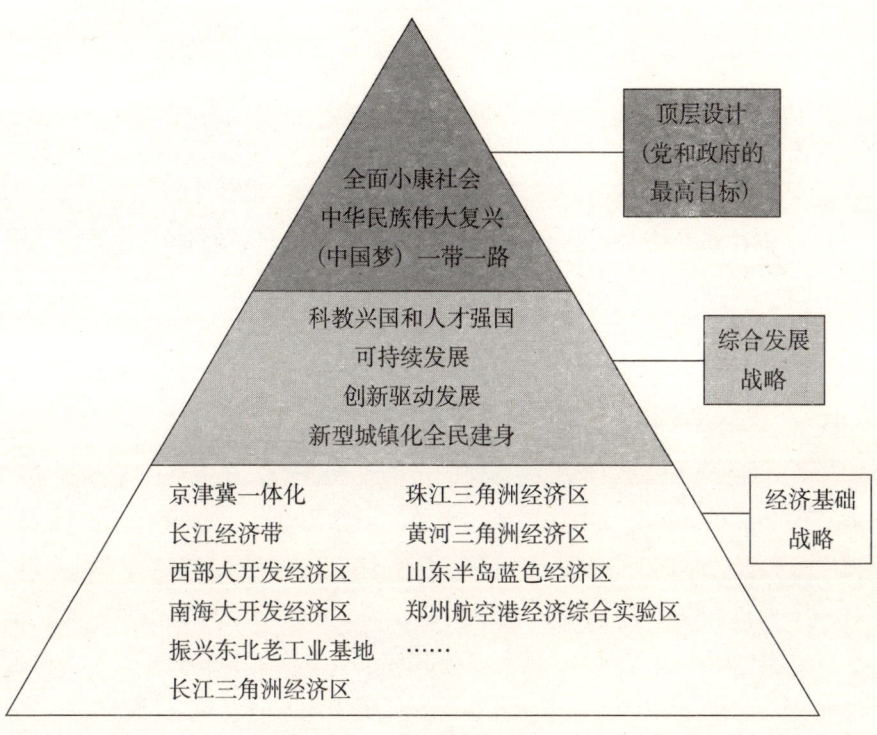

图1　国家战略的层级

　　如图 1 所示，我国的国家战略层次分明，呈金字塔结构。金字塔尖是国家的最高目标，即全面小康社会、中华民族伟大复兴、一带一路。全民健身战略在国家战略的分类中属于国家发展战略，而且是国家综合发展战略的重要组成部分。通过发展全民健身事业促进国家整体经济社会的转型和升级，优化产业结构，不仅是国家的当务之急，而且对国家实施其他战略的发展也具有补充和协同作用。

　　实现全面小康社会和中华民族伟大复兴（中国梦）的重要的内容和指标之一是全体国民的身体素质和健康水平要达到一流国家的水平。人口平均预期寿命是反映一个国家和地区人民健康水平的重要指标。第六次全国人口普查显示，2010 年我国人口平均预期寿命达 74.83 岁。但国民的健康预期寿命与发达国家相比还有较大的差距。据相关资料显示，2013 年，日本国民的健康预期寿命最长，男性和女性分别达到 71.11 岁和 75.56 岁，同一时期，中国男性和女性的健康预期寿命分别为 65.89 岁和 70.28 岁，分别相差 5.22 岁和 5.28 岁。因此，要实现全面小康社会和中华民族伟大复兴（中国梦），全民健身战略不仅使命神圣，也将面临十分严峻的挑战。

　　实现全面小康社会和中华民族伟大复兴（中国梦）是一个系统工程。承担和完成这一系统工程的核心要素是人，是各个行业的劳动者。亿万劳动者的身体素质和健康水平是实现所有经济指标的最为关键的要素之一。目前国家实施科教兴国和人才强国战略、可持续发展战略、创新驱动战略、新型城镇化战略等战略都是以提高国民的综合素质和高水平、高质量的人才为基础的，所以，全民健身战略的重要作用日益凸显出来。

　　近几年来，国家启动了一系列的经济发展战略，是以经济基础战略群为实现全面小康社会和中华民族伟大复兴（中国梦）保驾护航。各个经济发展战略区几乎同时把目光开始聚焦国民体育消费和发展体育产业。我国是一个人口大国，近 14 亿人的消费是拉动经济发展的巨大引擎。全民健身战略实施以来，我国国民的生活方式和消费观念潜移默化地发生着颠覆性变化，"拿钱买健康""请人吃饭不如请人流汗""快乐动起来""休闲健身天天走"已经逐步成为大多数国人的共识，马拉松热、广场舞热、自行车骑行热、太极拳热、横渡热、足球热、冰雪热、户外运动热等已经成为国民休闲健身的重要选项。在这个大潮中通过全民健身拉动体育消费的可能性大大增高，也成为了各地方政府进行经济增速的可选领域。资料显示，按照创新、协调、绿色、开放、共享的发展理念，各省、市、自治区的"十三五发展规划"中节能减排、绿色发展成为了新经济发展的路线图。全民健身作为促进绿色经济、可持续发展经济，其战略地位在其中得到了有力的体现。

# 五、结语

从《意见》颁布至今，短短的一年多的时间，把全民健身上升为国家战略的溢出效应正在逐步显现，神州大地全民健身的热浪滚滚，国民健身的广泛性、积极性、科学性日益提升。全民健身助力健康中国，全民健身拉升体育消费，全民健身促进体育产业，全民健身丰富人民群众的幸福生活，互联网+全民健身+体育产业正在成为供给侧改革的新样式。

全民健身战略在路上！

# 全民健身国家战略：内涵与发展思路

胡鞍钢[1]

## 一、全民健身国家战略

早在新中国成立初期的 1952 年，毛泽东同志就高瞻远瞩地提出了新中国的全民健身指导方针，即"发展体育运动，增强人民体质"，简称 12 字方针。"十二五"时期是新中国体育史上极为重要、不平凡的五年，习近平总书记对我国体育事业寄予厚望，党的十八大以来多次发表重要讲话，强调从全面建成小康社会、实现中华民族伟大复兴的战略高度重视发展体育事业。2014 年，国务院印发的《关于加快发展体育产业 促进体育消费的若干意见》首次提出将全民健身上升为国家战略。2015 年党的十八届五中全会《中共中央关于制定国民经济和社会发展第十三个五年规划的建议》，首次提出健康中国战略，特别提出要"发展体育事业，推广全民健身，增强人民体质"，简称 18 字方针。

全面建成小康社会是"十三五"规划的总目标和核心目标，其中推进健康中国建设是重要目标之一。健康中国的内涵和主体是健康人民，即健康家庭、健康社区、健康学校、健康企业、健康城市等，人人参与，人人健身，人人快乐；人人健康，人人幸福。健康中国的目标主要是全民健身和全民健康指标达到中高收入国家水平。

---

[1] 胡鞍钢，清华大学国情研究院院长、公共管理学院教授，博士生导师。

面向"十三五"，我国将从上中等收入阶段接近或达到高收入阶段（从人均 GDP8000 美元上升至 1.2 万~1.3 万美元，已接近或达到高收入水平门槛），从高人类发展水平组迈向接近极高人类发展水平组（从人类发展指数 0.73 上升至 0.78 或 0.79，已接近 0.80 的极高人类发展水平），这就决定了全民健康发展水平将向中等发达国家水平迈进。人口老龄化、环境污染等健康风险对我国全民健身事业提出了新的要求。本文以"十二五"全民健身相关指标完成情况评估为基础，从全民健身国家战略的深刻内涵出发，提出"十三五"时期并展望 2030 年我国全民健身发展的思路与方向。

# 二、全民健身和富民强国的关系

## 1. 全民健身和富民的关系

无论是 12 字方针还是 18 字方针，全体中国人民始终都是主体，增强人民体质、提高全民族身体素质和生活质量始终都是体育事业发展的根本宗旨，全民健身都是体育事业发展的基本任务，也是体育强国、人力资本强国的重要标志。

"要强调体育是对人健康的投资"，从人的发展生命周期视角看，人的现代化本质上是投资人力资本，提高人的能力维度边长，加速人的能力积累过程。从人力资本理论看，经过人力资本投资的人不仅自身受益，还会产生外溢性、正外部性，使家庭受益、他人受益、社会受益（表 1）。目前，我国 15~64 岁年龄段人数已达 10 亿，是我国各类财富的主要创造者，若能充分开展全民健身活动，到 2020 年提高该年龄段人群的健康寿命 1 岁以上，进而提高劳动生产率，体现了"富民"。

表1　人的发展生命周期与全民健身指标

| 生命周期各阶段前后期 | 婴儿出生 | 学龄前儿童期 | 少儿期 | 少年期 | 青年期 | 成年期 | 老年期 | 高龄期（80岁以上） | 核心指标 |
|---|---|---|---|---|---|---|---|---|---|
| 全民健身 | 孕期健身、婴儿健身 | 平衡性、灵敏性、受技巧性为目的健身 | 学校体育，接受运动项目教育 | 学校体育，接受运动项目教育 | 掌握运动技能，参与各类健身活动 | 掌握运动技能，参与各类健身活动 | 徒步、太极拳、广场舞等为主 | 徒步、操、辅助康复健身等 | 手口健康预期寿命 提高人口健康预期寿命 |

## 2. 全民健身和体育强国的关系

从我国基本国情来看，人口众多，曾是"东亚病夫"，新中国成立之前，中国人口平均预期寿命只有 35 岁，明显地低于世界平均水平（49 岁）；而今天，中国已经是"东方巨人"，2015 年中国人口平均预期寿命已经超过 76 岁，已接近中高收入国家水平。从健康总人力资本（指人口平均预期寿命与总人口之乘积）角度来看，中国总人力资本从 189 亿人岁增至 1014 亿人岁，相当于新中国成立前的 5.5 倍，也相当于美国（78.9 岁×3.2 亿=252 亿岁）的 4.0 倍。

胡锦涛同志在北京奥运会、残奥会总结表彰大会上指出："要进一步推动我国由体育大国向体育强国迈进"❶，并提出了体育强国的三个

---

❶胡锦涛同志指出：体育是社会发展和人类文明进步的重要标志，是综合国力和社会文明程度的重要体现。成功举办北京奥运会、残奥会，极大激发了亿万人民的体育热情，极大推动了我国体育事业发展。我们要坚持以增强人民体质、提高全民族身体素质和生活质量为目标，高度重视并充分发挥体育在促进人的全面发展、促进经济社会发展中的重要作用，实现竞技体育和群众体育协调发展，进一步推动我国由体育大国向体育强国迈进。

重要内容，即继续发展群众体育事业、继续提高体育运动技术水平、继续推进体育改革创新，从这三个指标来看，竞技体育保持在世界一流水平（表2）。

表 2　我国竞技体育部分核心指标数据（2010—2014 年）

| 项目 | 2010 | 2011 | 2012 | 2013 | 2014 |
|---|---|---|---|---|---|
| 运动员获世界冠军项数（项） | 22 | 24 | 24 | 22 | 22 |
| 运动员获世界冠军人数（人） | 180 | 198 | 140 | 164 | 206 |
| 运动员获世界冠军个数（个） | 108 | 138 | 107 | 124 | 98 |
| 运动员创世界纪录数（项） | 15 | 8 | 14 | 13 | 10 |
| 等级运动员发展人数（人） | 46341 | 38380 | 46412 | 51089 | 45141 |
| 国际级运动健将发展人数（人） | 306 | 300 | 167 | 130 | 127 |
| 等级教练员发展人数（人） | 1451 | 1045 | 767 | 1518 | 1648 |
| 国家级教练员发展人数（人） | 74 | 13 | 72 | 75 | 35 |

数据来源：根据国家统计局网站整理.

体育改革创新推动力度大（表3），尤其是"十二五"时期，结合中央对体育总局巡视工作整改推进，不断深化推进行政审批制度改革；取消群众性和商业性体育竞赛活动审批，以中国足球协会与体育总局脱钩为"龙头"，实施中华全国体育总会改革，推进体育社会组织改革，对综合性运动会进行精简压缩，取得了显著成绩。

表 3　体育改革创新出台的部分重要文件一览表（2013—2015 年）

| 文件名称 | 发文单位 |
|---|---|
| 中国足球改革发展总体方案 | 中央全面深化改革领导小组审定，国务院办公厅印发 |

（续表）

| 文件名称 | 发文单位 |
|---|---|
| 关于加快发展体育产业促进体育消费的实施意见 | 国务院 |
| 体育总局关于加强和改进群众体育工作的意见 | 国家体育总局 |
| 以运动项目管理中心和单项体育协会改革为突破口，深化体育管理体制改革的方案 | 国家体育总局 |
| 国家体育总局关于推进体育赛事审批制度改革的若干意见 | 国家体育总局 |
| 在华举办国际体育赛事审批事项改革方案 | 国家体育总局 |
| 国家队运动员、教练员选拔与监督工作管理规定 | 国家体育总局 |
| 全国体育竞赛裁判员选派与监督工作管理办法 | 国家体育总局 |
| 关于落实中央巡视组反馈意见，规范商务开发活动的通知 | 国家体育总局 |
| 关于落实中央巡视组反馈意见，加强各中心及企业财务管理和捐赠物资管理的通知 | 国家体育总局 |

可见，全民健身事业发展水平直接决定了体育强国建设的推进力度。

## 三、"十二五"全民健身工作现状

根据国务院颁布的《全民健身计划（2011—2015 年）》、各级政府颁布的《全民健身计划（2011—2015 年）实施计划》、国家体育总局印发的《〈全民健身计划（2011—2015 年）〉实施情况评估标准（试行）》和《国家体育总局办公厅关于开展〈全民健身计划（2011—2015 年）〉实施效果评估的通知》以及其他相关部委印发的相关文件，选取了涉及全民健身的相关指标，按照目标一致法对约束性指标的完成情况进行了评估（表 4）。

表4 "十二五"全民健身约束性指标实现情况（2011—2015年）

| 序号 | 指标名称 | 来源 | 目标值 | 完成值 | 进展评价 |
|---|---|---|---|---|---|
| 1 | 经常参加体育锻炼比例 | 全民健身计划（2011—2015年）、"十二五"时期公共文化体育服务国家基本标准 | 32%以上，其中16岁以上（不含在校学生）的城市居民达到18%以上，农村居民达到7%以上 | 33.9%，其中16岁以上（不含在校学生）的城市居民19.8%，农村居民9.5%❶ | 提前完成 |
| 2 | 学生在校期间每天参加体育锻炼活动时间 | 全民健身计划（2011—2015年） | 不低于1小时 | 未获得数据 | |
| 3 | 学生《国家学生体质健康标准》优秀达标率 | 全民健身计划（2011—2015年） | 超过20% | 未获得数据 | |
| 4 | 全国各类体育场地数量 | 全民健身计划（2011—2015年） | 120万个以上 | 169.46万个❷ | 提前完成 |

❶国家体育总局委托国家体育总局体育科学研究所、国家国民体质监测中心于2015年1月1日至4月30日对我国城乡居民在2014年里参加体育健身活动的状况进行了调查。此次调查对象是6周岁及以上的城乡居民。采用"多阶段分层随机抽样"的方法，在全国31个省（区、市）的1269个街道和乡镇中抽取了8万余居民户，采用入户方式进行调查，共获取有效样本135229例，其中6~19岁儿童青少年53401例，20周岁及以上人群81828例。

❷根据《国家体育总局、教育部、铁道部、国家旅游局关于开展第六次全国体育场地普查工作的通知》，我国以2013年12月31日为标准时点开展了第六次全国体育场地普查。普查对象为全国（不含港澳台地区）各系统、各行业、各种所有制形式的各类体育场地。2014年12月25日，《第六次全国体育场地普查数据公报》正式发布。按照2013年底全国总人口13.61亿人（不含港澳台地区）计算，平均每万人拥有体育场地12.45个，人均体育场地面积1.46平方米。

（续表）

| 序号 | 指标名称 | 来源 | 目标值 | 完成值 | 进展评价 |
|---|---|---|---|---|---|
| 5 | 人均体育场地面积 | 全民健身计划（2011—2015 年） | 1.5 平方米 | 1.57 平方米❶ | 提前完成 |
| 6 | 全民健身中心覆盖率 | 全民健身计划（2011—2015 年） | 50%以上 | 50%以上 | 完成 |
| 7 | 便捷、实用的体育健身设施覆盖率 | 全民健身计划（2011—2015 年） | 50%以上 | 50%以上 | 完成 |
| 8 | 体育组织覆盖率 | 全民健身计划（2011—2015 年） | 城市街道 80%以上、农村乡镇 60%以上 | 数据估算❷ | 基本完成 |
| 9 | 农村社区建有体育健身站（点）覆盖率 | 全民健身计划（2011—2015 年） | 50%以上 | 数据估算❸ | 进展滞后 |
| 10 | 获得社会体育指导员技术等级证书的人数 | 全民健身计划（2011—2015 年） | 100 万人以上 | 193 万以上❹ | 提前完成 |
| 11 | 获得社会体育指导员国家职业资格证书的人数 | 全民健身计划（2011—2015 年） | 10 万人以上 | 193 万以上❺ | 提前完成 |

❶基于 2013 年底人均体育场地面积为 1.46 平方米的数据，加上 2014 年健身场地设施对人均体育场地面积贡献 0.08 平方米，以及 2015 年国家体育总局在农民体育健身工程和全民健身中心建设的转移支付投入，预计超过 1.57 平方米。

❷截至 2014 年底，仅体育总会 1 个组织的覆盖率就达到了 72%，加上老年人体育协会、体育指导员协会、农民体育协会等，预计超过 80%。

❸全民健身站点平均每万人 3 个，即每 3000 多人 1 个，农村水平低于城市，且按照每个农村社区 3000 人左右来计算的话，尚且不足 50%。

❹截至 2015 年 12 月数据。

❺截至 2015 年 12 月数据，含救助人员国家资格证书人数。

**（续表）**

| 序号 | 指标名称 | 来源 | 目标值 | 完成值 | 进展评价 |
|---|---|---|---|---|---|
| 12 | 可供使用的公共体育场地（含学校体育场地）占全国体育场地总数的比率 | "十二五"时期公共文化体育服务国家基本标准 | 53%左右 | 未获得数据 | |
| 13 | 经常参加体育健身的老年人比例 | 中国老龄事业发展"十二五"规划 | 50%以上 | 未有详细数据❶ | 未完成 |

从表4看，经常参加体育锻炼比例指标、全国各类体育场地数量和人均体育场地面积指标、全民健身中心覆盖率、便捷实用的体育健身设施覆盖率指标以及体育组织覆盖率指标、获得社会体育指导员技术等级证书的人数、获得社会体育指导员国家职业资格证书的人数指标均提前或基本完成，可以认为，经过《全民健身计划（2011—2015 年)》的实施，初步建立起覆盖城乡、比较健全的全民健身公共服务体系，初步形成了"政府主导、部门协同、全社会共同参与"的全民健身事业发展格局，对全民健康水平的提高起到了重要作用。

## 四、全民健身国家战略的内涵

国家战略，是综合一国之力而行之方略，是建设和运用国家各方面的实力和人力为实现国家总目标而制定的总体性战略。全民健身上升为国家

---

❶根据《2014 年全民健身活动状况调查公报》，60~69 岁人群比例为 36.2%，70 岁以上为 26%，离 50%较远。

战略，充分体现了党中央、国务院对体育工作、特别是全民健身工作的高度重视和殷切期望。

## 1. 全民健身是全面建成小康社会的重要保障

"没有全民健康，就没有全面小康。"习近平总书记强调，发展体育运动，增强人民体质，是我国体育工作的根本方针和任务二。全民健身是全体人民增强体魄、健康生活的基础和保障，人民身体健康是全面建成小康社会的重要内涵，是每一个人成长和实现幸福生活的重要基础。全民健身在提高人民群众身体素质和健康水平，促进人的全面发展；丰富人民群众精神文化生活，推动经济社会和谐发展；提升国家民族综合实力，倡导相关领域融合发展等方面都有着不可替代的作用，为全面建成小康社会提供了重要保障。

## 2. 全民健身是健康中国建设的重要内容

推进建设健康中国的目标是从落实"四个全面"战略布局，促进经济社会发展全局出发，对维护和促进国民健康做出的制度性安排，全民健身作为一种健康生活方式，百姓喜闻乐见、门槛低，具有参与人群广、渗透性强等特点。无论是传统体育运动，还是现代体育运动，或是新兴的时尚体育运动，不仅直接对身体健康有益，还对积极引导心态，释放压力，养成公平、公正、诚信和规则意识等道德素养的提升有积极作用。

人们对医疗卫生的需求越来越大。一是 2014 年医疗机构就诊人数已超过了 76 亿人次，住院人数超过 2 亿人次，同年全国医院数量仅为 25860 家，卫生技术人员仅 758.98 万人。医疗机构、人员与巨大就诊量远不匹配。二是随着老龄化的到来，财政负担越来越大。这是被动式、高成本、短收益的健康策略。与此相反，主动式、低成本、长收益的健康策略就是全民健身，它对健康促进具有越来越大的作用。

从国际趋势看，特别是发达国家都实行了全民健身战略。2015 年，欧洲发布《欧洲 2016—2025 身体活动战略》，提出通过跨国家、跨部门、跨层次的和利益相关者合作，让所有公民的生命质量更好，寿命更长，形成有经常身体活动的生活方式。《健康欧洲人 2020》提出：身体活动对改善身体健康和心理健康、降低慢性病风险、提高全面健康水平、增加社交机会和社会归属感的重要作用。让身体活动成为日常生活的一部分。《美国国家身体活动计划》的目标是创造支持身体活动生活方式的国家文化；终极目标是改善健康、防止疾病和残疾，提高生活质量。《健康美国人 2020》作为美国卫生和公共服务部推出的健康国家战略目标，主要内容有延长寿命、在生命的各个阶段提高生活质量、促进健康发展、鼓励健康行为等。推出上述的政策和措施，是因为从后端的健康治疗、康复阶段来看，积极改善医疗环境、创新医疗技术、增加床位等手段非常有必要，但相对来说，实现周期较长，投入也较大。而作为前端的健康预防阶段，全民健身不仅仅对人的身体健康有着积极的作用，还在身体锻炼的同时，对人的心理健康、道德素质和社会适应提升有着积极的作用。

此外，全民健身对降低医保支出，破解医保难题，解决健康中国建设面临的挑战也具有重要意义。根据国家体育总局对江苏省的调研，以南通市为例，截至 2013 年末，南通市区参保职工 59.16 万人，符合南通市制定的医保卡可以用于体育健身消费条件的参保职工 6.8 万余人，个人账户结余超过 5 亿元。2010 年符合条件的职工中有 2896 人消费，金额 295.18 万元，人均超过 1000 元。2013 年，9200 余人消费，金额约 950 万元，人均超过 1000 元。80% 以上使用医保卡参与体育健身的人，发热感冒等小病小痛明显减少，医保门诊支出减少 20%~25% 的约占 70%，医保门诊支出减少 15%~20% 的约占 25%。

## 3. 全民健身对经济结构战略性调整意义重大

2014 年 5 月，习近平同志在河南考察时首次提出"中国经济新常态"这一词，指出"中国目前的经济发展特征适应新常态，应当保持战略上的平常心态"。2014 年 11 月，习近平总书记在 APEC（亚太经合组织）工商领导人峰会上首次系统阐述了中国经济新常态的主要特点，指出中国经济新常态包括速度、结构和动力三大特征：速度是指中国经济增长的速度应当从"高速"转为"中高速"；结构是指中国经济增长的结构应当"不断优化升级"；动力是指中国经济增长的驱动应当从"要素、投资"转为"创新"，即靠创新赢发展。2014 年 12 月 5 日，中央政治局会议公报中指出："我国已经进入经济发展新常态，在经济社会发展过程中将面临很多困难和挑战，要主动适应经济发展新常态，保持经济运行在合理区间。"中国经济新常态已经成为指引中国经济增长的重要标尺，要适应中国经济新常态的发展，核心就是产业结构调整与升级。全民健身可以带动体育消费，释放居民消费潜力，且是体育产业发展的原动力。《国务院关于积极发挥新消费引领作用加快培育形成新供给新动力的指导意见》（国发〔2015〕66 号）、《国务院办公厅关于加快发展生活性服务业促进消费结构升级的指导意见》（国办发〔2015〕85 号）文件都指出了全民健身对更好满足居民消费需求、提高人民生活质量、加快推动产业转型升级、实现经济提质增效的重要作用。

此外，按照国际标准，当人均 GDP 达 5000 美元时，体育产业会呈"井喷式"发展态势。2007 年，在 20 岁及以上人群中，全年人均消费 593 元，2013 年是 645 元，2014 年是 926 元，中国目前的人均 GDP 大约在8000 美元，发展潜力巨大。

## 4. 全民健身具有的其他多元功能和价值

除了在提高人民身体素质和健康水平、促进人的全面发展、丰富人民精神文化生活、推动经济社会发展等功能和价值外，全民健身在维稳、国际交流、弘扬社会主义核心价值观、教育、文化建设、养老、旅游等方面都具有重要的功能和价值。

# 五、全民健身的发展思路

"十三五"规划全民健身的基本思路就是落实全民健身国家战略、健康中国战略，即促进全国城乡各地的全体人民，人人参与，人人健身，人人快乐，人人健康，人人幸福的重要战略。其基本目标是针对人民群众多元化的健身需求，统筹全民健身公共服务体系建设，努力提高全民健康水平；其实质是要构建全民健康和全民健身型社会；其核心内容是要实现党的十八届五中全会建议提出的18字方针。总目标是，到2020年，政府全民健身事业投入总额世界第一、经常参加体育锻炼人数数量世界第一、人均体育消费水平大幅度提高，全体人民全民健身和全民健康指标达到中高收入国家水平，建成"全民健康社会和全民健身型社会"，为实现第一个百年目标，即全面建成小康社会提供重要保障；到2030年，全体人民全民健身和全民健康指标达到高收入国家水平，体育产业总规模突破5万亿元，为实现第二个百年目标，即建成富强民主文明和谐的社会主义现代化国家奠定身体素质和健康保障。

## 1. 统筹政府、社会、市民三大主体，"三只手合力"推进全民健身事业发展

每个人都有健康和健身的基本需求，这是民生之需；社会有提供健康和健身的动力，这是产业之需；政府有管理健康和健身的义务，这是绿色发展、共享发展的要求。创新全民健身的协同联动机制体制，统筹政府、社会、市民三大主体，政府提供全民健身的基本场地、组织和活动条件，保基本；社会发挥市场主体和各类社会组织法人参与全民健身活动的积极性和创造性，促多元；市民积极加入到全民健身的队伍中来，通过参与运动，享健康。三者形成利益共同体、发展共同体、命运共同体，实现"三同"，即同心同德、同向同行、同力同建。

## 2. 处理好全民健身国家战略和健康中国战略的关系

将全民健身作为《健康中国2030规划纲要》重要内容。健康中国建

设，健康优先。筹备成立国家国民体质和健康研究院；以健康为主题，整合基层宣传、卫生、文化、教育、养老等部门相关工作，在街道、乡镇层面探索建设健康促进服务中心；财政加大对主动健康保障体系的投入；大力推广适合不同人群的运动处方；积极探索基层国民体质监测中心和医疗卫生结合的新模式，推广居民利用医保卡余额进行健身锻炼。江苏省苏州市等已连续多年自行开展了利用医保卡余额进行体育健身的实践探索，取得了积极成效，建议在全国城市推广。2013 年全国城镇职工城镇基本医疗参保人数为 57322 万人，根据测算，若其中 10% 符合条件的人群能够参与健身，人均支出超过 1000 元，直接消费 573.22 亿元，同时还可以降低医保支出。通过全民健身，促进全民健康，为医疗卫生服务直接减压。

## 3. 全民健身已经成为新的消费增长点，将形成新的服务业领域

无论是哪一类商品或服务消费，十几亿人口的中国都将成为世界最大的市场。因此，全民健身巨大需求是体育产业发展的原动力，将进一步带动体育产品消费、服务消费，极大地释放居民消费潜力。《国务院关于积极发挥新消费引领作用 加快培育形成新供给新动力的指导意见》（国发〔2015〕66 号）、《国务院办公厅关于加快发展生活性服务业 促进消费结构升级的指导意见》（国办发〔2015〕85 号）等文件都指出了全民健身对更好地满足居民消费需求、加快推动产业转型升级、实现经济提质增效的重要作用。根据统计数据，2014 年，在 20 岁及以上人群中，有39.9% 的人有过体育消费，全年人均消费 926 元，假设全人群体育消费均为926 元，按照 13.7 亿人口估算，体育消费规模为 1.27 万亿元，相当于GDP 的 2%，已经成为越来越大的消费新领域。综合考虑人口增长、人均收入增长、人均消费增长以及消费结构变化（恩格尔系数将从 2015 年的30.6% 下降至 2020 年的 25% 左右），预计到 2020 年，体育消费规模有望突破 2 万~2.3 万亿元。

## 4. 继续落实全民健身国家战略，制定和颁布实施《全民健身计划（2016—2020 年)》

立足"十三五"规划，面对全面建成小康社会的新机遇和新挑战，需要更加准确地把握新时期全民健身发展的新内涵、新变化，不断开拓、发展全民健身事业的新境界、新成果。为更好地实施全民健身国家战略，进一步提高全民族的身体素质和推进健康中国建设，应依据《全民健身条例》，继续制定并实施好《全民健身计划（2016—2020 年)》，加大公共财政对全民健身领域的投入，不仅可以充分发挥公共设施、公共服务的直接效应（较强的社会收益率)，还会间接带动社会与私人投入（较强的私人收益率)，从而产生更大的外溢收益以及投资乘数效应。

建好群众身边的场地设施。按照配置均衡、规模适当、方便实用、安全合理的原则，科学规划和统筹建设全民健身场地设施，有效扩大增量资源。要加大便民利民的县级体育场、全民健身中心、社区多功能运动场等类型的场地设施建设，结合基层综合性文化服务中心、农村社区综合服务设施建设及区域特点，继续实施农民体育健身工程，实现行政村健身设施全覆盖。新建居住区严格落实"室内人均建筑面积不低于 0.1 平方米或室外人均用地不低于 0.3 平方米"配建全民健身设施的要求。老城区与已建成居住区无全民健身场地设施或现有设施未达到规划建设指标要求的，要因地制宜配建全民健身设施。充分利用旧厂房、仓库、老旧商业设施等闲置资源改造建设为健身场地设施，合理做好城市空间的二次利用，推广多功能、季节性、可移动、可拆卸、绿色环保的健身设施。顺应国民休闲度假需求，利用社会资金，结合国家主体功能区、国家公园和旅游景区的规划与建设，合理利用景区、郊野公园、城市公园、公共绿地及空置场所建设休闲健身场地设施。进一步盘活存量资源，做好已建全民健身场地设施的使用、管理和提档升级，鼓励社会力量参与现有场地设施的管理运营。完善大型体育场馆免费、低收费开放政策，研究制定相关政策鼓励中小型体育场馆免费、低收费开放。确保公共体育场地设施和符合开放条件的企事业单位、学校体育场地设施全部向社会开放。

建好群众身边的组织。按照国家对社会组织改革发展的总体要求，加快推动体育社会组织成为政社分开、权责明确、依法自治的现代社会组织，引导体育社会组织向自生力强、行业影响力大的独立法人组织转变，推动其向社会化、法治化、高效化方向发展，提高体育社会组织承接全民健身服务的能力和质量。

积极发挥全国性体育社会组织在开展全民健身活动、提供专业指导服务方面的龙头示范作用。加强各级体育总会作为枢纽型体育社会组织的建设，带动各级各类单项、行业和人群体育组织开展全民健身活动。扶持和引导基层体育社会组织发展，加强对基层社会组织的指导服务，重点培育发展在基层开展体育活动的城乡社区服务类社会组织，鼓励基层体育组织依法依规进行登记，为基层体育社会组织创造发展环境。重视发挥健身骨干在开展全民健身活动中的作用，引导、服务、规范其健康发展。推进体育社会组织品牌化发展和在社区建设中发挥作用，形成架构清晰、类型多样、服务多元、竞争有序的现代体育社会组织发展新局面。

开展好群众身边的全民健身活动。因时、因地、因需、因人（如不同年龄段人群）开展群众身边的健身活动，分层分类引导运动项目发展，丰富和完善全民健身活动体系。大力发展马拉松、自行车等群众喜闻乐见的运动项目，积极培育极限、马术等具有消费引领特征的时尚休闲运动项目，鼓励开发适合不同人群、不同地域特点的特色运动项目，扶持推广武术、太极拳、健身气功等民族民俗民间传统运动项目。

## 5. 实施全民健身重大项目和重大工程

推进全民健身重点人群建设，强化全民健身发展重点，着力做好公共服务均等化。保障基本公共服务，推进全民健身基本公共服务均等化，使广大人民群众共享发展成果。围绕新型城镇化，推动全民健身基本公共服务向农村延伸，以乡镇、农村社区为重点做好基本公共服务的均等提供，坚持普惠性、保基本、兜底线、可持续、因地制宜的原则，重点扶持革命老区、民族地区、边疆地区、贫困地区加快发展全民健身事业，为实施国家兴边富民行动、精准扶贫脱贫、农业现代化等重大战略发挥积极作用。

加强学校体育教育，将提高青少年的体育素养和养成健康行为方式作为学校教育的重要内容，保证学生在校的体育场地和锻炼时间，实施"青少年体育振兴计划"，积极发挥"青少年阳光体育大会"等青少年体育品牌活动的示范引领作用，使青少年提升身体素质、掌握运动技能、养成锻炼兴趣，形成终身体育健身的习惯。加强社区养老服务设施与社区体育设施的功能衔接，提高使用率，支持社区利用公共服务设施和社会场所组织开展适合老年人的体育健身活动，为老年人健身提供科学指导，发挥全民健身在积极老龄化方面的独特作用。采取优惠政策，推动残疾人康复体育和健身体育广泛开展。开展职工、妇女、幼儿体育，推进外来务工人员公共体育服务纳入属地供给体系。加大社会矫正人员等特殊人群的全民健身服务供给，使他们享受更多的社会关爱，在融入社会方面增加获得感和满足感。

推进全民健身重点区域建设，发挥全民健身多元功能，形成服务大局、互促共进的发展格局。顺应对接"一带一路"、京津冀协同发展和长江经济带等总体发展战略，配合西部开发、东北振兴、中部崛起、东部率先等区域发展战略，结合教育、文化、卫生、养老、旅游等事业发展，统筹谋划全民健身重大项目工程，发挥全民健身在促进素质教育、文化繁荣、社会包容、民生改善、民族团结、健身消费、创业创新等方面的作用，实现为国家全局发展服务的功能。

推进全民健身重点项目建设，特别是足球和冰雪运动项目。依托《中国足球改革发展总体方案》和筹备 2022 年冬奥会"带动三亿人参与冰雪运动"的契机，着力加大足球场地供给，把兴建足球场纳入城镇化和新农村建设总体规划，因地制宜鼓励社会力量建设小型、多样的足球运动场地。广泛开展校园足球，抓紧完善常态化、纵横贯通的大学、高中、初中、小学四级足球竞赛体系。积极倡导和组织行业、社区、企业、部队、中老年、五人制沙滩足球等形式多样的民间足球活动，举办全国多层级的足球赛事，促进足球运动蓬勃发展，不断扩大足球人口规模，使足球成为群众普遍参与和乐于观赏的运动项目。大力普及推广冰雪运动，利用筹备和举办北京冬奥会的契机，制定并实施群众冬季运动推广普及计划，积极推进冰雪运动进景区、进商场、进社区、进学校。以京津冀优先快速发展为带动，以东北地区全面提升为基础，以西北、华北地区发展为重点，鼓励各地依托当地自然和人文资源，开展适合不同人群、不同需求、形式多样、健康有趣的冰雪健身项目，举办群众喜闻乐见的大众冰雪活动和赛事，实现 3 亿人参与冰雪运动，使冰雪运动的群众基础更加坚实。

## 6. 创新全民健身科技机制

运用云计算和大数据技术，开发利用国民体质健康监测大数据，研究制定并推广普及健身方案、运动处方库和"中国人体育健身活动指南"，提高群众的科学健身意识和素养，运用最新技术进行经常体育锻炼人数、体育设施利用率的及时分析和运动健身效果综合评价，提高对全民健身运动的指导水平和全民健身设施安全的监管效率，探索将全民健身数据纳入到电子病历档案中。

## 7. 弘扬体育文化

普及健身知识，宣传健身效果，弘扬健康新理念。把身心健康作为个人全面发展和适应社会的重要能力，树立和营造以参与体育健身、拥有强健体魄为荣的个人发展理念和舆论氛围，通过体育健身提高个人的社会协调能力和团队协作能力。引导发挥体育健身对形成健康文明生活方式的作用，树立人人爱锻炼、会锻炼、勤锻炼，重规则、讲诚信、争贡献、乐分享的良好社会风尚。大力宣传运动项目文化，弘扬奥林匹克精神和中华体育精神，挖掘传承传统体育文化，发挥区域特色文化遗产的作用。树立全民健身榜样，讲述全民健身故事，传播社会正能量，发挥体育文化在践行社会主义核心价值观、弘扬中华民族传统美德、传承人类优秀文明成果和提升国家软实力方面的独特价值和作用，增强民族自信心和自豪感。

# 六、小结

第一，全民健身对提升人的现代化、中国总人力资本和体育强国建设具有重要作用，"十二五"时期全民健身上升为国家战略，《全民健身计划（2011—2015 年)》的实施成效明显，初步建立起覆盖城乡、比较健全的全民健身公共服务体系，初步形成了"政府主导、部门协同、全社会共同参与"的全民健身事业发展格局，对全民健康水平提高起到了重要作用。

第二，全民健身国家战略具有重要内涵，是全面建成小康社会的重要保障，是健康中国建设的重要内容，对经济结构战略性调整意义重大，具有其他多元功能和价值。

第三，"十三五"规划全民健身的基本思路和方向就是落实全民健身国家战略、健康中国战略，基本目标是针对人民群众多元化的健身需求，统筹全民健身公共服务体系建设，努力提高全民健康水平；其实质是要构建全民健康和全民健身型社会；核心内容是要实现党的十八届五中全会建议提出的 18 字方针。总目标是，到 2020 年，全体人民全民健身和全民健康指标达到中高收入国家水平，建成"全民健康社会和全民健身型社会"，为实现第一个百年目标，即全面建成小康社会提供重要保障；到 2030 年，全体人民全民健身和全民健康指标达到高收入国家水平，体育产业总规模突破 5 万亿元，为实现第二个百年目标，即建成富强民主文明和谐的社会主义现代化国家奠定身体素质和健康保障。

第四，"十三五"期间，全民健身的发展着力点是：统筹政府、社会、市民三大主体，"三只手合力"推进全民健身事业发展；处理好全民健身国家战略和健康中国战略的关系；充分发挥全民健身拉动消费，促进经济结构战略性调整的重要作用；继续落实全民健身国家战略，制定和颁布实施《全民健身计划（2016—2020年）》；实施全民健身重大项目和重大工程；创新全民健身科技机制；弘扬体育文化。

　　总之，全民健身国家战略是以十几亿全体人民为中心，旨在促进全国城乡各地人民，人人参与，人人健身，人人快乐；人人健康，人人幸福。只有参与才能得到锻炼；只有健身才能得到快乐；只有健康才能得到幸福。只有人民体魄、身心健康了，人民才能不仅越来越富裕，而且也能越来越幸福，那么国家就会越来越强大，这就是我们所期盼的2020年全面建成小康社会的目标和愿景，也是2030年实现健康中国的目标和愿景。

# 第二篇

## 如何认识全民健身国家战略：
## 时代意义

全民健身与中国经济可持续发展

文化理论视角下全民健身国家战略的时代意义

全民健身国家战略的社会意义

社会力量对全民健身国家战略的新期盼

# 全民健身与中国经济可持续发展

邹东涛❶

孔子在《论语·学而篇》中说了这样一句言简意赅之语："君子务本，本立而道生。"就人类社会的存在来说，其本源首先是人的生命的存在。有了生命，还要生出"道"来；有了"道"，就可以形成和产生社会，更可以推进社会发展。而推进社会发展正常的、可持续的生命存在，首先是健康。而确保人的可持续健康，除了充分的、良好的吃穿住行之外，就是持续而适可的健身。

本文所说的"健身"：第一，不是从个人喜好出发、自发的、零碎的锻炼，而是社会性的、有组织的"全民健身"。全民健身作为一种群众性体育活动，具有参与人数广泛、时间长期和持续的特点。

第二，本文所说的"健身"，也不是休闲式、自发的、零散的、不食人间烟火的健身，而是与经济活动和有关且有组织的与国家经济、政治、文化、体育发展事业相关的健身。

第三，本文所说的"健身"，也不是为"健身"而"健身"，而是要真正提升人力资本质量和数量，促进经济增长、社会进步和国家强盛的"健身"。

从微观上讲，健康的身体、强健的体魄，是构成人力资本这一生产要素以及推动该生产要素不断积累和提升的重要资源和根本基础，因此，"身体健康"除了具有我们日常所理解的对于一个人的生活和成长方面的重要意义之外，还是保证整个社会的人力资本不断积累，继而是"健康资源"在改善和提高劳动生产率方面发挥积极作用的基本前提。

---

❶邹东涛，中国社会科学院社会科学文献出版社原总编辑，现任中央财经大学中国发展和改革研究院院长，经济学教授，博士生导师。

当前，中国经济发展步入"新常态"，同时又面临到"三期叠加"，处于转型升级的关键阶段，全面建成小康社会需要经济水平的进一步增长，需要劳动、资本等传统生产要素投入数量与规模的增加，但更需要这些生产要素产出效率的改善，进而也就对人力资本的质量要求越来越高。从这一角度而言，以全民健身促进人口健康水平的改善，继而促进人力资本水平的提升，是更好地适应经济新常态，提高经济持续健康发展内生动力的重要战略选择。

# 一、宏观经济增长中的人力资本要素

## （一）人力资本对经济增长的重要意义

对于一个国家和地区而言，经济增长的重要意义是不言而喻的。虽然经济增长不是经济社会的最终发展目标，但它却是经济社会发展的重要内容之一，更是人类社会实现全面可持续发展的重要物质基础和必要的现实条件。然而在各国经济社会的演进和发展进程中，推动经济增长的要素究竟是什么？早期的古典经济学家普遍认为，自由贸易是促进国家经济增长的主要动因，如早在 20 世纪 30 年代，美国著名经济学家罗伯特逊就提出了"对外贸易是经济增长的发动机"学说，也即"增长引擎"理论。此后，新古典经济学家用生产函数的方法分析了作为重要生产要素的劳动与资本推动经济增长的逻辑，并逐步将技术进步对增长的贡献从资本与劳动中分离出来，进而推导出了作为全要素生产率的技术进步，是经济增长的根本源泉。

第二次世界大战后，随着西方发达国家科技创新水平的不断提升，有关经济增长以及经济发展的理论与研究方法不断演进与更新，特别是宏观经济学的兴起和数理统计、计量经济学的不断成熟，使人们更多地从总投资、总收入、总储备与总消费这些总量之间的相互关系中，从短期的视角来探讨国家的经济增长问题。而通过对这些总量的分析发现，很多经济增长过程中出现的新问题，应用此前的经济增长理论无法给出有说服力的解释。这首先就体现在当世界经济发展史步入20世纪50年代后，很多关注宏观经济增长的经济学家在对美国的国民经济进行研究时，发现美国经济的总产出增长率大大高于劳动和资本两个生产要素投入的增长率之和，为解释这一现象，经济学家们试图用"技术进步""教育"和"全要素生产率"等因素引入到生产函数之中，但都没有得到令人满意的答案。最后，有经济学家引入了劳动异质性因素及与此有关的人力资本投资概念对其进行了新的解释，不仅获得较为合理的结论，而且还发现，以往的把人力资本投入单纯地视为劳动时间的增加，而不考虑劳动力质的改进，是有问题的。其次，人们发现，第二次世界大战结束后，美国出现了公民收入分配不平等的现象，而且当时的很多研究都表明，这种不平等并不明确地以阶级、职业或人的智商等外生因素的变化而发生改变。经过深层次的研究，学者们发现，个人收入分配的差别，更主要应归因为人们因教育程度不同，而导致相互间对于人力资本拥有量的存在差别。再次，第二次世界大战结束后，日本、德国等新兴工业国的经济在短时期内迅速腾飞，其经济发展速度令世人震惊，特别是日本，在短短的30年内就完成了美、英两国花费上百年时间才完成的工业化进程。与之相对应的是，对于战后的绝大多数发展中国家，其经济发展却非常缓慢。这种截然相反的经济增长格局，又引起了国际上众多学者的关注和探讨，而通过理论和实证分析，多数研究都得到了基本一致的结论，即日本和德国的经济之所以取得了高速发展，主要在于其国内建立了有效的制度结构，并以此进一步推动了国家人力资本优势的快速提升。最后，按照传统的比较优势理论，一个国家的资本积累得越多，相对土地和劳动的价格而言，资本就会变得越为便宜，因此，这个国家就会尽可能地采用更多的资本而少用劳动，即以资本来替代劳动，因此，资本的有机构成将会不断提高。但是，相关统计数据却显示，当一个国家的经济不断增长、财富不断积累和增多时，资本的有机构成却出现了下降的趋势。而且，按照赫克歇尔—俄林的要素禀赋理论，对于资本充裕的发达国家，其所出口的产品应主要是资本密集型产品。但是，经济学家列昂惕夫对美国1947年贸易要素构成和结构的研究结果却显示，美国所出口的大部分产品属于劳动密集型的产品，这就同赫克歇尔—俄林的要素禀赋理论相矛盾。然而，在将资本的概念扩大到包括人力资本时，资本的有机构成随着经济增长的下降以及美国出口的是劳动密集型的产品这两个现象，就都能够得到相对合理的解释。因为对于这些国家而言，它们都属于人力资本密集型的国家，都在事实上说明了人力资本对于经济增长的重要意义。

此后，有关人力资本的研究越来越受到更多学者的重视，它对于实践的直接影响，就是作为提高人力资本重要载体之一的教育事业，在各国都受到了越来越高的重视。而对于人力资本有关问题的讨论，则主要集中在三个方面：一是有关人力资本的投资问题，其重点讨论的是，对人力资本进行投资，究竟能够带来多大的收益；二是有关人力资本与经济增长的关系问题，主要讨论的是，不同的人力资本水平，以至不同人力资本结构，对于经济增长所产生的具体影响与贡献；三是人力资本的形成和发展问题，它主要讨论的是，如何促进人力资本水平的提高以及如何推动社会上人力资本结构的改善。

## （二）人力资本的概念与内涵

尽管自亚当·斯密开始，就有很多古典经济学家对人力资本进行过直接或间接的描述，但是关于人力资本的确切性概念，最早却是由享有“人力资本之父”盛名的美国经济学家西奥多·舒尔茨所提出。在1960年当选美国经济学会会长的就职演说上，舒尔茨发表了《人力资本投资》一文，继而从多个方面对人力资本的基本概念和内涵进行了阐释。舒尔茨指出，人力资本是人们通过有目的的投资获得的，它是资本的一种重要表现形式，也是现代经济增长的主要因素之一。而对于人力资本的本质与构成，舒尔茨认为，人力资本是通过投资而体现在劳动者身上的一种资本类型，并且以劳动者的数量和质量，即劳动者的知识程度、技术水准、工作能力以及健康状况等来表示，是这些方面价值的总和。在此基础上，贝克尔（1987）在后续的研究中又进一步指出，人力资本不仅意味着才干、知识和技能，还意味着时间、健康和寿命。

从舒尔茨和贝克尔的论述中可知，人力资本并不是与生俱来的，而是经过后天的培养后所获得的，如通过接受教育和培训。也正因此，人力资本的形成，往往需要一定的前期成本投入。此外，人力资本所涉及的内容十分广泛，不仅包括人的体力方面，还包括人的智力、健康、寿命等各个方面。

## 二、全民健身与人力资本的积累

### （一）健康是重要的人力资本

传统的经济学认为，劳动者用于改善健康状况的支出是一种消费支出，与之不同，人力资本理论把劳动者用于后天的营养、锻炼、医疗保健等方面的支出看作是一种和投资于物质建设一样的投资，即健康投资，这种健康投资形成人力资本中的健康资本。按照舒尔茨和贝克尔等人所下的概念，从实体形态上，我们可以将人力资本进一步界定为通过一定的成本投入，借助于后天的教育、培训锻炼等方式，所获得的知识、技术、能力、体力、健康等各方面因素的总合。人力资本的最为显著的标志，在于它属于人的一部分，它存在于作为承载体的人的体内，且与人体不可分离。也正因此，在构成人力资本的诸多要素中，健康资本是非常重要的，是其他形式的人力资本得以存在且能够正常发挥其功效的先决条件，与人力资本密不可分。健康是指身体和心理完善状态，它确保人们有能力完成个人的日常活动，包括工作、学习和生活。对于每一个人类个体而言，只有身体健康、精力旺盛，才能有丰富的想象能力、充沛的分析能力、果敢的决策能力、非凡的创造能力。如发展经济学派代表认为阿玛蒂亚·森就曾用人类发展理论对健康进行了重新的诠释："对于每一个人来说，最为重要的就是拥有生活的基本能力，健康是人们拥有其他各种能力的最基本要素，唯独拥有健康功能，人们才有能力完成其他'功能性活动'，从而实现有价值的生活。"

　　尤其是在现代化的大生产条件下，健康资源对于劳动力人力资本提升的作用，不亚于索罗、卢卡斯等人所强调的教育、干中学对于人力资本提升的重要作用。比如，正是因为健康资源被无形地运用于企业的生产运营之中，才从根本上保证了企业员工的工作质量，进而也提高了员工的劳动生产率。也正是因为健康资源被无形地运用于企业的生产运营之中，才使得企业员工的身体健康情况得到保障，降低了员工一年中缺勤的天数以及减少了由于发生疾病而损失的工作时间，并使得企业员工精神饱满、单位劳动时间内生产出了更多的优质产品。上述这些都表明，健康资源是推动劳动生产率提升的重要动力，尤其是在社会化大生产条件下，随着社会分工的不断深化，这种推动作用还在不断地提升。为此，要使人力资本充分发挥自身对于经济增长与发展的作用，需要对人力资本进行投资，其中尤为需要对健康资本进行投资。

　　从整个国家和社会的宏观层面看，健康资源究竟又是如何影响到经济增长与发展的？如果说从新古典宏观经济增长模型中，还很难看出健康资本对人力资本以至对经济增长所发挥的直接或间接作用的话，那么下述根据前苏联经济学家奥克萨尼提出的理论，我们能够更直观地对其予以呈现。依据该理论，当我们假设经常参加健身运动的人数可以近似地等同于身体健康的人数时，并进一步以 A 来代表健康资源带来的国民收入增长值，以 H 来代表一个国家的国民收入，以 X 来代表经常参加健身运动的身体健康者比不经常参加健身运动的劳动生产率提高的指数，以 Y 来代表参加健身运动的人数占劳动者人数的比例，那么将存在如下的等式关系：

$$A = H - H / [(1-Y) + (1+X) \times Y]$$

　　由此公式，我们可以非常容易地推断出，健康资源不仅可以使劳动生产率取得提高，并且能够由此促进国民收入水平的增长。

　　参考其他学者的研究，若以美国为例，由美国商务部统计局所提供的数据显示，2009 年，美国的国民收入水平为 142653 亿美元。这其中，如果我们假设参加健身运动的人数占到当时美国社会总劳动人数的 35%，并假设经常参加健身运动的身体健康者，其劳动生产率提高的指数为 4%，那么由该公式计算可知，健康资源使美国的国民收入水平增加了 1970 亿美元。也就是在 2009 年美国的国民收入中，有 1970 亿美元是由健康运动所提供的健康资源而创造出来的。

## （二）全民健身是积累健康资源的重要途径

健康是人的一种良好的生存状态。广义上的健康的定义，主要指人的生理机能正常、心理精神上的健康和社会适应上的健康。而狭义上的健康，则更主要是指人的体质和精神处于完善的状态，也即身心健康。体育健身是一种非常有效的对健康进行投资的方式，正如世界卫生组织曾总结过的那样，在数百种影响人们身心健康的因素中，以合理膳食、适量运动、规律生活和心理平衡四个因素最为重要，被称为健康的四大基石。而就提高人自身的健康水平而言，体育健身所发挥的积极作用是其他任何手段和方法都无法比拟的，它对于人类身体健康的意义，较之医疗保健或营养卫生更加经济、更加有效、更为持久。体育锻炼具有生理学、生物化学以及医学等方面提高人体健康的意义，具有多方面的心理学价值，可以对人的情绪、智力发展和保持起到积极作用。它是以发展身体、增进健康、增强体质、调节精神为目的的身体活动。科学和实践证明，增进健康，增强体质，体育锻炼是最积极、最有效的方法。发达国家关于个人和社会健康资本培育和积累的经验也表明，影响健康的主要因素，并不是国家的发展水平，而是人们的生活和消费方式。随着发达国家对于个人体育锻炼和休闲设施方面投入的增加，使得人们越来越关心对于个人健康进行必要的投资，对体育锻炼的需求越来越大。

我国的《全民健身计划（2011—2015 年)》中指出，要"统筹城乡全民健身事业发展，促进城乡体育资源和公共体育服务均衡配置，逐步建成城乡一体化的全民健身公共服务体系"。全民健身作为一种群众体育，具有参与人数广泛的特点，从微观的层面上讲，健康的身体、强健的体魄，是构成人力资本这一生产要素以及推动该生产要素不断积累和提升的重要资源、根本基础，因此"身体健康"，除了具有我们日常所理解的对于一个人的生活和成长方面的重要意义之外，还是保证整个人自身的人力资本不断积累和发挥作用的重要保证。从宏观的层面上看，对于中国这样的人口大国而言，实施全民健身计划，在城市地区和广大农村地区全面开展全民健身运动，将会使社会大众以较小的"代价"降低人口发病率和死亡率，进而提高所有民众的身体健康状况，故而它是充分地积累社会健康资源，以及提高全社会的人力资本水平的有效途径。

# 三、健康资源对中国经济发展的重要意义

## （一）中国健康资源的积累落后于经济的快速增长

制度是经济发展的基础，一定时期内，一个国家的经济发展、产业变迁脉络等，某种程度上均取决于制度变迁的基本方式与路径。而按照林毅夫的观点，关于制度变迁，又可具体表现为强制性制度变迁和诱致性制度变迁两种主要的形式。更为重要的是，这两种不同形式的制度变迁方式，所形成和发展的基础又是不同的。对于诱致性的制度变迁，主要是指现有某项或某些制度安排的变更、调整或替代，或者也可能直接就是新制度安排的创造。它是由个人、政府部门乃至整个社会在潜在利益的诱导下自发组织起来进行推动的；而强制性的制度变迁，则主要是由政府部门通过行政指令而推动的。既定的发展目标或追求某方面的社会效益，往往是引发强制性制度变迁的主要动因。

在新中国成立之初，为了加快实现对西方发达国家工业化进程的追赶以至赶超，中国通过采取强制性制度变迁的方式，在全国范围内实施了"工业化"战略。实践证明，在当时"一穷二白"的情况下，正是因强有力的强制性制度变迁的推动，才使得更多的社会资源聚集到了工业领域，继而在短时间内就完成了国家的工业化建设。随着改革开放战略被提出，中国的制度变迁更多采取的是诱致性的方式。如我国农村地区的家庭联产承包经营责任制，其最初就是由凤阳小岗村的十几户村民为了改善农业产出效率、提高自身收入而"秘密"采取的，并经过一段时期的试验、验证，才上升为一项基本的国家制度。然而应该说，由于外

部性、有限理性、机会主义、交易费用等问题在现实中的存在，因此有些时候，即使人们预期到了所存在的可观的经济、社会收益，诱致性的制度变迁也很难在事实上被启动，尤其是在中国这样的人口数量众多、经济社会发展不平衡，城乡、区域间存在较大发展差距的国家，情况更是如此。在这种情况下，依靠政府部门的行政命令来实行强制性的制度变迁，在现实中也就显得非常必要。

自实施改革开放以来，我国经济在总量上保持了持续的高增长态势，实际 GDP 在改革开放后的前 30 年内的年均增长速度达到 9%以上，远高于该时期的世界平均水平。长期以来的高增长，在创造出"中国的奇迹"的同时，不仅提高了人们的收入和生活水平，而且也使得我国城乡居民的营养状况得到了显著的改善，人们的健康水平得到了显著的提升。有关统计数据显示，中国居民的人均预期寿命由 1981 年的 67.9 岁，增长到 2010 年的 74.8 岁，远远超过 69.6 岁的世界平均水平。中国的新生儿死亡率、婴儿死亡率、5 岁以下儿童死亡率及孕产妇死亡率大幅下降。但是在总体上，随着经济发展和社会进步、体制改革取得巨大成就的同时，我国人口的综合健康指标的改善却出现了幅度明显滞后于人均 GDP 的增长速度的情况，甚至在一些地区还呈现出了不良的发展趋向，例如，很多用以衡量居民健康水平的指标，在城乡、地区和不同社会阶层之间存在较明显的差异；一些由新型病菌、职业病、亚健康以及生态环境污染破坏导致的患病人次不断增多、严重程度不断加剧；食品、药品安全引发的健康问题也不时被诸多媒体曝出等等。

另外，人口结构的变化及其带来的严峻健康威胁与负担也应引起注意。自从 2000 年进入老龄化社会以来，我国的人口老龄化步伐明显加快。受数十年低生育率和寿命延长的影响，目前中国 60 岁以上老年人口已超过 2 亿人，到本世纪中叶，我国老年人口规模将占总人口的三分之一左右。正因此，当前中国的人口健康模式既带有发达国家的特征，即慢性病、老年疾病、精神疾病的大量增加，也还带有明显的转型国家和中国自身的特点，如环境污染、食品安全、烟草使用、道路交通伤害等问题突出，对健康的威胁越来越大。另一方面，发达国家进入老龄化社会时，人均 GDP 一般都在 5000~10000 美元，甚至更高水平，而中国在 2000 年进入老龄化社会时，人均 GDP 才刚刚超过 1000 美元，属于"未富先老"，因此应对老龄化的经济基础还十分薄弱。

## （二）健康资源对中国经济持续发展的现实意义

一方面是健康资源的积累相对于经济发展的滞后，另一方面，经历了改革开放 30 年的高增长，当前中国经济发展进入了提质、降档、增效的"新常态"。两方面的因素，使得健康资源对中国经济持续发展的意义变得更为重大。

众所周知，实施改革开放后，在推进经济体制改革的过程中，随着对外开放战略的实施，中国的产业发展，实际上走了一条以"比较优势"为遵循的发展道路。人口数量众多、劳动力资源富集的现实国情，使得与其他国家和地区相比，中国在劳动要素的供给上具有了非常明显的比较成本优势。也正因此，以劳动投入为主的劳动密集型产业的快速发展，使得依靠低价自然资源和劳动力资源的技术水平低、规模小、劳动资源消耗大的外向型制造业企业数量快速扩张，很多外资企业在中国投资设厂，同时也导致很多大型企业技术创新动力不足，对扩大劳动数量投入的外延型发展道路产生较强的路径依赖。在这种外延型的发展模式下，很多企业热衷于以劳动的数量来替代劳动的质量，对劳动者身体健康水平的改善、成长与发展等方面重视不足。从各要素的积累及对产出的贡献上看，这种外延型的发展模式下，人力资本因未能予以应有的重视而积累较慢，对于产出的贡献往往也相对于其他要素为低。

然而，随着我国人口老龄化日趋严重，近年来，我国在改革开放初期所具有的巨大人口红利正在逐渐消失，其直接的表现就是中国的劳动力成本在不断上升。例如在本世纪初，中国工人的工资只有墨西哥工人的30.2%，而 2013 年，中国工人的月工资已经比墨西哥工人高出 50.5%，比越南工人高出 168%。在这样的背景下，与依靠劳动数量和劳动时间的增加来创造更多产出的外延型发展模式，越来越面临成本大幅上升的压力，通过改善劳动者健康状况和工作能力，在此基础上提高劳动者的单位产出水平，对于企业来说，成为了成本更低的一种选择。从其他国家的经济建设和发展经验来看，这毋庸置疑地将在一定程度上制约经济社会在今后的稳步持续发展。不仅如此，其他国家的发展和实践经验表明，对于中国这样的人口大国，如若不能妥善解决不利于人口健康的各类问题，那么随着人口红利的逐渐消失，人力资源水平并不会相应地取得稳步提升，以至于巨大的人口优势将有转化为人口负担的潜在风险，从而导致未来的经济发展停滞不前，社会发展举步维艰。

在更为宏观的层面，随着中国经济发展步入"新常态"，中国经济同时也面临到了增长速度换档期、结构调整阵痛期、前期刺激政策的消化期"三期叠加"的现实局面，处在了转型升级的关键阶段。全面深化改革、全面建成小康，推进经济社会的持续健康发展，需要经济水平的进一步提升，需要劳动、资本等传统生产要素投入数量与规模的增加，更需要这些生产要素产出效率的改善，进而也就对人力资本的质量要求越来越高。从这一角度而言，以人口健康促进人力资本的积累，以人力资本的改善推动经济增长，除了对于企业来说是更为优化的一种选择之外，更是整个中国经济更好地适应新常态，以及提高内生发展动力的重要战略选择，既利当前又利长远。鉴于中国的人口健康状况既低于发达国家的水平，又落后于国家的经济增速，因此在发挥人力资本推动经济发展的诸多环节之中，最重要的就在于更加注重国民健康对经济增长乃至经济转型发展的促进作用，更加重视健康资源对劳动产出效率改善的推动效应。

# 四、可持续发展视角下的全民健身

## （一）五大发展理念是推动可持续发展的重要遵循

党的十八大以来，以习近平同志为总书记的党中央审时度势，准确把握国际国内两个发展大局，勇于实践、善于创新，深化对共产党执政规律、社会主义建设规律、人类社会发展规律的认识，形成一系列治国理政新理念、新思想、新战略，通过坚持把马克思主义政治经济学的基本原理同中国特色社会主义的建设实践相结合，在提出经济新常态、理顺政府与市场关系、完善基本经济制度、推进经济体制改革、开放发展等一系列新思想新主张新论断后，围绕"十三五"时期及未来我国经济社会的可持续发展，提出了"创新、协调、绿色、开放、共享"五大发展理念。按照五大发展理念，"创新发展是'十三五'时期经济结构实现战略性调整的关键驱动因素，是实现'五位一体'总体布局下全面发展的根本支撑和关键动力；协调发展是全面建成小康社会之'全面'的重要保证，是提升发展整体效能、推进事业全面进步的有力保障；绿色发展是实现生产发展、生活富裕、生态良好的文明发展道路的历史选择，是通往人与自然和谐境界的必由之路；开放发展是中国基于改革开放成功经验的历史总结，也是拓展经济发展空间、提升开放型经济发展水平的必然要求；共享发展是社会主义的本质要求，是社会主义制度优越性的集中体现，也是我们党坚持全心全意为人民服务根本宗旨的必然选择"。

正如习近平总书记所说，尽管今天的中国取得了举世瞩目的发展成就，但中国仍然属于世界上最大的发展中国家这一基本国情没有变，发展仍是当前及未来一段时期国家的第一要务。唯有发展，才能更好地保障和维护广大人民群众的基本权利；唯有发展，才能满足社会各界对美好生活与未来的殷切期盼和热切向往。而更进一步地说，对于当前及未来的中国而言，问题的关键不在于要不要推动发展，而在于要怎样来实现可持续的发展，并使发展的成果更好地惠及全体人民。

## （二）积累"健康资源"是落实五大发展理念的必然要求

应该说，五大发展理念是以习近平同志为总书记的党中央对中国特色社会主义发展规律的认识进一步深化的基础上所提出的，它集中体现了"十三五"时期乃至未来更长时期内我国的发展思路、发展方向和发展的着力点，深刻地揭示了中国特色社会主义市场经济要实现更高质量、更有效率、更加公平公正发展的必由之路，是引领中国经济走向可持续发展的重要遵循。

五大发展理念是不可分割的整体，相互联系、相互贯通、相互促进，而对于创新发展，则处于五大发展理念之首，是实现可持续发展的第一驱动力。与此同时，世界各国的经济发展史都表明，虽然从长期经济增长的视角来看，作为全要素生产率重要构成的"创新"，是促进经济增长质量和效率改善的关键因素，但是创新驱动经济发展的实质，还是在于人才的驱动。国内外很多有关经济增长的实证研究均表明，作为重要的生产要素之一，人力资本要素的投入，除了会通过改善劳动和资本的产出效率，而直接作用于经济增长外，还会通过促进科技创新水平的提升，而作用于全要素生产率，继而进一步地间接对经济增长产生重要的影响。近些年来，社会各界已经形成了一个基本的共识，即在国家和社会的科技创新体系中，人才是最为重要的资源基础。也正因此，从某种意义上来讲，落实五大发展理念，推动中国经济在今后的持续健康发展，对于人力资本的培养和积累是必不可少的重要一环。而正如前所述，在人口总体健康状况不容乐观的情况下，开展全民健身运动，在当前及未来一段时期内，也就同样显得非常的重要。

不仅如此，从古圣先贤对大同世界的畅想描绘，到中国共产党人对全面建成小康社会的孜孜追求，让人民共享改革成果的历史脉络随着社会主义市场经济体制改革的不断深化逐渐清晰，五大发展理念的提出，进一步推动了共享发展从一个抽象的概念蜕变成一场宏阔的实践。应该说，落实共享发展理念的过程，亦是实现社会公平正义的过程，关键是以有效的制度安排、完善的基础设施供给，来确保权利公平、机会公平和规则公平。这其中，权利公平是基本的前提，机会公平是重要的基础，规则公平是根本保障。虽然共享发展的实现程度，客观上要取决于经济社会的实际发展水平，但是在主观上，共享发展的实现，还在于作为微观经济社会主体的个人拥有健康的体魄，继而在创造生活的同时，自身拥有分享改革发展成果的基本能力与条件。从这一角度而言，实施全民健身计划，促进广大人民群众身心健康水平的提升，也是落实五大发展理念的必然要求，更是全面实现五大发展目标的不可缺少的因素。

## （三）如何更为有效地推进全民健身计划

与发达国家和地区相比，目前，实施全民健身计划，在体育基础设施的建设上还显得非常的不足，有待于进一步的提高。而从其他国家发展经验来看，虽然人的健康状况天然地存在于每个人的身上，但改善公民健康水平所需的资源，如医疗设备、健身设备、体育设施，无不有着很强的公共性和外部性，所以在对这些资源的供给方面，政府部门无疑是最为重要的主体之一，如果政府部门在供给这些要素的过程中存在缺位的现象，无疑将大大降低这些资源的供给效率，并造成我们经常所听到的"公共品供给不足"的问题。按照萨缪尔森和奥尔森等人围绕公共品所展开的研究，一般来说，当某种公共物品越接近具有非排他性和非竞争性的纯公共品时，由政府部门来作为供给的主体将更加具有效率；反之则由市场和社会作为供给的主体更加具有效率。而对于那些仅具有非排他性或非竞争性的准公共品，应具体问题具体分析，必要时可考虑采取政府和社会共同供给的形式。

为此在今后推进全民健身计划过程中，对于体育设施的建设，应有区别地进行对待。具体而言，按照其公共品的属性，对于那些接近于纯公共品的体育设施，应主要由各级政府部门进行提供；对于那些具有非排他性但具有竞争性的体育设施，可结合当前政府向社会购买公共服务的形式，通过引导和促进社会动员机制的不断强化，继而由社会来进行提供，而政府部门则主要负责对社会的供给进行评估和监管；对于那些具有非竞争性但具有排他性的体育设施，应重点考虑由市场和社会来进行提供。

新中国历史上的体育健身已经走过了 66 年，而当今的"全民健身国家战略"展示出了一个崭新体育健身理念，这是中国体育事业划时代的变化，这必将促进中国体育事业、人民健身运动、环境保护、经济可持续发展紧密连接在一起，使得中国改革开放的伟大事业在多元的层面展现国家旺盛的活力，盛放绚丽的花卉。

# 文化理论视角下全民健身
# 国家战略的时代意义

### 向勇❶

　　2008 年 8 月 8 日北京奥运会成功开幕，为纪念北京奥运圆满举办，国务院规定每年 8 月 8 日成为"全民健身日"，这是对中华民族梦圆奥运的回馈，也开启了全民参与健身的热潮。2015 年 7 月，北京、张家口携手申办冬奥会成功的喜讯传来，北京成为历史上首个举办夏、冬两季奥运会的城市。《全民健身计划》将奥林匹斯山上的火种，从竞技体育的赛场带入了普通百姓的生活，鼓舞着每个人积极参与进全民健身之中。

## 一、中国古代的全民健身文化

　　"体育"二字以"锤炼体格而育之"作解，我国有古代"《周礼》六艺"中"礼乐射御书数"是对健全人格的德育、体育、智育三方面的训练，从祭祀与君王礼仪中发展出的射箭与骑马、驾车的体育项目，到古代"六艺"范围内对"射""御"的训练，在今天社会发展语境下来看是对发展全民健身的诉求。受不同地域、不同民族文化渲染，会诞生纪念性的节日民俗文化，体育活动作为民俗文化的重要内容，具有地域性特征，不同民族、不同地区有特色的体育活动，这些活动在节庆欢乐气氛的渲染下，吸引着越来越多的人参与其中。受儒家"养气"观念、道家"养生"观念的倡导，我国自古便有修生养息的传统，华佗五禽戏与宋朝兴起的娱乐活动中的蹴鞠是全民健身在古代社

---

❶向勇，北京大学艺术学院副院长，教授，博士生导师。

会的体育活动代表。文化体育活动具有体验价值，全民健身上升为国家战略可提升在文化活动中的体验价值，逐渐将传统体育活动中缺失的娱乐性、时尚性弥补回来。

## （一）　"六艺"教育中的全民健身文化

《礼记·大学》中写："古之欲明明德于天下者，先治其国；欲治其国者，先齐其家；欲齐其家者，先修其身。"此即被总结为修身、齐家、治国、平天下，其中修身既包含个人修养的提升也包括身体体格的锻炼。《周礼·地官》中讲："保氏掌谏王恶，而养国子之道，乃教之六艺：一曰五礼，二曰六乐，三曰五射，四曰五御，五曰六书，六曰九数。"在此"礼乐射御书数"被称为"《周礼》六艺"。

"六艺"中的"礼乐""射御""书数"互为一组，代表了对人伦理性情的养成、体能技艺的训练、知识获取的培养。其中，"射"与"御"具有对人身体素质、体能与技艺训练的共性。"射"共有"白矢、参连、剡注、襄尺、井仪"："白矢是指能射穿箭靶（侯）而露出箭头（镞）；参连是指射出一支箭以后随即连续射出三支箭；剡注是指射出的箭，箭尾（羽头）高而箭头低，锐利射中箭靶；襄尺是指君臣同时射箭时，臣谦让（襄）于君，退于君后一尺；井仪是指射出的四支箭，在箭靶上排列如井字的四方形。分别显现射箭的劲道、快速、锐利、礼仪及准头"。传自《山海经》《淮南子》中后羿射日的中国神话传说体现了民间对于"射"这一技能的追捧，善于射箭的后羿为人们射去九个太阳，民间奉他为"箭神"。"御"指驱马驾车的能力，既要求驾车时的稳健、遇见障碍时的平稳躲避，也要求驱马驾车行驶中遇见君王时行礼的表达，以及为君王驾车带来方便与和谐节奏的要求，《论语》中也有记载孔子重视驾车技巧的训练："吾何执？执御乎，执射乎，吾执射也。"

从对于《周礼》六艺之"射"与"御"的介绍发现，"射""御"作为一种体育活动，在当时已经开始受到体育规则的约束，并且出现了在体育活动中君臣地位高低的区分与进行活动礼仪的差别，到今天"射"演化成为全民健身活动中的射击、射箭以及一些投掷类项目；"御"演化为今天全民健身活动中的单车、骑行运动、骑马运动等。古代六艺中的"射""御"皆要求从事这两项活动的人具备一定的体能和持久的技艺磨炼，同时"射"与"御"的技能有时又是为君王服务的，在技能有所完善后，需要树立君臣礼仪与活动规则进行引导。

"六艺"中囊括了伦理性情的养成、体能技艺的训练、知识获取的培养，概括来看即今天经常提及在健全人格的养成中德育、体育、智育的全面发展。体育在古代"六艺"的范围内是对"射""御"的训练，在今天社会发展语境下来看即对发展全民健身的诉求。

## （二）节庆民俗中的全民健身文化

民俗学家乌丙安认为，"节"是时间的渐变有了像竹节样的间距，竹节相交的地方如同时间的相交，由此转变为节日。自先秦开始，体育活动的进行带有一定的宗教性、礼仪性，我国从古流传至今的很多传统祭拜节日带有对古人追思的意涵，例如寒食节纪念春秋时期割股肉供晋文公充饥"四海同寒食，千秋为一人"的介子推；端午节纪念举贤授能"众人皆醉我独醒，举世皆浊我独清"的屈原。这些纪念节日同时也催生出了若干项体育活动，如在寒食节踏青郊游、荡秋千，在端午节赛龙舟等。节日是一年中特定的时间，伴随的体育活动也是在节日特定的时间里举行，具有时间上的统一性；节日为大家聚集在一起提供了契机，由节日催生的体育活动往往由多人共同完成，具有完成上的协作性。

魏晋南北朝时期，佛教文化、道教文化、儒家文化产生了对立与融合，"加之胡汉文化的碰撞，使中国古代体育文化呈现出多元走向，古代体育在'不断解放自身'的文化生长环境上前进了一大步"。出现了武术融入佛道文化与围棋的兴盛。由魏晋胡汉文化的碰撞到隋唐胡汉文化的融合，相扑、马球、蹴鞠开始逐渐涌现，受到市民的喜爱。文化融合催生了新样式的体育活动，在我国少数民族数量多、文化形态多样化的背景下，对节庆民俗中体育文化多样性起到了催生作用。民俗体育是节庆活动中的重要内容，也是民族文化特色的彰显，俗语讲："南人善舟，北人善马""百里不同风，千里不同俗"，节庆民俗中的体育活动具有地域性特征，在节庆民俗中不同民族、不同地区会有不同特色的体育活动，这些活动在节庆欢乐气氛的渲染下，吸引着越来越多的人参与其中，诸如蒙古族的那达慕大会，会有摔跤、射箭、赛马等体育活动；藏族望果节会举办赛牦牛、角力等体育活动；苗族的踢毽子，云南朝鲜族的荡秋千等。当下文化融合空前繁荣，在接纳多元文化的同时，又需针对文化多样性进行保护，这是承继魏晋、隋唐时期胡汉文化碰撞交融，取彼此所长的继承。

## （三）养生、娱乐活动中的全民健身文化

苏辙在《上枢密韩太尉书》一文中写道："文者气之所形，然文不可以学而能，气可以养而致。孟子曰：'我善养吾浩然之气。'"苏辙认为文章的写成是由人的气质修养形成的，文章不能仅仅依靠简单的学习来完成，但人的气质内涵却可以通过涵养内在来实现增进。中国古代君子追求涵养自己的"浩然之气"，有对自己修养的追求，也有对体格气魄的锻炼。与儒家入世的观点相比，道家注重自然化的追求，以逍遥游的态度进行人生选择、体悟生命自然，道家的体育文化也受这种思想贯穿。"道家旨意'致虚极，守静笃'从而'没身不殆'；齐生死、一万物，'心斋'、'坐忘'，从而'独与天地精神往来'……道家身体观语境下的中国体育文化，以复归自然大道为鹄的，弃人为、法自然，讲究个体超越，譬如道家养生活动，习者莫不自然而然地流露出一种道骨仙风的风度姿态，仿佛神人下凡为个体有限的肉体生命找到值得珍惜的永恒理由；即便不是纯粹的养生活动，在其他身体运动中，道家仍然于其中寄予了'技进乎艺，艺近乎道'的大道理想。"道家的养生活动被后来的魏晋文化继承，几年前在我国又重新火热的养生话题也可以从道家的体育文化中发现端倪，发展至今，养生更多被视作保养身体的方式，少了曾经道家追求道骨仙风的姿态。

2011 年 5 月 23 日，华佗五禽戏被列入我国国家级非物质文化遗产名录，其所属遗产类别为杂技与竞技，这一特殊的运动方式，包含虎戏、鹿戏、熊戏、猿戏、鸟戏，历代进行五禽戏健身运动，《后汉书·方术列传·华佗传》记载："吾有一术，名五禽之戏：一曰虎，二曰鹿，三曰熊，

四曰猿，五曰鸟。亦以除疾，兼利蹄足，以当导引。体有不快，起作一禽之戏，怡而汗出，因以著粉，身体轻便而欲食。普施行之，年九十余，耳目聪明，齿牙完坚。"到宋朝，人们的娱乐活动逐渐变多，会去到"勾栏""瓦舍"中欣赏娱乐节目，如同去现在的戏院。据《清明上河图》展示，在其中出现"瓦舍""勾栏"，与运动相关的蹴鞠（图1）也一同出现在画中。蹴鞠是中国古代的民间娱乐活动，除去节日或祭祀中的体育活动，在平日民间还会进行蹴鞠运动，进而又衍生出了类似"蹴鞠"俱乐部的概念与以国家为单位的"蹴鞠队"，逐渐带动体育规则与体育组织的形成，促进队与队间、国与国间的技法与文化交流。

图1

## （四）全民健身文化延续至今的体验价值

北京大学五四运动时期的著名教授梁漱溟先生说："文化，就是一个民族的生活样法，那一个民族的生活样式。"个人内在修养的提升与外在体格的锤炼是单一个体对生活样法和生活样式的追求，文化"随风潜入夜，润物细无声"地影响着民族的生活样法。中国古代的全民健身文化的缩影，自"六艺"中"射御"对体格的锻炼，到民众乐于参与的民俗节庆活动，再到养生、娱乐活动中五禽戏、蹴鞠，可归纳至精英文化与大众文化两个层面，全民健身文化的延续得益于公众的参与体验，具备体验价值。

在一项文化活动中，体验是文化活动的参与者从文化活动中所体味到的源于个体身心感受的价值，包括感官体验、情感体验和精神体验，具有娱乐性、参与性、互动性、时尚性的特点。传统的体育文化活动，体验价值中的感官体验强烈，它涉及对身体机能的锻炼，参与性与互动性最为突出。但传统体育文化活动中，参与者为达成体育运动目标、追求名次的目的居多，抹杀了部分的体育文化活动中真正乐在其中、追求娱乐性享受的体验。同时，传统体育文化活动设计一方，囿于对体育文化活动体验价值理解的偏差，对体验价值中的时尚性层面着墨不多，甚至不曾意识到全民健身文化也需时尚性文化的注入，而并非社区中安置几个乒乓球台、几件健身器材那样简单。将全民健身上升为国家战略，可在体育文化活动中提升体验价值中的情感体验、精神体验，将传统体育文化活动缺失的娱乐性与时尚性进行补充。追求物质文明与精神文明的今天，在文化视角下，全民健身上升为国家战略可提升在文化活动中的体验价值，逐渐将传统体育活动中缺失的娱乐性、时尚性弥补回来。

## 二、西方国家全民健身对我国的启示意义

欧洲中世纪对骑士的训练同我国古代一样也有对"六艺"的追求，分别是剑术、骑术、矛术、游泳、棋艺、吟诗，统称"骑士六艺"。西方国家体育发展经历了从注重竞技体育向推广全民健身的转变，因全民健身计划实施较我国起步早，自发性健身理念贯彻深入，全民健身模式发展更加完备，主要为社区化体育发展模式。在体育资源分配方面，受模式的优势驱导，体育设施配套更显均等化，闲置设施较少，利用率普遍偏高，同时对于健身空间与体育设施的规划已经上升到了立法的层面。

### （一）自发性健身理念贯彻深入

西方竞技体育运动发源于古希腊的军事制度与教育制度，讲求全民皆兵与锻炼体格为军事服务的宗旨。在古欧洲人的观念中，有对于身体健硕

用以应对抵抗外敌入侵的实用性思考，也有注重身体美、身材美、匀称美、身体协调等的美学追求，德国画家鲁本斯的作品《美惠三女神》便是对妩媚、优雅、美丽三女神身体美、协调美的体现。至今仍在进行的有每四年举办一次的奥林匹克赛事，为祭祀神而进行的竞技比赛，起源于纪念宙斯，比赛前取火种于希腊的奥林匹斯山，从最初的部落间比赛发展至今全世界最盛大的体育赛事，其中包含了传统体育竞技的观念，影响了当前西方国家自发性的健身理念，从最初的拳击、赛马、掷标枪发展至今天更加丰富的数百种运动项目。

文艺复兴以来，人文理念开始传播，人们重新认识人的概念，学校鼓励学生参与剑术、跑步、游泳等运动项目，强化身体教育，以此也作为完善人格的方式。这种教育理念对于现在的健身理念产生了引导作用，"1975 年，欧洲议会通过并发布了《欧洲全民健身宪章》，促进了欧洲各国体育健身运动的发展，体育运动开始由竞技体育向全民健身运动发展"。目前，我国也已经开始了由注重竞技体育到竞技体育与全民健身运动两手抓的态势，虽然与西方的发展模式相比，我国起步时间较晚，但由于受西方发展理念的启示，依然可乐观地判断未来明朗的前景。在西方人的生活中，健身不再局限于某些人的兴趣爱好，已经成为每天进行的活动内容，健身与健康生活的概念深入到每个人的生活，如同每日的吃饭、洗澡一样平常。而且不再局限于在场馆内运动，而是将运动视作亲近自然的方式：滑雪、攀岩、远足、帆船等，那些在中国家长眼中的危险活动，西方大众却在鼓励孩子去尝试。在追求物质需求最大化的今天，逐渐转变健康大于赚钱的理念，发展更多的非专业、非职业化比赛，体育文化面向大众方向发展，将相对喜闻乐见的运动项目实现普及与推广。西方国家全民健身发展多依靠民间自发力量，目前我国虽然已经逐渐出现了像飞跑团似的民间运动组织，但仍存在数量少、组织不健全的问题。

## （二）社区化体育发展模式成熟

"1885 年，波士顿的一个教区内设置了一个儿童游戏沙坑，这成为最初具有现代意义的社区体育设施形式。1929 年'邻里单位'居住区规划理论第一次提出将运动场地列入到居住区生活服务设施的范围内，其中规定用地的 40% 为运动场和绿地，社区体育设施概念由此诞生。"西方国家国民体育锻炼主要以社区为单位，建设室内的社区体育中心与室外的社区体育公园等配套健身空间，为居民提高就近运动的体育活动场所，既可进行室内活动又便于开展亲近自然的室外活动。社区体育中心是综合的提供保健医疗、体育培训、体育装备购置、体育文化宣传的综合性活动中心，社区化体育发展模式，在开始进行规划时，将城市的绿化、居民居住空间的营造、便利设施的安排等一同考虑，注重社区体育发展的综合性功能，将体育锻炼看作实际生活的一部分，便于政府与相关体育运动组织对以社区为单位的体育活动进行培训、居民体质测试、社区俱乐部活动与大众体育竞赛等。

社区体育发展模式为多种体育项目带来开展的可能，英国在 2001 年便已经实现了在一个社区中进行包括羽毛球、篮球、保龄球、壁球、网球、柔道、蹦床在内的 150 多种体育活动。在室外社区体育公园等配套健身空间建设上，继续发挥传统公园概念上具备的观赏风景、放松心情的作用，也可将传统公园演变为户外健身场所，健身设施与公园融合为统一整体，公园的小路外围划定特定的健身路径，公园水上娱乐设施与游泳池进行结合，将空间资源利用率提高到最大。在我国，现已逐渐意识到居民的居住区绿化与休闲健身合二为一，但目前来看健身器材等配套的设施与居民的参与程度仍是隔靴搔痒，找到平衡健身运动与打造生活情景的贯穿融入关系任重而道远。

## （三）讲求设施资源配套均等化

发达国家社区化体育发展模式对于室内的社区体育中心与室外的社区体育公园等配套健身空间有合理的建设规划和设定配套标准，"一般按照社区人口规模等级，设定体育设施的规模、种类，并以法律形式确定下来。如日本政府 1972 年 12 月推出的《关于普及振兴体育运动基本计划》中对社区体育设施配套标准做了详细的规定"。规定的制定与实施目的在于保证体育设施配套的均等化，减少设施的闲置，提升利用率，同时对于健身空间与体育设施的规划已经上升到了立法的层面。

综合性运动场馆与分散性运动场所是西方国家中体育设施的主要样式，综合性运动场馆主要集中在大型城市，因人流量大，需大型综合性场馆的支持，也作为重大赛事的举办场所，比如位于美国最大火车站之一的宾夕法尼亚车站的麦迪逊广场花园，既是体育活动的场所，也是娱乐活动的殿堂，已成为美国重要的文化符号。虽然分散性运动场所较少，功能相对缺乏综合性，但并不影响其实用价值，主要存在于较小型城市或地区，主要发挥其便民、利民的作用。这样依据城市特点建造的两种体育设施样式，防止了出现资源分配不均的情况，也满足了居民对于运动场地的需求。

国家体育总局《2014 全民健身活动状况调查公报》显示，造成参与全民健身不足的原因集中在"时间少和场地不足"。在城市的规划建设中，公共服务设施的建立是其中重要的一环，与全民健身配套的设施的建造，应在城市规划中占据重要地位，它像人体的血管一样，为维持身体健康运输着血液与氧气。在我国，二、三线城市的体育场或体育馆只有一到两个的现象十分普遍，城市里的庞大的人口数量分摊仅有的几个运动场馆，更甚而有时运动场馆的存在只是为了某一项重大赛事专门准备，丧失其作为公共资源应该发挥公共性的作用，失去了为丰富公众生活而扮演重要角色的初衷，居民的体育休闲场所不仅仅可以在小区前的草坪、市中心的广场，"深宅大院"般的体育场馆也可"开门迎客"，成为真正的运动场所，而不是简单地作为举办几场演唱会的场地，也不是通过收取高额门票进行参观的地方，提高体育场馆、体育设施利用率，避免再出现之前对于"后奥运时代"鸟巢等问题的讨论。

# 三、践行全民健身国家战略的时代意义

自 1995 年颁布《全民健身计划纲要》至今已经经历了 21 年的发展，2011 年 2 月 15 日，国务院印发了《全民健身计划（2011—2015 年)》，截至目前，2011—2015 年的计划已经实施完毕，5 年的时间里，中国的全民健身事业经历了飞跃式发展，取得了长足进步，"覆盖城乡比较健全的全民健身公共服务体系"初步形成。践行全民健身国家战略的时代意义在于可以实现由以往的体育行业系统部署，上升至国家战略高度，实现统筹战略部署的突破，可以实现提高公民逐渐参与的意愿度，使大众乐于享受政策带来的红利，可以实现逐渐消除地域的局限，务实资源分配的均等化。

## （一）由体育行业部署，上升至国家战略高度

2014 年 10 月国务院印发《关于加快发展体育产业促进体育消费的若干意见》，构建战略格局、统筹战略部署，这标志着全民健身由之前的系统目标向国家目标的迈进。为配合全民健身政策的落实，教育部出台了《教育部等 6 部门关于加快发展青少年校园足球的实施意见》，"明确提出到 2020 年，校园足球要支持建设 2 万所左右青少年校园足球特色学校，2025 年达到 5 万所"。在国家政策层面，对于全民健身的重视日益明显，政策出台趋于具体化，逐渐重视政策实施的有效性。

2015 年 12 月 29 日全国体育局长会议上，安排部署作为"十三五"开局之年 2016 年新的工作任务：推动实施新一期《全民健身计划》、扎实做好里约奥运会备战参赛工作、全面启动 2022 年冬奥会备战和筹办工作、大力推动体育产业繁荣发展、继续做好行政审批制度改革、稳妥推进体育协会改革、加强政府督促检查工作。其中，新一期的《全民健身计划》是这七大任务中的首要任务。

在国家政策层面，全民健身工作经过 21 年的发展，平均以 5 年为一个周期，进行工作的实施效果的部署与评估，及时出台细致部署、及时发现问题解决问题，将其上升至战略层面，切实关切百姓的"革命本钱"，是利国利民的关键。目前全民健身的参与主体渐趋平行化，参与的人群变多，年龄层次更加丰富。

## （二）由政策红利激发，带动公众自发性参与

全民健身计划的实施需要公众真正参与进来。在普通大众的眼中，

体育已经不再是从电视机上看到的奥运会运动健儿摘金夺银那样单一了，今天的体育已经走进百姓的生活，从自发参与的广场舞、太极拳中发展出更多的运动项目，生长为一项关乎民生、关乎国家未来建设的战略内容。

运动是衣食住行之外营造的另一生活场景。全民健身落实在公众参与层面，诞生了很多的民间自发性运动社团、组织，以公众人物为核心，借助于微博、微信公众号的宣传，利用自身号召力吸引更多公众参与进来。例如 2014 年 7 月成立的，由歌手许飞担任团长的飞跑团，以"慢跑，爱上一座城"为理念，自发地举行跑步的活动，全国各地的跑友虽有地域距离的限制，不能见面，但可以借助于互联网，将 GPS 记录的数据上传至网络与其他跑友分享，也形成彼此间健身运动的鼓励。当前在很多城市出现了马拉松报名火爆的现象，"在众多的全民健身项目中，看似最简单的跑不折不扣地成为 2015 年的全民健身年度热词。马拉松不再是运动员的专利，'全马'（全程马拉松）'半马'（半程马拉松）'北马'（北京马拉松）、'PB'（个人最好成绩）……类似'跑马'的表述在朋友圈和各种健身软件中高热不退"。许飞飞跑团团员分别以团体和个人形式参加国际马拉松赛事，2015 年 1 月团长许飞带领飞跑团参加厦门国际马拉松赛，成为中国内地首位完成全程马拉松赛程的艺人。

## （三）由资源分配均等化，消除地域局限格局

体育活动是民俗节日中的重要内容，不同民俗节日会因所在地区气候条件、人文历史的差异而表现出不同风格的体育活动形式。蒙古族人更擅长摔跤、骑马、射箭等活动，傍水而居者更擅长涉水、游泳，傍山而居者更擅长登山。研制《全民健身计划》时，国家体育总局在全国范围内选择了八地作为《计划》新周期的研制工作联系城市："为形成上下联动研制《计划》的工作机制，国家体育总局在全国确定了北京市东城区、河北省秦皇岛市北戴河区、江苏省常州市、浙江省衢州市、江西省赣州市崇义县、海南省三亚市、重庆市万盛经济开发区、新疆维吾尔自治区阿克

苏地区 8 个不同类型的城市（县、区）作为《计划》研制工作联系城市（县、区）。这一做法打破了传统的研制计划思路，通过创新形式、上下联动的做法，让《计划》研制工作更加体现问题和需求导向，促进《计划》和各级《全民健身实施计划》的研制和实施工作同步推进。"体育总局要求各省市部门加强对联系城市研制计划的指导，参与论证、调研、培训、协调等工作，发布各自地区有特色、有亮点、有突破、有创新的《实施计划》，这样既保有了各地不同风格的体育活动形式，又解除了地域性的局限。

在全民健身开展的过程中，会有对相应配套健身设施、场地资源等的需求。做到资源分配的最佳程度，逐一考虑学生、中青年、老年、农民等几个梯度人群的需求与面临的问题，通过政策调配或者针对弱势群体政策倾斜的方式实践资源的适合化分配与有效利用。例如，为推进"足球进校园"，提高中小学生身体素质、收获健康体魄、掌握运动技能、培养健全人格，2015 年 9 月，北京市崇文小学等 8627 所中小学校被认定为全国青少年校园足球特色学校，北京市延庆县等 38 个县（区）被认定为全国青少年校园足球试点县（区）。政策及时有效性的跟进，便于问题的针对性的解决。

## 四、有效落实全民健身战略的建议

在有效落实全民健身战略时考量在"互联网+"兴起的背景下，着重与移动设备互联，兼顾线上线下，利用网络的联通作用与移动设备的便携特点将体育赛事直播、体育文化消费转接至线上，节约全民健身实践成本，带动体育消费潜力。在政策制定与执行层面，适度向体育健身类创新模式企业倾斜，激发民间机构组织的活力。针对已经出现的基层民众问题，及时以政策引导最为必要，和谐健身也是和谐社会建设中不可缺少的一部分。全民健身是周期性的，是从年轻至老年需要一生经营的内容，需要一以贯之的落实在百姓生活当中、落实在国家建设当中，是民族复兴、国民身体素质提升、精神焕发的基石。

## （一）与移动设备互联，兼顾线上线下

推进全民健身战略，与移动设备互联，兼顾线上与线下多重考量。当前手机就像穿在身上的衣服一样，已经成为人们随时、随身携带的必需品。手机 APP 种类繁多，与运动相关的 APP 层出不穷，例如咕咚运动、微信运动等可以记录行走、跑步路线，每次运动消耗的卡路里，也可以与自己的社交圈联系起来，共享运动数据，形成朋友间运动的相互鼓励，飞跑团新浪微博话题"飞跑团·慢跑爱上一座城"6 个月阅读量已超过 2684 万，在手机上安装运动健身 APP，上传运动数据，关注健身话题，已经成为一件时髦的事情。

全民健身计划的推广，逐渐增强了城乡居民的锻炼意识，提升了参与体育锻炼的积极性。在倡导"互联网+"概念的当下，全民健身也可借助于互联网的力量，与移动设备互联，转换传统观看赛事转播的方式，在体育消费一环中利用网络的连接，拉动体育消费。据国家体育总局《2014年全民健身活动状况调查公报》显示，20 岁及以上人群观看体育赛事的途径中，电脑网络转播、手机、ipad 转播的百分比总计已达 59.3%，除去传统的电视转播，网络在线转播、移动设备端转播已经成为人们的另一优质选择。目前借助于手机、ipad 等移动设备兴起的视频网站众多，这些视频网站已经实现了大型产品发布会、明星演唱会直播的技术突破，例如优酷视频直播锤子手机发布会、腾讯视频即将直播的 BigBang 首尔演唱会等。在目前受限于电视体育频道较少，体育节目直播不够丰富的情况下，体育赛事直播可寻求与视频网站的合作，并且视频网站已经建立自己的体育频道，借助于移动多媒体设备构建赛事直播与全民参与的桥接，只等轻轻滑动屏幕的那一次点击。

《公报》还显示，在体育消费中，运动器材、运动服装、体育周刊、场租与聘教练、观看比赛是主要的消费支出项目，线上琳琅满目的选择具备为居民体育消费提供便捷的优势。对于运动器材、服装，各大体育品牌已经拥有自己的网络店铺，比赛门票也可以线上购票，大可免去排队等候的苦恼。体育周刊作为传统媒体开始向新媒体转型升级，更利于信息的时

效性发布、传播。对于运动场地与教练员的选择，依然是 APP 打开了新的视野，以名为小熊快跑的 APP 为例，安装此 APP 后可免于花费昂贵的健身房年费，不受限于固定的某一家健身房，无论在城市的哪个地方，只需几百元便可到任意一家健身房进行锻炼，既节约了全民健身的成本，也打破了固定健身场所的局限，每日的健身运动打卡在朋友之间是一种提醒也是一种鼓励。对于有利于全民健身战略实施的移动互联 APP、体育视频网站、线上赛事门票购买等，国家应给予财政的鼓励与扶持，形成线上、线下的协同带动。

## （二）平衡基层间问题，引导和谐健身

目前全民健身带动了基层百姓如火如荼地参与，也成为很多主妇们茶余饭后生活的一部分。基层百姓参与热情极高的广场舞、老年秧歌、迪斯科等是深受广大群众喜爱的文化体育活动。尤其是广场舞，近年来在全国各地蓬勃开展，丰富了城乡基层群众精神文化生活、推动了全民健身运动广泛开展，在展示群众良好精神风貌等方面发挥了积极作用，但却经常性地有活动场地和设施结构性欠缺、噪声扰民、引导扶持和管理机制不健全等问题出现，而且日益凸显，不利于广场舞等活动的健康发展。基层群众问题的暴露需及时的政策引导进行规避与防治，创造和谐的健身环境。2015 年文化部、体育总局、民政部、住房城乡建设部联合印发了《关于引导广场舞活动健康开展的通知》，强调要以活跃基层群众文化生活、提高公民身体素质和道德素质、促进基层社会和谐稳定为根本，以扶持、引导、规范为重点，培育一批扎根基层、综合素质较高、专兼职结合的广场舞工作队伍，推出一批具有文化内涵、审美品位和健身功能，便于群众接受的广场舞作品，培育一批具有导向性、示范性的广场舞品牌活动，实现城乡基层广场舞活动健康、文明、有序地开展。针对广场舞等全民健身活动中遇到的情况，政府应及时解决问题，为和谐健身创造环境。

学习是青少年生活中很重要的一部分，国家体育总局《2014 全民健身活动状况调查公报》显示，6~19 岁儿童青少年中有 44.2% 的人因为怕

"影响学习"，不愿参加体育锻炼，接近一半的青少年儿童面临平衡学习与体育锻炼间的矛盾。因为学生阶段面临繁重的课业压力，分出时间进行体育锻炼似乎是一件十分奢侈的事情。对此，帮助学生平衡学习时间紧与体育锻炼间的矛盾，学校作为引导一方，可适当分配体育课的时间与课间活动的时间，实行课间健身制度，倡导每天健身1小时。课余时间体育场馆要向学生开放，并采取有力措施加强安全保障。最好的休息方式是"一种活动代替另外一种活动"，张弛有度的学习与适当强度的体育锻炼为青少年达成两者间的和谐平衡，应该进行充分地休息、事半功倍地学习而又有锻炼体魄的尝试。

## （三）落实全民健身战略，行动一以贯之

"《礼记·内则》载：'八年，出入门户及即席饮食，必后长者，始教之让。……十年，……礼帅初，朝夕学幼仪。……十有三年，学乐、诵诗、舞勺。成童，舞象，学射、御。'"这段话传达出人生八岁、十岁、十三岁各个阶段所进行的学习是不同的，一切的学习会配合人生阶段特征进行适合每个年龄层的、循序渐进的内容完善。学习如此，健身同样如此，从孩子的身体素质养成，到中青年体格的塑造，到老年人晚年生活的丰富，会面对学习课业与体育锻炼的平衡、工作与生活健身的平衡、机能衰退与强身健体的平衡。全民健身是周期性的，需要一以贯之的活动，落实在参与的百姓层面，是从年轻至老年需一生经营的内容。全民健身战略落实在国家层面是民族复兴、国民身体素质提升、精神焕发的基石，毛泽东同志的"发展体育运动，增强人民体质"是对全民健身一以贯之的精简概括。

2014年国务院印发的《关于加快发展体育产业促进体育消费的若干意见》在发展健身休闲项目方面，"大力支持发展健身跑、健步走、自行车、水上运动、登山、攀岩、射击、射箭、马术、航空、极限运动等群众喜闻乐见和有发展空间的项目。鼓励地方根据当地自然、人文资源发展特色体育产业，大力推广武术、龙舟、舞龙、舞狮等传统体育项目，扶持少数民族传统体育项目发展，鼓励开发适合老年人特点的休闲运动项目"。

不同的运动项目适合不同地区、不同年龄层次的群体，找准每个群体适合的健身休闲项目，继承当地化运动项目特色，推陈出新国际上普及的运动项目，给予健身运动注入新鲜的血液，是将全民健身战略贯穿始终的保证，也是提供给民众各式的选择。

# 五、结语

从古代"《周礼》六艺"中对于起到健全人格之一的体育训练、传统民俗文化节日中的体育活动、养生与娱乐活动中的体育文化来看，我国自古就有倡导全民健身的案例，受儒家文化的影响，中国古代君子追求涵养自己的"浩然之气"，有对自己修养的追求，也有对体格气魄的锻炼。与儒家入世的观点相比，道家注重自然化的追求，以逍遥游的态度进行人生选择、体悟生命自然，道家的体育文化也受这种思想贯穿。这两种文化暗藏了在体育运动中，是追求竞技体育带来突破人之极限的快感与收获荣誉时的瞩目感，还是追求体育运动单纯为了丰富生活、强健体魄的作用。全民健身上升为国家战略，使得体育运动走进百姓生活，从自发参与的广场舞、太极拳中诞生出更多的运动项目，对关乎民生、关乎国家未来建设有其战略意义。

循迹西方国家的全民健身历程，同样也经历了竞技体育向推广全民健身的转变，因全民健身计划实施较我国起步早，西方社会自发性健身理念贯彻深入，有完备的社区化体育发展模式，在体育资源分配方面受模式的优势驱导，体育设施配套均等化，闲置设施较少、利用率普遍较高，同时对于健身空间与体育设施的规划已经上升到了立法的层面。

根据西方国家的经验，反观我国，自1995年颁布《全民健身计划纲要》至今经历21年的发展，我国的全民健身事业发展飞速，从体育行业的系统部署上升为国家战略，"覆盖城乡比较健全的全民健身公共服务体系"初步形成，践行全民健身国家战略的时代意义，在于可以实现由以往的体育行业系统部署，上升至国家战略高度，实现统筹战略部署的突破，可以实现提高公民逐渐参与的意愿度，使大众乐于享受政策带来的红利，可以实现逐渐消除地域的局限，务实资源分配的均等化。

在实现长足突破的成就下，目前也面临未来发展的挑战。在有效落实全民健身战略时，可考量在"互联网+"兴起的背景下，着重与移动设备互联，兼顾线上线下，利用网络的联通作用与移动设备的便携特点，将体育赛事直播、体育文化消费转接至线上，节约全民健身实践成本，带动体育消费潜力。在政策制定与执行层面，适度向体育健身类创新模式企业倾斜，激发民间机构组织的活力。针对已经出现的基层民众问题，及时进行政策引导最为必要，和谐健身是和谐社会建设中不可缺少的一部分。全民健身是周期性的，需要一以贯之落实在百姓层面，是从年轻至老年一生经营的内容，落实在国家层面是民族复兴、国民身体素质提升、精神焕发的基石。

# 全民健身国家战略的社会意义

任　海[1]

## 前言

国务院于 2014 年 10 月发布《关于加快发展体育产业促进体育消费的若干意见》国发〔2014〕46 号，提出"营造重视体育、支持体育、参与体育的社会氛围，将全民健身上升为国家战略"。国家战略是旨在实现国家总目标的总体性战略，是在国家层面跨领域地综合运用多种国家力量达成国家目标的战略。全民健身上升为国家战略，意味着全社会各行各业负有"重视体育、支持体育、参与体育"的责任，全民健身已是国家整体战略性的制度安排。

我国的全民健身计划自 1995 年开始实施，二十多年后的今天，社会对全民健身的要求及满足这些要求的社会条件都发生了巨大变化。全民健身国家战略的提出，是依据这些变化对全民健身的重新定位。将上升为国家整体战略性的制度安排这一新的定位意义重大。它意味着，全民健身事关国本，其发展状态与国家整体而长远的利益息息相关，它要实现的目标是国家目标，而国家目标必须依托国家战略才能实现。国家战略不是系统战略，更不是部门战略，其最突出的特点是整体性和协同性。因此，全民健身国家战略需要全社会的高度协同，跨系统跨部门的密切合作。全民健身国家战略能否有效实施，在相当程度上取决于政府各部门、社会各界能否在这一战略的意义和必要性上取得共识。

---

[1]任海，北京体育大学教授，博士生导师。

在不少人眼里，全民健身不过是跑跑步、做做操、强身健体、预防疾病。依照这个观点，全民健身对国家之利，充其量不过是提高出勤率，降低日益趋高的医疗费。这种狭隘的全民健身生物体育观，难以为全民健身国家战略提供有效的理论支撑，因为它忽略了全民健身丰富的社会功能，从而窄化了全民健身的工作面，矮化了全民健身的目标取向。全民健身国家战略要在日趋多元化的中国社会获得共识，形成合力，就必须突破生物体育观，在一个新的语境中重新认识全民健身的价值。这个新的语境就是十八届三中全会提出的"坚持以人为本，尊重人民主体地位……促进人的全面发展"。只有将全民健身与"人的全面发展"结合起来，我们才能真正理解其上升为国家战略的意义。也正是着眼于全民健身与人的全面发展的关系，我们才能认识到全民健身的社会意义。

# 一、全民健身的社会功能

改革开放以来，中国社会在整体上迅速解决了温饱问题，进入更适宜于人的发展的小康社会的建设过程。社会环境的变化，全面激发了社会的活力，进入以人为中心的发展的阶段。党的十六届四中全会提出以人为本，十八届三中全会明确提出"增进人民福祉为出发点和落脚点"，要让"发展成果更多更公平惠及全体人民"。全民健身通过体育活动促进人的发展，具有鲜明的社会人文价值。从社会学的视角来看，全民健身对今天中国社会发展具有如下意义。

## (一) 培养全面健康的国民

全民健身旨在促进全体国民的健康水平。体质是健康的基础性因素，因而理所应当地成为全民健身的核心目标。然而，随着时间的推移，人们越来越多地发现，体质层面的健康问题，其根源往往不在体质自身，而与人的心理和社会行为的健康状态密切相关。于是，多维度的综合健康观念迅速普及开来，这就是世界卫生组织对健康的定义——"健康不仅是没有疾病和衰弱状态，而是一种身体、精神和社会维度的完好状态。"

这种综合健康观的重要意义在于，它从人的完整性上来理解健康，认为人的身体、心理和社会维度是不可分割的一个整体。于是，任何身体锻炼，涉及的不仅是物质形态的身体，还有人的感情、心境及人格、品行。体育锻炼对人的影响并不限于人的自然属性，也深刻地影响着人的社会属性。正如国际奥委会主席巴赫所指出的："体育运动不仅仅是身体活动，它促进健康，预防甚至治疗现代文明病。它也是培育认知、训练社会行为、促进社区整合的教育工具。"

## （二）促进社会和谐发展

体育活动涉及多样而频繁的社会互动，包含内容广泛的社会学习。全民健身是中国社会规模最大的体育活动，具有多种社会功能，其中最重要的是促进社会和谐。

### 1. 以体育促进参与者的社会化

一个社会的和谐与稳定，在相当程度上取决于其社会成员融入社会的程度，也就是他们对社会道德观念和行为准则的认同程度。一个人由出生时的自然状态的人，成长为认同社会，积极参与社会的人，不是自然形成的，而是通过一系列学习实现的。这个过程就是"社会化"。"社会化是人们获得人格、学习社会和群体方式的社会互动过程"。人的社会化始于其出生之日，继而持续其一生。在这一过程中，人们通过各种社会互动，学习应当遵循的社会公德和行为方式。体育运动是人的社会化的一个重要方式，正如联合国的"体育促进和平发展国际工作小组"（The SDP IWG）的报告中指出的："体育运动具有吸引、调动和激发人的独特力量。就其本质属性而言，体育运动是参与性的，关乎包容和公民认同。它代表了尊重对手、接受有约束力的规则、团队精神和公平性等这些人类的价值观，而所有这些正是载入联合国宪章的一些原则。"

从社会学的角度来看，全民健身中有着大量而丰富的社会互动。参与者在晨晚点的功拳操活动中，在业余体育比赛中，会意识到自己的社会角色，学习到处理多种社会关系的社会准则，如公平竞争、公正裁决、分工与合作、规范与自由、团队精神等。一个人参与全民健身的过程也是社会学习的过程，通过体育娱乐健身活动促进人的社会化。更难能可贵的是，全民健身在促进参与者的社会化方面独具特色，它寓教于乐，将严肃的社会学习变得极具亲合力的游戏和多种形态的体育活动，通过参与者自愿参加的体育活动，将社会准则潜移默化于参与者的思想深处。由于全民健身覆盖全体国民，它在人的社会化方面的潜能是其他文化形态所难以企及的。

## 2. 以体育为工具促进社会发展

"体育发展"有两种含义，即"体育的发展"（development of sport）和"通过体育的发展"（development through sport）。前者指的是体育自身的发展，后者则是以体育为工具对其他领域的促进作用。

自 20 世纪后期以来，尤其利用体育，尤其是群众体育，来促进社会发展，已经成为国际上的一个潮流。进入新世纪后，将体育置于社会发展的大视野中重新认识它的作用，即"跳出体育看体育用体育"，在国际上已成趋势，其突出的代表是联合国和欧盟。联合国认为"在人文关怀、发展和构筑和平的努力中，体育运动是一个成本低而影响大的工具，应将其加以应用。体育不再被视为任何社会的奢侈品，而是当前和未来的一项重要投资，在发展中国家尤为如此"。2007 年欧盟首次发表《体育白皮书》，全面阐述欧洲政府的体育观点，认为"体育是人类活动中最引人关注的一个领域，该领域汇集了欧盟的公民。由于体育具有接触到每个人的能力，而不论其年龄或社会背景如何，它可以在欧洲社会发挥多种作用"。欧盟提出体育八个方面的社会功能：改善公众健康；反兴奋剂；教育和培训；促进志愿服务，培养积极向上的公民；促进社会包容、整合与平等；防范种族主义和暴力；分享欧洲的价值观；支持可持续发展。

随着体育的多种社会功能为人们所认识，联合国大大强化了体育手段的应用，将体育纳入其各种援助计划。将体育作为其工作手段的联合国机构日益增多，目前有国际劳工组织、联合国开发计划署、教科文组织、环境署、难民署、儿童基金会、毒品和犯罪问题办公室、志愿人员组织、艾滋病规划署和世界卫生组织等。越来越多国家也开始更加积极主动地将体育作为其社会工具，促进社会发展，解决社会问题。如荷兰政府在 1996 年公布的体育政策"将体育作为社会发展、社会整合、公共卫生及创造就业的一个工具"；英国政府提出"体育是突破社会壁垒的一个最佳方式，我们必须充分发挥其潜力"；加拿大政府认为，体育运动是一个潜在的社会变革和创新的有力载体；2011 年日本制定的《体育基本法》指出，"体育是促进人与人之间交流的工具，是社区再生的动力"；澳大利亚体育委员会（ASC）与澳大利亚顶级科学机构，"联邦科学与企业研究组织"（CSIRO）合作共同研究了澳大利亚体育的未来，于 2013 年 4 月发表了研究报告并指出，政府、企业和社会日益意识到，体育运动具有极为广泛的益处。运动有助于心理和身体健康，预防犯罪，社会发展和国际合作目的的实现。正是看到了体育独具的社会功能，杰出的政治家曼德拉才说出了那句名言："体育具有改变世界的力量！"

### 3. 以全民健身促进社会建设

由于各国国情不同，体育在各国所发挥的社会功能也各有重点。对于处于社会转型期的中国来说，全民健身负有促进社会建设的战略任务。2004 年党的十六届六中全会将"社会建设"纳入我国社会主义事业的总体布局，标志着我国社会发展进入"以人为本"作为价值取向的新阶段。十八大提出的社会治理体系和治理能力现代化，又将社会建设的战略意义提到一个新高度。由于全民健身与生俱来的人文精神，使之与社会建设的价值取向高度契合，它对我国社会体制和机制方面有如下具体影响。

**促进社会组织的建立**

十八届三中提出"促进群众在城乡社区治理、基层公共事务和公益事业中依法自我管理、自我服务、自我教育、自我监督。"社区是社会生活中最重要的社会单位，如何建立符合我国国情的社区组织，无论对社会还是对政府都是一个新课题。体育社会组织的业余性与公益性，使其成"我为人人，人人为我"的社会自我服务的社会典范，世界上许多国家积累了丰富的经验，有一整套民众在体育中自我管理、服务、教育和监督的制度措施。我国草根层次已经涌现出一大批自发的社区体育组织。近年来，随着社会建设的进程，这些非正式的基层体育组织正在经历一个再组织化的过程，成为社区组织结构中的一个重要组成部分。

### 促进社会联系的开拓

在市场经济条件下，体育组织的生存与发展需要从社会各个部门开拓资源，形成群众体育系统与社会其他系统资源流通的网络。这就需要寻找社会各部门与群众体育的利益结合部，如果找不到这些结合点，或是找错了这些结合点，网络不会形成，各种资源也难以流动，是一盘死棋。因此，全民健身以体育的社会功能，如体育的经济、政治、教育、文化等方面的功能为依据，充分利用市场经济的机制和互利原则，抓住群体活动与社会各有关部门的利益结合部，对参与各部门应给予不同的动机激励，以明白无误的事实告诉它们各自在开展群众体育的受益状况，与这些部门分别建立起新的互动机制，激发社会各部门根据自己的特点，主动对群体管理体系给予不同方向和内容的投入，从而使这一组织体系的各种资源如人、财、物、信息和时间流动起来。如通过全民健身的经济效益，沟通与社会经济部门（如生产、商业等）的联系；通过群体的健身效益，沟通与社会的福利、卫生部门的联系；通过群体的社会效益，沟通与社会行政部门和工、青、妇社会团体的联系等。显然，体育组织的跨界特点，促进了社会各部门丰富而多样的社会联系的建立，而这些横向的社会联系正是社会建设所特别需要的。

### 促进社会机制的改善

社会建设需要一套社会机制加以运作，如参与、协同、监督、反馈等。体育社会组织在本质上是由社会运作的，它所涉及的组织机制在相当程度上就是社会机制。由于体育的特性，体育组织在构建社会机制的一些方面有其得天独厚之处，特别是在"建立社会参与机制，充分发挥人民群众积极性、主动性、创造性"方面，在社会各方的协同合作的社会协调机制方面摸索和积累了可资社会建设参考的经验。

全民健身涉及社会各个部门和各种因素，各种类别和规模的群众体育组织都有大量的工作需要人们合作才能完成，其决策的特点是协商式的。因此，协调各方的行为，使之朝着计划确定的目标前进，成为体育社会组织的重要职能。这就要求对组织成员、组织管理者及组织相关的外部各方的利益进行仔细的了解和分析，通过一系列耐心、细致的工作，将各个方面努力整合起来，形成合力，完善各种社会机制。

### 促进社会工作骨干的培养

社区是一个小社会，浓缩了当今社会基本矛盾关系，要做好社区工作需要综合性能力，因此，十六届六中全会指出"注重培养选拔熟悉社会建设和管理的优秀干部"。"建设宏大的社会工作人才队伍，造就一支结构合理、素质优良的社会工作人才队伍，是构建和谐社会的迫切需要"。基层体育组织的工作头绪多，矛盾复杂，可以有效地锻炼人的社会大局观、社会协调能力及矛盾处理能力。从这个意义讲，群众体育组织也是社区工作骨干的孵化器。还应看到，群众体育组织涉及的人员不仅是群众体育组织内各类人员，还包括与群众体育活动有关的社会部门和团体的人员，通过群众体育组织提高这些相关人士的合作意识及协同能力，对社区建设的人员具有辐射效应。

### 促进社会志愿服务的提升

群众体育组织开展的是规模最大的民生型的公益事业，世界各国的体育实践都在证明，群众体育是容纳志愿服务人数最多，内容最为丰富的一个领域。在千千万万、大大小小的群众体育组织中，有一大批骨干分子作为组织的基石，参与组织的各种活动。他们热心于公益事业，不计私利、不辞辛苦、长年累月地为社会服务。没有这些人，体育组织无法存在，体育活动也无法实施。他们实际上是体育公共服务的重要提供者，为其他领域的志愿服务提供了经验，培养了一支宏大的社会队伍。不仅如此，由于体育中特有的德治与法治，体育志愿服务还涉及现代社会所需要的公民意识及公民行为。

## 二、发挥全民健身的社会功能，需要国家战略的支撑

尽管全民健身对促进国民的全面健康和社会和谐发展有其独特的功能，但这些功能能否发挥，发挥到何种程度，是由它所依托的条件所决定的。近年来，随着我国体育发展的内外环境的巨大变化，全民健身计划的实施也遇到诸多新的问题，如，对群众体育的投入大为增加，而国民体质，特别是青少年体质的状态依然堪忧；以功拳操为主的基层体育活动，吸引的依然多为老年人群，青少年鲜有参与；公共体育设施面向社会开放困难重重，百姓身边的场地依然稀缺；基层体育组织乏力，数以亿计的农民工体育服务依然缺失等。所有这些问题都直接或间接地与"全民健身"的社会功能发挥不足有关。这些现象表明，我国"全民健身"实施遇到了发展瓶颈。此时提出全民健身国家战略，恰逢其时，为"全民健身"在新的历史条件下充分发挥其作用，提供了强有力的支撑，可从根本上消除束缚全民健身社会功能发挥的瓶颈。从社会学的角度看，全民健身国家战略解决了困扰全民健身实践中的三大矛盾。

### （一）全民健身的社会功能与认知缺位的矛盾

长期以来，我们对全民健身功能的认识存在两个缺位。

其一，就全民健身对个体的影响而言，我们多强调全民健身对参与者体质健康的效能，而忽略其社会效能。只有认识到全民健身对练习者的社会属性影响，我们对全民健身的认识才是完整的，才能突破就健身谈健身的生物体育观，将人的培养与强身健体结合起来，将关注焦点由人的生物性，转向人的整体性，让全民健身对人的综合健康发挥全面的促进作用。

实践证明，当我们将全民健身的目标只限定在生物维度时，其健身的效果也是低下的。这是因为今天中国居民健康威胁因素已经发生质的变

化。根据世界卫生组织估测，缺乏锻炼是世界第四大死亡风险因素。缺乏身体活动是导致心血管疾病、高血压、中风、II 型糖尿病、代谢综合征、结肠癌、乳腺癌和抑郁症的主要危险因素。《柳叶刀》最近刊登的研究表明，6%的冠心病、7% 的 II 型糖尿病和 10% 的乳腺癌和结肠癌是缺乏身体活动导致的。这些疾病在中国呈快速发展的趋势。在导致中国健康问题的多种原因中，身体活动不足的位置迅速上升。耐克公司委托北卡罗来纳大学的 Shu WenNg 教授和 Barry Popkin 进行独立研究《身体活动与时间支配：全球都在远离运动》表明，自 1991 年到 2009 年中国人的身体活动下降了 45%，到 2030 年预计会下降到 51%。显然，今天人们健康问题重要的直接原因是运动不足，而运动不足则源于与生活方式和行为方式相关的社会性原因。应对今天的健康问题，仅从生物学角度出发不仅效果差而且成本高。根据复旦大学牵头的健康风险预警治理协同创新中心研究，从 1991 年到 2013 年，我国人均医疗费用的年均增长率为 17.49%，增长率远超 GDP 的增长。

尽管"运动是良药"的道理广为人知，但是要让数以亿计的"全民"动起来，却不能仅从"良药"的医学角度看问题，而需要着眼于人的整体，将视野由单一的生物性扩充到丰富的社会性，为人们的健身行为提供更为稳固的基础，这才能将广大民众的健身动机内化于其完善自我的需要，让全民健身成为身心和谐、全面健康人的生活的组成部分，从而完成全民健身由局部到整体，由治标到治本的过渡。2013 年世界卫生组织的一期简报的评论中称，"体育锻炼让生命更有价值"，就清晰地表达了这一观点。

其二，就全民健身对社会的影响而言，我们习惯于强调其防病祛病的医疗保健作用及由此带来的医疗费用降低等经济效益，而忽视全民健身在扩大社会参与、促进社会融入、改善社会治理、传播社会价值等诸多领域潜在的社会功能及社会效益。这就将全民健身限制在一个狭小的视野中，使得诸多本应在全民健身中发挥重要作用的系统及部门看不到自己的位置与责任，由局内的参与者变为局外的旁观者，游离于全民健身之外。

从国家战略的角度来看，深刻认识全民健身的社会功能有两方面的意义：其一，这种认识为全民健身上升为国家战略提供了不可或缺的依据，让社会各界理解全民健身对今天中国社会发展所具有的独特而综合的作用，从而意识到全民健身是需要全社会通力合作，大家共同承担的事业，形成战略共识；其二，对全民健身多种社会功能的认识，使政府各部门和社会各系统得以明确各自在全民健身事业中负有的社会使命和应当发挥的社会作用。

## （二）全民健身的供给与需求错位的矛盾

20 年来，我国对全民健身投入巨大，如 20 年来用于全民健身计划的体彩公益金超过 400 亿元。1995 年全民健身计划启动时，全国体育场地 61.57 万个，人均面积只有 0.65 平方米。2013 年底，体育场地增至 169.46 万个，人均面积 1.46 平方米。2015 年底，我国人均体育场地面积 1.57 平方米，成绩斐然。但是存在的问题是，相当一部分场地设施的"建"与"用"脱节，利用率不高。

目前我国公众的大部分体育活动是在非体育场所进行的，45.7%（男）和 54% 的锻炼活动发生在广场场院的空地、自家庭院或室内、住宅社区的空地、公路街道边的空地及公园内的空地。修建的体育场所未发挥其应有的作用。这不仅未能有效改善群众体育活动的物质平台，而且造成资源浪费。其中离居民最近的住宅社区的健身路径的利用率很低，仅为 6.3%（男）、7.2%（女），而且公路街道边的健身路径的利用率为 5.6%（男）、5%（女），低于公路街道边的空地 8.8%（男）、7.9%（女），表明我们修建的体育设施与群众的真实需要之间存在错位（表 1、表 2）。

表 1　全国男女参加体育锻炼场所（非体育场所）

| 锻炼场所 | 男（%） | 女（%） |
| --- | --- | --- |
| 广场、场院的空地 | 11.10 | 15.30 |
| 自家庭院或室内 | 10.00 | 11.70 |
| 住宅社区的空地 | 8.80 | 10.90 |
| 公路、街道边的空地 | 8.80 | 7.90 |
| 公园内的空地 | 7.00 | 8.20 |
| 合计 | 45.70 | 54.00 |

资料来源：2015 全民健身活动调查基本统计结果.

表 2　全国男女参加体育锻炼场所（体育场所）

| 锻炼场所 | 男（%） | 女（%） |
|---|---|---|
| 单位或社区的体育场所（或文体活动室） | 9.50 | 7.10 |
| 广场、场院的健身路径 | 6.40 | 7.50 |
| 住宅社区的健身路径 | 6.30 | 7.20 |
| 公路、街道边的健身路径 | 5.60 | 5.00 |
| 学校体育场（馆） | 5.30 | 3.00 |
| 全民健身活动中心 | 4.80 | 4.40 |
| 大型体育场馆（或城镇体育中心） | 4.30 | 2.20 |
| 公园内的体育场（馆）、健身路径（步道） | 4.00 | 3.20 |
| 健身会所（健身俱乐部、健身房） | 3.20 | 2.60 |
| 合计 | 49.40 | 42.20 |

资料来源：2015 全民健身活动调查基本统计结果.

　　大型体育场馆（或城镇体育中心）的问题更为严重，这些多由政府财政资金投入修建的体育场所，理应在公益的全民健身服务中发挥重要作用，但是，只有 4.3%（男）、2.2%（女）的健身活动在这里进行，公共投入与公共使用之间存在巨大差距。

　　社会体育指导员队伍建设也存在同样的问题。为了提高全民健身的科学性，自 1993 年以来，经过多年的持续培训，社会体育指导员人数已达 170 万。尽管平均每 817 人才有一名，数量仍不足以满足社会的需要，但就是这一有限的资源也未发挥其应有的作用，实际的指导率很低。2015 年调查表明，只有 3.9%（男）、4.7%（女）体育锻炼者接受过社会体育指导员的指导。《2014 年 6~69 岁人群体育健身活动和体质状况抽测调查》也表明，有 93.0% 的儿童青少年每周参加校外体育锻炼。但是，在校外体育锻炼时主要是"自己练"，有指导的人数比例仅为 21.9%。

　　造成全民健身供需不相匹配的原因很多，其根本原因是，随着我国社会由温饱转向小康，越来越多的公众以各种方式参与体育，活动由整齐划一的广播体操、功拳操，拓展到更具个性化的健身娱乐活动。政府为单一主体提供的体育服务，难以满足社会成员日趋多样化的体育需求。要满足中国规模如此庞大，类别如此繁杂的全民健身需求，需要以全民健身的多种社会功能为依据，全面激活社会和市场的活力，从国家战略的高度将政府、社会和企业三个主体整合起来，发挥各自的优势，为全民健身提供有效服务。

## （三）全民健身整体性与条块体制分割性的矛盾

我国现行的体育体制是在计划经济条件下形成的，其突出特征是条块管理。在这种社会结构中，体育处于纵向（条条）分割和横向（块块）封闭的状态。在计划经济条件下，我国体育按照其不同的功能，由不同的系统（条条）管理，如体育系统负责竞技体育和群众体育，教育系统负责学生体育，工会系统负责职工体育，农业系统负责农民体育等。继而在省、地、县等各级政府的"块块"范围内又将进一步分割，形成"条条体育"和"块块体育"的"条块体育格局"。

条条管理的优点是分工明确，责任清晰。但当这一体制在应对需要部门密切合作、全社会高度协同的问题时，却因其协作机制的不足而捉襟见肘，效率锐减。

全民健身以全体国民为对象，是开放的、跨界的，具有鲜明的整体性。它涉及所有的"条条"和"块块"。没有任何一个单一的政府部门或社会子系统可以独自支撑和完成这一重任。全民健身需要高度协调的社会运作机制，有效地将社会各部门的力量整合起来，资源共享，步调一致、同心同德地完成全民健身大业。

条块分割的管理方式削足适履，人为地割裂了全民健身内在的有机联系，既抑制了全民健身的社会内生力，也阻碍了管理部门之间的合作与协同。在条块分割格局中，各系统和部门囿于自身的局限，各自为政，治理分散，损坏了全民健身事业的整体性，使之碎片化，使全民健身的实施遇到许多难以克服的困难。如两亿多农民工由于其身份既非农民，也非工人，其归属既非农村，也非城市，于是，这一庞大社会群体基本上游离于全民健身之外；城市社区体育由于涉及不同的社会系统和部门，长期以来在低端徘徊，未能体系化；学校体育场地的开放成为老大难问题。这些问题表明，全民健身的实际发展形态已经超越条块分割体制的承载能力和作用范围，需要对全民健身进行整体性的统筹思考和跨界整合，来纠正条块分割带来的体制性和机制性的障碍。这也正是十八届三中全会决定指出的"必须更加注重改革的系统性、整体性、协同性"。全民健身国家战略正是要解决全民健身的系统性、整体性、协同性问题。

实施全民健身国家战略，着眼于国家发展的整体目标，打破条块分割、系统各自为战的格局，强化了各方共识的基础，这就是全民健身"以人为本"的基本价值。从社会学角度来看，实施全民健身国家战略的过程，也就是人们不断认识全民健身社会价值的过程。全民健身国家战略促使体育的管理者、参与者和协作者跳出各自的小圈子，从国家发展的大局重新审视全民健身，从而认识到社会功能缺失的全民健身是功能不完整的，全民健身国家战略必须以功能完整的全民健身为依托，才能确立其国家战略地位，全面发挥其战略效用。

## 结语

自 1995 年我国实施《全民健身计划纲要》以来的 20 年是中国社会和体育发展最为迅速的时段，经过 20 年的实施，全民健身的理念已经深入人心，全民健身的实践也已经取得一系列前所未有的丰硕成果。中国社会和体育的迅速发展，使全民健身的多种功能得以充分展现，全民健身开始具有国家战略的价值，而这些价值的实现需要国家战略的支撑。全民健身国家战略的提出是这一历史进程的自然结果。全民健身具有培养全面健康的国民和促进社会和谐发展的重要社会功能，全民健身国家战略的实施，为这些社会功能发挥其应有的作用提供了有力的支撑，主要体现在观念更新、供需协调和机制统合三个方面。

# 社会力量对全民健身国家战略的新期盼

魏　翔[1]

　　全民健身关系着人民群众的身体健康和生活幸福，是综合国力和社会文明进步的重要标志。1995 年 6 月 20 日，国务院颁布了《全民健身计划纲要》，我国首次以法规的形式确立了全民健身运动在我国社会经济发展和体育事业中的地位，是国家发展社会体育事业的一项重大决策。2014 年 10 月 20 日，国务院印发的《关于加快发展体育产业促进体育消费的若干意见》提出，营造重视体育、支持体育、参与体育的社会氛围，将全民健身上升为国家战略。20 年来，全民健身从纲要到国家战略，足以看出党和政府对发展全民健身事业的重视，也把全民健身事业推向了更高的发展平台，为我国全民健身的健康发展提供了重要机遇。

　　本文主要讨论社会力量作为全民健身事业的实际供给者与潜在供给者，其参与全民健身的现状如何、参与全民健身的新动力有什么，以及对全民健身有什么新要求？

## 一、社会力量参与全民健身的现状

　　社会力量是指能够参与、作用于社会发展的基本单元，包括自然人、法人（社会组织、非政府组织、非营利机构、企业等）。笔者将全民健身

[1] 魏翔，中国社会科学院财经战略研究院副研究员，博士生导师。

产业定义为：全民健身产业是与全民健身相关的一切生产经营活动的总和，包括体育服务业、体育用品业，还有与全民健身交叉的所有相关产业的生产经营活动。其中，体育服务业主要有体育赛事、体育彩票、体育健身活动、体育培训、体育中介等；体育用品业主要有全民健身设施（场地、器材）、运动鞋、体育用品等；相关产业主要有体育旅游、体育传媒、体育地产等相关业态。

我国在新中国建立初期（1949—1978）实行的经济体制是计划经济，在这种体制下，国家在生产、资源分配以及产品消费各方面，都是由政府事先进行计划。因此，我国体育产业刚开始就建立在单一的国有资本结构的格局之上，公有制经济居主体地位。1978年以后，随着体育全球化、社会化和产业化步伐的加快，各种社会力量快速涌现，体育产业逐步形成为多种所有制并存的趋势，国家、集体、个体私营、外商等多种主体进入体育产业领域。所以说，我国社会力量参与全民健身事业的层次还处在发展阶段，与国外相比还存在很大差距。

因此，结合我国全民健身的实际情况，本文将参与全民健身的社会力量分为三个层面：其一，是体育社会组织层面；其二，是个体层面；其三，是企业层面，并主要从供给侧来分析其参与全民健身的现状。

## （一）体育社会组织层面

研究表明，大众体育开展得好的国家或地区，一般都拥有大量的且运行良好的基层体育组织及体育俱乐部。在国外，基层体育组织和体育俱乐部是大众体育的最主要的组织者和开展场所，体育爱好者参加体育俱乐部或基层体育组织成为其会员，是公民参与大众体育活动的主要形式。在我国，体育服务业的供给侧主要是政府体育部门和公益性组织，大部分是我国计划经济时期的产物，因此，国有比重较高；同时也存有少量的健身俱乐部。但是我国公共体育服务的组织依然以行政组织为主，尚处于发展的初级阶段，在数量、质量、功能等方面，与国外相比相差甚远。

体育社会组织是以发展群众体育为目的的非营利性社会组织，组织开展多样性的群众性体育健身活动、赛事，提高全民身体素质，丰富群众文化生活，在推动全民健身工作中起着决定性的作用。如中国足球协会、羽毛球爱好者协会等。按照社会地位和性质将体育社会组织分成两类，一种是有法人地位的体育社会组织，另一种是无法人地位的体育社会组织。有法人地位的社会组织，按照我国民政部门管理来分类，主要分三种：一种是占70%的体育社团；另外两种是民办非企业单位和基金会。而非法人类的社会组织就是现在大家俗称的"草根体育组织"，是由民间自发形成的，没有在民政部门登记注册过。它又可以分成两种，一种是全民健身站点；另一种是平时见不到，但客观存在于网络的网络体育组织。

据国家体育总局局长刘鹏在中华全国体育总会第九次全国代表大会上介绍，截至2012年底，全国共有体育社会组织23590个，其中体育社团15060个，体育类民办非企业单位8490个，体育基金会40个。此外，全国全民健身活动站点超过25万个，网络体育组织达到80多万个，各级各类青少年体育俱乐部超过6000个。截至2014年6月，全国注册培训的公益性社会体育指导员已达141万人，职业社会体育指导员7万多人，体育社会组织在全民健身中的作用日益突显。但不可否认，目前的体育社会组织发展尚不成熟，主要表现在：

其一，数量少。每10万人拥有不到两个正式登记的体育社会组织。与德国每890人就拥有一个非营利性体育组织相比差距明显。同样在美国，体育社团对大众体育也发挥着极其重要作用，美国的体育社团无论在数量还是种类上都很惊人，青年组织、宗教组织、私人机构等都开展自己的体育活动。

其二，普遍存在"三无"现象。即无场地、无人员、无经费，其中无经费是无场地、无人员的重要原因。体育社会组织的经费来源主要来自于自我运作（包括会员费）、社会赞助、政府财政资金三个方面，但是就我国的实际来讲，大多数的体育社会组织自我运作能力不是很强，社会捐赠氛围不够理想，国家财政不能直接给予资金支持，因此，体育社会组织的经费无保障，生存环境不如意。而在国外，体育社会组织的经费除了一部分来自自身盈利所得外，大部分则是来源于政府的专项拨款及社会捐赠，场馆设施的投资建设资金也多由社会基金提供。

其三，双重管理机制，政府干预过多，限制了体育组织的发展；并且相关法规政策监督管理多，培育扶持内容少，法规政策的滞后也制约了社会组织的健康发展，社会组织改革迫在眉睫。

长期以来，由于一定的历史遗留因素，带有官办色彩的社团对体育部门有很强的依赖性，而且民间社团又缺乏专业指导和相关支持，因此，国内的体育社会组织生存艰难，但是随着人们不断提高的健身需求，体育社会组织依然展现出蓬勃的生命力。

## （二）个体层面

随着体育产业的不断扩展，越来越多的个人开始从事这一领域的工作，特别是健身行业。随着人们生活水平的不断提升，人们越来越重视生活质量和身体健康，健身行业也随之逐渐形成。由于其从事该行业所需要的物力、财力都比较小，所以个人自然成为这一行业的供给主体。

近年来，我国健身产业逐渐形成，产业信息网发布的《2015—2020年中国健身行业调研及未来趋势报告》显示，就健身俱乐部数量而言，拉美及欧洲市场总量均在 4 万家以上，其中欧洲市场数量为 46396 家，拉美市场总量为 46130 家，北美地区健身俱乐部数量为 36472 家。2013 年中国商业健身俱乐部总数约为 5000 余家。近年来，全国健身俱乐部蓬勃发展，行业规模不断增大。但是，我国健身俱乐部数量和质量却远远落后于欧美等西方国家。主要表现在：

第一，据统计，我国平均 100 多万人拥有一家健身俱乐部，而在美国，每 8 个人中就有一个在健身，平均 1 万多人就拥有一家俱乐部。

第二，我国的低档次健身俱乐部较多，规模偏小、场地面积小、内部设施器材简陋、管理涣散、服务得不到保证，而且健身指导员素质和专业水平不高，没能达到市场的需求和要求。甚至有这种情况：顾客买的健身卡消费没多久，场馆就人去楼空；即便提供了服务，健身后想进更衣室、洗浴间还无处下脚，游泳池里的水时不时被卫生防疫部门检测为不合格。至于高档次的健身俱乐部，由于占地面积过大，收费昂贵，客源较少。

第三，我国的健身俱乐部以每年5%的速度递增，但是差异化却很小，恶性价格竞争现象普遍存在。据统计，我国健身俱乐部只有20%处于赢利状态，其余大约80%基本在维持或呈亏损状态。

## （三）企业层面

由于我国的体育用品业在起步阶段就建立在非公有经济的基础之上，故其市场开放程度高，非公有制地位突出，因此企业占据了体育用品业的主导地位。

企业一直是产业链里最重要的主体，以实现利润最大化为目标。在全民健身中亦同，社会体育组织的发展需要企业的赞助，全民健身的实现无疑需要以营利为目的的体育企业产品的支撑。随着改革开放的深入，我国体育产业的市场化程度不断增强，越来越多的企业加入了这一产业，其中也出现了一些国际知名的体育品牌，如李宁体育用品有限公司。本文所指的参与全民健身的企业不仅包括提供体育场地、健身器材等的体育企业，也包括那些与全民健身相关的其他类型的企业，如赞助体育事业的企业（八运会上百事可乐战胜了可口可乐和我国的名牌运动饮料健力宝而一举中魁，成为八运会唯一的指定饮料）。但是由于企业的营利性本质，随之而来也出现了一些问题。主要表现在：

第一，体育用品业所占比重过大，不利于全民健身产业的发展。全民健身产业发达程度越高，其服务业所占比重应该越大，英美等国体育服务业产值均超过体育用品业产值。但是我国体育用品业创造的增加值占总增加值的73%，而体育服务业增加值仅占24.7%；体育用品业所占比重过高，而服务业作为全民健身产业的主体部分，所占比重却过低。说明我国企业进入体育产业主要从事体育用品业，开展业务种类比较单一。尽管随着体育服务业的不断发展壮大，体育用品业在体育产业中的所占比重有下降的趋势，但不可否认的是，在未来很长的一段时间，体育用品业仍然是我国体育产业中发展势能最大的行业。

第二，在我国体育用品企业中，大企业少，小企业占绝对数量，且绝大多数企业从事产品的加工制造，研发经费投入很少，以模仿畅销产品为主，很少注重品牌价值，因此，我国体育用品企业体现出总体基数大、规模小的特点。

第三，企业对投资体育场馆建设的积极性不高。第六次全国体育场地普查数据公报调查显示，体育场地设施缺乏依然是制约我国居民参与体育活动的主要因素。由于体育场馆融资规模巨大，成为体育公共服务体系建设中最需要资金的部分。除了政府投资外，社会融资是资金的重要来源渠道，在某些国家甚至成为最主要渠道。而我国体育场地建设资金主要来源于政府财政拨款与体育公益金，带有明显的政治色彩，企业所占比例较低。相反，美国在大型体育设施建设的融资方面较为成功，美国的旧金山、丹佛、华盛顿、波士顿以及加拿大的温哥华、蒙特利尔和渥太华，新的体育场馆建设完全是由私人资本进行投资；而美国的其他城市如哥伦布、波特兰以及费城，也只有很少量的政府资本介入新的体育场馆建设中。

## 二、社会力量参与全民健身的新动力

除了公益性的社会组织，任何企业选择进入一个产业都是因为它可以获得一定的利益，在这个行业内有利可图。众所周知，体育产业作为朝阳产业，是未来发展的重点产业，是整个国民经济新的增长点，而且随着我国大环境的健康发展，全民健身事业正在兴起，前景一片光明，涌现出越来越多的商机，这必然会促使更多的社会力量涌入。

### （一）国民休闲对全民健身的促进

经过改革开放 30 多年的经济发展，我国社会生产力不断提高，综合国力明显增强，科学技术快速发展，人们的收入水平逐渐提高，闲暇时间逐渐增多，人们在满足于日益增长的物质生活的同时，慢慢地向追求精神生活转变，中国正在步入大众休闲时代的路上。2013 年 2 月 18

日，国务院正式发布了《国民旅游休闲纲要（2013—2020 年）》（以下简称《纲要》），提出了国民旅游休闲发展目标：到 2020 年，职工带薪休假制度基本得到落实，城乡居民旅游休闲消费水平大幅增长，国民旅游休闲质量显著提高，与小康社会相适应的现代国民旅游休闲体系基本建成。

《纲要》实施三年以来，随着国家加大对休闲基础设施的建设，带薪休假制度的落实，人民收入水平的不断提高，以及国家近几年各种政策的相继出台，国民休闲发展迎来很好的外部环境。有闲有钱有动机有地方休闲的人越来越多，国民越来越注重选择多样化的休闲活动来度过闲暇时间，越来越追求生活质量的提高，国民休闲需求与方式开始普遍化、多样化，休闲消费更成为了国民重要的一项消费支出，使企业在做出相关决策的时候将休闲因素考虑其中，如一些房地产开发商在建房的时候开始注重做休闲庄园。而健身作为国民休闲的一种方式，需求无疑也在增加，也就给社会力量的进入提供了大量的机会。

## （二）旅游对全民健身的撬动

随着旅游业的不断发展，人们对旅游有了更深层次的认识，不再满足于走马观花式的观光游，对旅游产品的需求日趋多样化，各类专项旅游如修学旅游、探险旅游、生态旅游等旅游项目也因此得到开发，健身旅游就是在这种背景下逐渐兴起的。而且近年来，随着生活节奏的加快，大多数人承担着来自于家庭、工作、社会的压力以致没有时间健身；而且据国家旅游局发布数据显示，2015 年共有 41.2 亿人次国内游或出境游，相当于全国人口一年旅游近 3 次，相比于工作日中健身的高成本，人们更愿意选择在旅游中采取"边走边玩"的休闲健身方式，在欣赏美景的同时享受健身乐趣，称得上"健身、旅游两不误"。事实也证明参加体育健身旅游不仅受到青少年的欢迎，而且许多老年人、妇女也很乐意参加；使得健身旅游的市场需求越来越大，同时也促进了更多社会力量参与到全民健身事业中。而且许多旅游目的地或景区已将旅游与健身有机结合（如依托于我国自然资源发展起来的登山、攀岩、漂流、探险和冰雪运动），并推出公众参与性极强的体育活动。这样做不但可以拓展和提升旅游目的地的核心竞争力、旅游形象和知名度，带来源源不断的客源，也可以使旅游者寓健身于游乐之中，在旅游中强健体魄，在健身中陶冶情操，可谓是达到了全民健身事业与旅游产业发展的双赢格局。如张家界举办过天门山"天路"自行车挑战赛、迎新春环城徒步行、"森林公园杯"登山赛等 15 项较大规模的群体活动，直接参与者达 5 万余人，美丽山城的健身热潮一浪高过一浪，使得张家界的美景风靡世界。

体育之中有旅游，旅游之中有体育，体育和旅游既是无穷无尽的全民健身资源，又是全民健身的重要途径和重要方式。体育和旅游只有充分发挥健身资源优势，服务于全民健身，提高健康水平，才能真正实现人与自然的完美和谐。同时旅游与健身的融合将全民健身推向了一个新领域，有助于全民健身事业的普及；反过来，实施全民健身战略，也需要推进体旅融合，将运动植入旅游，如围绕体育旅游布局景区景点、开发线路产品、组织体旅融合的赛事活动等，两者相辅相成。

## （三）健身俱乐部生存现状堪忧

随着人民生活水平的逐渐提高，人们逐渐地有了"花钱买健康"的意识，健康生活理念已经越来越深入人心，加入为大众提供全面体育锻炼服务的经营性组织——健身俱乐部，为自己的健康投资，如今已经成为了人们实现健康生活的最佳途径；到健身俱乐部去健身，已成为都市白领休闲生活的一部分，甚至成为一些年轻人的时尚追求，以至于现在全国的健身俱乐部越来越受到人们的欢迎，这个行业形成了火热投资的局面，如雨后春笋般地拔地而起，每年以 5% 的速度递增，在某些经济发达城市或地区造成了供过于求的局面。但是，建成的俱乐部差异较小，恶性价格竞争的现象屡见不鲜，且经营成本一直上升，导致很多健身俱乐部进入经营困境，绝大部分出现亏损。

大量投资者在进入健身行业后遭受了亏损，逼得健身俱乐部市场朝着健康有序的方向发展，这就给今后投资健身俱乐部的社会力量提出了无形的要求，也可以说是营利的机会和进入这个行业的动力。首先，健身俱乐部的生存绝不能依赖价格战，价格战只能把这个市场做死。拼价格，不如拼服务。因此，目前的关键是强化健身指导员的培训与资格审查，积极拓展健身俱乐部的商业化道路，培育和引导市场，运用优质的服务和良好的健身效果吸引消费者。其次，当更多的人有意愿加入健身行列时，就要让他拿出几千元的会员费，这无异于阻挡了他的健身之路，价格是阻挡中低收入人群进入健身房的主要障碍。健身机构应考虑中低收入者的健身需求，适当降低器材成本，推出收费相对低廉而服务较好的中小型俱乐部，让更多的人享受到社会发展带来的健身服务。最后是健身俱乐部的选址。国内外的成功经验表明，那些持续营利的健身房的选址往往是在很多投资者看不上的平民地段，将健身房开在社区，价格低而实用、低调而专业成为了国外健身房的生存之道。

## （四）大数据时代带来新商机

大数据时代是指通过搜集互联网、移动互联网、物联网、云计算等现代网络渠道产生的海量数据资源，并对这些数据进行存储、提炼、智能化处理最终展示、利用的信息化时代。虽然我国健身俱乐部的增速很快，但是平均100多万人才拥有一家健身俱乐部，不能满足人们对专业健身机构的需求，在如此大的市场空缺下，需要我们主动利用大数据时代带来的机遇，利用健身行业与科技的融合来创造新的商业模式，增多健身行业主体数量，让更多人受益。我国全民健身相关行业科技含量低，在质量决定一切的市场游戏规则下，改革迫在眉睫，健身与科技的融合也可以促使现有的健身行业供给主体为人们创造更满意的服务，提高健身质量，实现高效健身。

随着智能手机的大范围普及，移动健身APP已全面迎来暴发期，许多投资者开始注资设计此类产品，市面上流行的健身APP主要有微信运动、郁金香运动等，它们弥补了传统健身房收费高、课程落后、距离因素等缺点，而且这些APP也使得运动健身变得科学精确，不再盲目，人们可以根据自己的身体状况、饮食习惯、作息时间等精确地选取适合自己的运动项目，确定运动时间和运动量；而且如果你选择跑步，还可以记录你的跑步轨迹，测算跑步里程和消耗的卡路里等，有的还可以和私人教练员实时交流，量身定制适合你的运动计划。这些 APP 成败的关键在于谁最能满足客户的需求。它们让健身从个人体育运动变成全民健身，让健身不一定非要去健身房，也可以使科学健身成为现实。

同样，在全民健身实体领域，也离不开对大数据的应用。如健身俱乐部管理者可以利用科技为健身房专业定制 APP，从而打通健身房和健身者的一个 O2O 接口，方便用户随时了解健身房课程安排、最新优惠活动等信息，还可以跳开传统健身房的限制，提供会员与私教线上交流的平台，进行线上课程指导，并通过预约、私人订制等线上服务，给用户提供更好的健身体验，提升传统健身俱乐部的市场竞争力。

在大数据时代"互联网+"风口的助推下，加快了体育产业科技化进程，健身行业被赋予了新的意义，催生了各种新兴业态，也促使了更多的社会力量进入全民健身行业，为体育产业创造更多的价值。

# 三、社会力量对全民健身的新要求

随着我国生产力的迅速发展和国民生活水平的不断提高，人们的闲暇时间和收入水平不断增多和提高，生活质量和方式也开始改善，同时由于恶劣的环境、越来越大的社会压力等因素使得大多数人的身体处在亚健康状态，人们对身体健康以及心理健康变得更加的关注。目前我国国民参与全民健身运动的人数日益增加，对体育消费、健身的需求日益提高，也有了更多的社会力量愿意参与到全民健身事业中，但是仍旧有很多因素在一定程度上阻碍了社会力量的进入与发展，因此，为了更好地发展我国的全民健身事业，下面代表性地阐述了社会力量对供给侧、对需求侧、对政策措施、对传播媒介四个与实现全民健身事业相关方面的新要求。

## （一）社会力量对供给侧的新要求

2015 年 11 月 10 日，习近平总书记在主持召开中央财经领导小组第十一次会议时首次提出"供给侧改革"，他强调，在适度扩大总需求的同时，着力加强供给侧结构性改革，着力提高供给体系质量和效率，增强经济持续增长动力，推动我国社会生产力水平实现整体跃升。随后的几次会议中也反复提到"供给侧改革"，这一略显生僻的经济术语，日渐成为人们生活中所提及的"热词"，由此可见，"供给侧改革"对我国经济的重要性不言而喻，对我国全民健身事业的重要性亦然。所谓"供给侧改革"，就是从供给、生产端入手，通过解放生产力提升竞争力，促进经济发展。具体而言，就是要求清理僵尸企业，淘汰落后产能，将发展方向锁定新兴领域、创新领域，创造新的经济增长点。

公共体育场是最主要、最有代表性的社会公共体育产品。据第六次全国体育场地普查数据公报称，截至 2013 年 12 月 31 日，全国共有体育场地 169.46 万个，场地面积 19.92 亿平方米。若以 13.61 亿人计算，平均每万人拥有体育场地 12.45 个，人均体育场地面积只有 1.46 平方米，但这还远远不能满足群众健身的需要。而且这些场地属于各系统，其中教育系统场地面积占总数的 53.01%，许多学校管理者对开放场地望而生畏，这在无形中又减少了群众能够使用的健身场地。另外，我国的全民健身人群的主体部分主要是青少年和中老年人，青少年参加全民健身活动主要由学校体育提供，而中老年人健身需求的满足主要利用的是社区体育场地，但是近几年全国不断的广场舞纠纷现象反映出了社区体育场地的不足。还有近年来倒闭的健身俱乐部不断增多，这些现象无一不折射出人们日益增加的健身需求与长期以来"供给侧"不足或者供给侧不能够正确对应人民需求的矛盾。因此，供给侧改革迫在眉睫，我国应该通过改善供给来优化产业结构，满足需求与创造需求。在全民健身事业上，社会力量对供给侧的新要求具体表现在：

### 1. 优化体育产业结构

体育服务业的发展对全民健身事业的普及起到很重要的作用，全民健身产业的发达程度越高，其服务业所占比重应该越大，在发达国家，体育服务业占比几乎都在 50% 以上。但目前我国体育产业结构并不平衡，体育用品业与体育服务业比例为 7:3，体育用品业远远超过了体育服务业占据了体育产业的主体地位。在发达国家，体育产业增加值占 GDP 比重一般达到 1%~3%，而我国体育产业增加值仅占 GDP 的 0.63%。按发达国家一般水平的 2% 计算，我国体育产业还有加两倍甚至翻两番的发展空间，显示了我国体育服务业存在巨大的发展空间。

因此，我国政府应该优化体育产业结构，使得体育服务业与用品业平衡发展，成为我国全民健身事业的坚实后备力量。

## 2. 改善全民健身服务供给体系

第一，进一步转变政府职能。长期以来，对我国全民健身事业起决定作用的体育服务业供应侧主要是政府体育部门和公益性组织，大多数是计划经济时期的产物，由国家直接配置全部体育资源，高度集权，在当时确实发挥了很大效率，对体育事业起到了不可磨灭的作用，但它却具有极强的官民二重性，随着改革开放的推进以及社会主义市场经济体制的形成，这样的管理体制如今却抑制了社会体育参与者的积极性，而且目前相关政策法规也滞后于体育服务业的发展。

因此，政府应加快制度创新，将部分执行职能让渡给非政府组织，使体育社会组织成为独立于政府的组织，政府把全民健身活动的开展权利归还社会体育组织，由各类社会体育组织等来承担具体的操作实施过程，政府则回归到制定政策、提供服务和加强监管的角色，在政策上给予扶持，资金上予以资助，使其有良好的成长环境。如美国的大众体育政策基本是由各类非政府组织负责实施，联邦政府将政策的执行责任赋予社会，由非政府组织、大学科研机构以及公民共同执行各类大众体育政策。美国 2000 年颁布的《促进老年体育的国家计划》，其执行机构就是由总统体质与体育委员会、疾病预防控制中心、老龄协会、退休者协会、运动医学学会、伊利诺伊大学科研部门以及社会精英个体等共同组成的。

第二，重点扶持体育服务行业的发展。重点扶持体育培训、体育策划、体育赛事、体育健身休闲等体育服务行业的发展，鼓励大型体育赛事充分进行市场开发。给予社会力量进入体育产业更加有利的大环境，以扩大体育服务供给，在不断增加的竞争压力下促使行业提供更好的产品和服务，使供求在更高水平上达到新的平衡，促进全民健身事业有质量的发展。

第三，培育一批有实力的体育用品企业。在我国体育用品企业中，大企业少，小企业占绝对数量，国际知名的品牌企业更是少之又少。我国政府应该在政策上引导与支持一批有潜力、有实力的优势体育用品企业加大研发投入，做强做精，打造具有国际竞争力的知名企业和国际影响力的自主品牌。

### 3. 协调发展群众体育与竞技体育

群众体育与竞技体育作为现代体育中的重要组成部分，是我国国民体育价值观与体育人之标准的体现，它在一定程度上对体育和社会产生着作用。有这样一组数据，我国的奖牌总数位于世界前列，但却有 6 亿人处于亚健康。足以看出一直以来，我国对竞技体育给予了太多的关注，相反对于与全民健身有高度关联的群众体育的关注反而低。二者发展缺乏平衡性。而全民健身的主体是全体人民，因此，在当前全民健身上升为国家战略的大环境下，要广泛开展全民健身运动，国家须支持竞技体育与群众体育全面协调发展，给予社会力量进入体育产业有利支持。

## （二）社会力量对需求侧的新要求

党和国家强调"供给侧改革"并非意味着拉动总需求改革不重要。李克强总理在主持召开"十三五"《规划纲要》编制工作会议时强调，要在供给侧和需求侧两端发力，促进产业迈向中高端，这足以说明需求的重要性。在全民健身事业中也同样如此，必须从全民健身事业参与者入手，培养我国的体育消费主体，通过提高人民的体育健身消费水平和健身意识来调动市场需求，让投资者认为这是一个有利润的行业，这样才能吸引更多的社会力量参与进来。

### 1. 优化体育消费结构

我国全民健身市场的有效需求不足，是制约体育健身事业发展的重要因素。有效需求是指既有消费动机，又有实际支付能力的需求。由于健身消费多数不属于千元消费，更不是万元消费，从我国人均收入水平看，绝大多数居民都有一定的消费能力，而且在体育产业上也产生了一定数额的消费，但是基本上是类似运动服、运动鞋、运动器材的体育用品业的实物性消费，在体育服务业上的消费很少。而体育服务业具有带动性消费高的特点，如人们去看比赛或者参加各种体育健身活动时，不仅能够带动体育用品业的消费，还能带动其他方面的消费，像可以请一个专业的体育指导员。因此，我国须改变现有的体育消费结构，要从以体育用品业消费为主向体育服务业消费为主转变，这样不仅可以提高人民的体育健身消费水平，还可以大幅度提高人民的身体健康状况和对体育锻炼价值的认识，使得全民健身运动广泛开展起来。

## 2. 树立终身体育健身意识

制约人民体育消费的最主要因素不是钱的问题，而是消费动机的问题。从当前我国人民的实际情况看，有些人健身观念仍旧陈旧淡薄。我国历经两千多年的封建社会，重文轻武的理念、根深蒂固的小农思想已经深入人民心中；再加上全民健身宣传力度不够，人民的文化生活相对贫乏，使得人民不能够正确认识体育功能，缺乏体育锻炼方面的知识，健身观念相对滞后。大多数人认为没有病就是健康，殊不知健康应该从两个方面衡量，一看是否有病，二看维护健康的能力如何，这才是一直健康的关键。转变思想、更新观念是构建任何新体制都需要的基本前提。为此，我国应将长期在计划经济体制下形成的体育消费观念引向现代市场经济体制下健康投资的消费观念。用新颖的宣传手法，把依靠药物减肥的人们吸引到体育活动中来，把居民从空气污浊的麻将桌旁请出来，投身到有益于自己和家庭成员身心健康的体育消费活动中去。

首先，我国人民的健康观念与体育意识，是需要通过教育来使他们树立正确的健康观念，确立正确的体育健身消费意识。在全民健身运动的推进下，必须迅速地全力提高人民的文化素养和全民族的文化素质，才能逐渐增大和提高体育人口数量和质量。因此，体育行政部门和社会大众传播媒体要帮助人们树立科学健身意识。如政府可以积极主动地举办一些群众喜爱的、认可度高、参与性强的体育赛事拉动体育用品消费，如越来越火热的马拉松长跑比赛；也可以通过多渠道、多途径宣传普及科学健身知识，提高人们对健康的需求与参与健身活动的积极性，通过增强广大群众的运动健身意识来提高潜在的体育市场消费人数。

其次，必须重视发挥学校体育的作用。在现代社会，接受学校教育是每一个人都必不可少的一个社会过程。人在一生中至少要接受学校教育近10年，而且体育爱好是拉动体育消费的关键。所以发展全民健身，提高体育消费水平，学校是关键，学校应从小培养中小学生的体育爱好与终身健身观念，形成体育健身是获得健康、促进自身全面发展、提高社会适应水平的科学的生活方式的新型体育观。同时少年儿童的体育行为对其父母的影响较大，可以带动家庭对健康观念的转变，形成青少年带动家庭、家庭带动整个社会的良好效应，从而提高我国人民体育人口的数量。

## （三）社会力量对政策措施的新要求

目前政府在发展全民健身事业上管制太多限制了市场积极性的发挥，我国的体育政策法规建设工作滞后，确保体育走向市场、依法治体、实现体育法制已经成为不可逆转的趋势，全民健身活动只有在正确政策法规的保障下才能健康地发展。

### 1. 吸纳社会力量参与大众体育政策制定

英国学者 Tess Kay 认为，体育政策的制定需要不断和目标群体进行沟通，不能只代表政府、体育组织的利益，也不能代表政客或者部分代表的利益，政策确定需要代表底层人民的体育利益诉求，使目标群体最终能够对政策满意，对当权者认可。

国外发达国家在大众体育政策的制定过程中，由政府单独制定政策的方式已经不复存在，广泛吸纳社会各类组织与民众积极参与大众体育政策的制定成为普遍态势，既可以充分利用社会资源，集思广益，又能使政策目标与社会民意契合，具有较强的社会公信力，为大众体育政策在社会中的顺利执行奠定了坚实的基础。目前来看，我国大众体育政策的制定确实吸纳了社会力量参与，但无论是国家层面，还是地方的大众体育政策，社会参与主要还是以体育专家为主的精英参与模式，作为大众体育政策目标群体的广大社会公众并没有真正参与到大众体育政策的制定中来，因而社会参与程度还不高。

## 2. 调动社会力量发展全民健身事业

进一步优化市场环境，完善政策措施，加快人才、资本等要素流动，优化场馆等资源配置，提升体育产业对社会资本的吸引力。鼓励社会资本进入体育产业领域，建设体育设施，开发体育产品，提供体育服务。支持扩大对外开放，鼓励境外资本投资体育产业。推广和运用政府和社会资本合作等多种模式，吸引社会资本参与体育产业发展。同时培育发展多形式、多层次体育协会和中介组织。加快体育产业行业协会建设，充分发挥行业协会作用，引导体育用品、体育服务、场馆建筑等行业发展。打造体育贸易展示平台，办好体育用品、体育文化、体育旅游等博览会。

积极拓展业态。丰富体育产业内容，推动体育与养老服务、文化创意和设计服务、教育培训等融合，促进体育旅游、体育传媒、体育会展、体育广告、体育影视等相关业态的发展。以体育设施为载体，打造城市体育服务综合体，推动体育与住宅、休闲、商业综合开发。鼓励交互融通，支持金融、地产、建筑、交通、制造、信息、食品、药品等企业开发体育领域产品和服务。鼓励穿戴式运动设备、运动健身指导技术装备、运动功能饮料、营养保健食品和药品等的研发制造营销。在有条件的地方制定专项规划，引导发展户外营地、徒步骑行服务站、汽车露营营地、航空飞行营地、船艇码头等设施。鼓励保险公司围绕健身休闲、竞赛表演、场馆服务、户外运动等需求推出多样化保险产品。

进一步拓宽体育产业投融资渠道，支持符合条件的体育产品、服务等企业上市，支持符合条件的企业发行企业债券、公司债、短期融资券、中期票据、中小企业集合票据和中小企业私募债等非金融企业债务融资工具。鼓励各类金融机构在风险可控、商业可持续的基础上积极开发新产品，开拓新业务，增加适合中小微体育企业的信贷品种。政府引导，设立由社会资本筹资的体育产业投资基金。有条件的地方可设立体育发展专项资金，对符合条件的企业、社会组织给予项目补助、贷款贴息和奖励。

### 3. 完善税费价格政策

充分考虑体育产业特点，将体育服务、用品制造等内容及其支撑技术纳入国家重点支持的高新技术领域，对已经认定为高新技术企业的体育企业，减按 15% 的税率征收企业所得税。提供体育服务的社会组织，经认定取得非营利组织企业所得税免税优惠资格的，依法享受相关优惠政策。体育企业发生的符合条件的广告费支出，符合税法规定的可在税前扣除。落实符合条件的体育企业创意和设计费用税前加计扣除政策。落实企业从事文化体育业按 3% 的税率计征营业税。鼓励企业捐赠体育服装、器材装备，支持贫困和农村地区体育事业发展，对符合税收法律法规规定条件向体育事业的捐赠，按照相关规定在计算应纳税所得额时扣除。体育场馆自用的房产和土地，可享受有关房产税和城镇土地使用税优惠。体育场馆等健身场所的水、电、气、热价格按不高于一般工业标准执行。

### 4. 优化市场环境

研究建立体育产业资源交易平台，创新市场运行机制，推进赛事举办权、赛事转播权、运动员转会权、无形资产开发等具备交易条件的资源公平、公正、公开流转。按市场原则确立体育赛事转播收益分配机制，促进多方参与主体共同发展。放宽赛事转播权限制，除奥运会、亚运会、世界杯足球赛外的其他国内外各类体育赛事，电视台可直接购买或转让。加强安保服务管理，完善体育赛事和活动安保服务标准，积极推进安保服务社会化，进一步促进公平竞争，降低赛事和活动成本。

## （四）社会力量对传播媒介的新要求

欧美发达国家大众体育开展的经验表明，只有当国民认识到开展大众体育既有健身、健心、健美的微观效应，又有利国、利家、利民的综合效应时，才能为大力普及大众体育提供一个良好的内部环境。在这种情况下，普及、推广大众体育，人人参与健身、娱乐活动才能真正得以实施和完成。这是一个国家实施全民健身运动的前提条件和内在动力。所以大众传播媒介在全民健身事业中发挥着极其重要的作用。

随着全民健身计划的实施和群众体育健身需求的发展，我国媒体对全民健身活动开展的报道也逐步增多。目前已经初步形成了健身信息网络，有以报纸、广播、电视为代表的传统媒体和以互联网为代表的新兴媒体，还有与群众最接近、满意度最相关的社区宣传（宣传栏、组织集体活动、黑板报或小区广播），对推动全民健身事业发挥了积极作用。但不可否认的是，我国对全民健身的宣传还处在被动、初级阶段，如果不能从中获利，大多数报纸、电视、互联网传媒不会主动去宣传全民健身，导致了宣传效应力度不够。相反，很多西方国家却表现得更为主动，如在 1997 年的美国，全年出版近 1200 种有关体育健身和竞技运动的图书、300 多种体育杂志，3 家全国性电视台（ABC、NBC、CBC）全年用于播放体育节目的时间为 1500 小时。

因此，要想使体育健身观念在全国普及，使更多人加入到全民健身事业中来，必须多渠道、多手段、全方位地宣传教育，通过各种媒体相结合扩大宣传的力度和覆盖面，促使人民转变观念，共同营造科学运动的氛围，让不运动的人开始运动，运动的人学会如何运动，使"花钱买健康"的观念深入人心，才能有利于全民健身的普及与推广。具体做法：

第一，传播媒介。全民健身可以在日常健身活动宣传、草根类体育比赛宣传、大型体育活动宣传、培训宣传、健身场馆宣传、全民健身路径宣传等只要有人参与的地方均可进行宣传；通过电视、广播、报纸、杂志、车载广告、户外广告等媒介等进行传播；在互联网时代，网络宣传（门户网站、视频网站、微信等）也成为传播体育文化的媒介和平台；也可邀请一些国家或社会名人参与体育宣传活动扩大影响力。如 1982 年，美国总统里根亲自参加美国跑步与健身协会发起的全国性跑步、竞走、散步活动，并将 9 月 10 日定为美国"跑步与健康日"。亦可根据我国国情，提出现阶段旗帜鲜明的全民健身口号加强宣传效果，如美国在 20 世纪 80 年代提出的"与其依赖药物不如依靠体育锻炼"。

同时，做好公益性体育健身宣传。健身宣传活动还可以通过深入社区广场、老年活动中心等途径进行体质测试、知识讲座、健身项目推广、健身手册发放等活动，让更多的人了解体育健身的意义，形成浓厚的舆论宣传氛围，让更多的人参与到体育锻炼中来。

第二，传播内容。重新审视和构建传播内容。体育锻炼不仅仅是能增强体质，更是提高生活质量的一种方式。各级各类媒体可开辟专题专栏，弘扬中华体育精神，积极介绍科学、健康、有效的体育健身重要性、健身项目及方法，宣传健身效果，积极引导广大人民群众培育体育消费观念、养成体育消费习惯。同时积极支持形式多样的体育题材文艺创作，推广体育文化。

目前，中国人的体质正在明显滑坡。但是，相信在全民健身上升为国家战略后，未来将会有更多社会力量的参与，人民健身意识也会越来越强，我国人民整体体质水平将会有很大程度的提高。

# 第三篇

## 怎样落实全民健身国家战略：
## 思路举措

认真履行政府公共体育服务职能　切实把全民健身国家

战略落到实处

实施全民健身国家战略　推进健康中国建设

践行全民健身国家战略　实现人民美好生活向往

全民健身报道的七个维度

精准对接需求，落实国家战略

# 认真履行政府公共体育服务职能
# 切实把全民健身国家战略落到实处

郑继伟❶

　　体育工作的根本任务是全民健身，提升人民群众的身心健康水平。早在 1952 年，毛泽东同志就亲笔题词"发展体育运动，增强人民体质"，为新中国的体育工作指明了方向。随着经济社会的发展和人民生活水平的提高，全民健身的重要性日益突显，已经成为全面建设小康社会的重要组成部分。习近平总书记指出："体育在提高人民身体素质和健康水平、促进人的全面发展、丰富人民精神文化生活、推动经济社会发展、激励全国各族人民弘扬追求卓越、突破自我的精神方面，都有着不可替代的重要作用，""实现中华民族伟大复兴的中国梦与中国体育强国梦息息相关。"这一论述充分阐明了发展体育的重大意义，它关乎广大群众的身心健康和生活幸福，关乎国家前途和民族未来，是综合国力和社会文明进步的重要标志，是全面建设小康社会和构建和谐社会的重要组成部分，更是广大群众最基本、最普遍、最现实的生活需求。

## 一、充分认识实施全民健身国家战略对浙江经济社会发展的重要意义

　　2014 年 10 月 20 日，国务院《关于加快发展体育产业促进体育消费的若干意见》（国发〔2014〕46 号）正式出台，首次明确"将全民健身

---

❶郑继伟，浙江省副省长。

上升为国家战略"。这是对体育事业发展方向和工作重心的新调整、新定位，是中国体育发展史上具有划时代意义的里程碑，将极大地推动全民健身事业的发展。

## （一）实施全民健身国家战略是浙江省高水平全面建成小康社会的必然要求

"十三五"时期是我国全面建成小康社会的决胜阶段。浙江作为东部沿海发达省份，现实条件和工作基础都比较好，到"十二五"期末已经基本建成全面小康社会。《浙江省国民经济和社会发展第十三个五年规划纲要》确立了"高水平全面建成小康社会"的总目标。人民身体健康是全面建成小康社会的重要内涵，而全民健身是全省人民增强体魄、健康生活的基础和保障。因此，我们要广泛开展全民健身运动，促进群众体育和竞技体育协调发展。各级党委和政府要高度重视体育工作，把体育工作放在重要位置，切实抓紧抓好，使全省人民拥有健壮的体魄、积极向上的精神状态，全身心地投入到高水平建成小康社会的工作中去。

"十三五"期间，浙江省将抢抓机遇，乘势而上，拉高标杆，补齐短板，通过实施全民健身国家战略，不断增加体育公共服务供给，让全省人民拥有更多获得感，为高水平全面建成小康社会做出新的贡献。从根本上来说，就是要坚持创新、协调、绿色、开放、共享五大发展理念，建设一个发展比较均衡的、更高水平的、更全面的全民健身体系，让改革发展成果更多、更公平、更实在地惠及广大人民群众。所谓"发展比较均衡"，就是城乡之间、地区之间体育发展差距显著缩小；所谓"更高水平"，就是人均体育场地、人均体育消费和经常参加体育活动的人数呈较大幅度的提高，人们对体育在经济和社会发展中的重要地位和作用的认识程度普遍提高；所谓"更全面"，就是体育运动更加普及，全民健身的基本保障更加全面，场地、组织、活动遍及城乡。

## （二）实施全民健身国家战略是改善民生满足人民群众多样化体育需求的重要举措

全民健身是公民的基本权利，是群众最关心、最直接的利益诉求之一；满足广大群众的体育健身需求，更是政府应尽的职责。我们要通过实施全民健身国家战略，适应群众多层次、多元化的健身需求，提供丰富多彩、喜闻乐见的健身项目和活动，不断提高全民健身的参与面和普及率。要坚持全民健身的"公益性、普惠性、开放性"，合理配置公共体育资源，使公共体育资源更多地向山区海岛地区、欠发达地区、少数民族地区倾斜；支持鼓励学校、机关、企事业单位的体育设施向公众开放，不断提高公共体育设施的开放度和利用率；加大对全民健身事业的投入，吸引民间力量参与，增加大众化、多样化体育产品和服务的供给，满足人民群众日益丰富的体育需求。

2014年8月8日，时任省委副书记、省长李强在《中国体育报》发表了《深入开展全民健身，全面增强群众体质》的署名文章，提出了构建"快乐体育、民生体育、和谐体育"的理念。强调要以群众喜闻乐见的健身内容为载体，着力营建"快乐体育"，努力扩大群众的参与面；以群众日益增长的健身需求为导向，着力营建"民生体育"，努力提高群众的满意度；以发挥健身多元化功能为手段，着力营建"和谐体育"，努力增强群众的幸福感。群众日益增长的健身需求，就是政府努力的方向；群众的满意度，就是对工作成效的最好检验。这些年来，我们一直致力创新发展，积极开展体育与旅游、文化、休闲、健康等融于一体的健身活动，提高健身活动的便利化、生活化、社会化程度，打造具有品牌性、民族性、多样性的体育健身项目和产品，广泛开展民族、民俗、民间传统体育项目展示和竞赛活动，让群众得到身体锻炼和快乐体验。

## （三）实施全民健身国家战略是"健康浙江"建设的重要内容

2012年，省政府提出"健康浙江"发展战略。2015年，省政府印发了《关于促进健康服务业发展的实施意见》，并将健康产业列为七大万亿产业之一。推进"健康浙江"建设是落实"四个全面"战略布局，从促进经济社会发展全局出发以及对维护和促进公民健康做出的制度性安排，凸显了省委、省政府对维护全省人民健康的高度重视和坚定决心。全民健身是健康浙江的重要内容。《浙江省国民经济和社会发展第十三个五年规划纲要》明确提出，全力打造健康浙江，提升全民健康体质；将贯彻全民健身国家战略，推进群众体育活动开展等作为健康浙江的重要任务。《浙江省人民政府关于促进健康服务业发展的实施意见》强调，要发展体育健身服务，以运动构建健康浙江。

全民健身作为一种健康生活方式，具有参与人群广、渗透性强等特点。无论是传统体育运动，还是现代体育运动，或是新兴时尚体育运动，它们不仅直接对身体健康有益，还对积极引导心态，释放压力，养成公平、公正、诚信和规则意识等道德素养的提升有着促进作用。人的健康的第一道防线是体育健身，医疗保健是第二道防线。加强全民健身对降低医保支出、破解医保难题、解决健康浙江建设面临的挑战具有重要意义，必须以提高全省公民身体健康素质为中心，强化健康促进与疾病预防，大力开展全民健身活动。

## （四）实施全民健身国家战略是供给侧结构性改革背景下新的经济增长点

2016 年，省政府印发《关于加快供给侧结构性改革的意见》，提出经过 5 年努力，供给侧结构性改革取得重要进展，新的增长点加快形成，供给结构对需求变化的适应性和灵活性显著提高，形成多层次、高质量的供给体系。而贯彻落实全民健身国家战略，对浙江加快形成新的增长点，根据需求变化改善供给结构，形成多层次、高质量的供给体系具有重要意义。

随着社会经济的发展，人民群众对体育健身的需求更为强烈，对体育公共服务的要求进一步提高，特别在体育健身场所提供、体育健身科学指导、体育健身活动组织、体育健身文化培育等方面的需求变得多样而迫切。全民健身国家战略具有丰富的内涵，对经济结构战略性调整意义重大，且具有国际交流、教育、文化建设、养老、旅游等其他多元功能和价值。全民健身可以带动体育消费，释放公民消费潜力，并且是体育产业发展的原动力。全民健身对更好满足公民消费需求、提高人民生活质量、加快推动产业转型升级、实现经济提质增效具有重要作用。

### （五）实施全民健身国家战略是增强凝聚力和文化竞争力的重要途径

体育立足人的全面发展，通过体育的社会实践促进社会发展和文明进步。在体育运动中不断产生和积淀的规范人类行为和思想的体育文化，是体育工作的精神力量和灵魂，是社会主义精神文明建设的重要组成部分，对提升人的道德素质、提高社会文明起到非常重要的作用。体育精神又是体育运动中所蕴含着的对人的发展具有启迪和影响作用的意识，更是一种信念和追求。奥林匹克的口号"更快、更高、更强"，就强调了拼搏与进取的精神。体育精神是体育文化的精髓。只有大力弘扬体育精神，才能全面推进体育文化建设；也只有实现体育文化的繁荣，提升体育文化的软实力，才能实现体育强国梦。

一个民族，只有身心健康、蓬勃向上，才能激发出不竭的文化创造力和强大的民族凝聚力。只有在"文化力、凝聚力、穿透力"上下功夫，注重体育与经济、社会、文化、生态的融合发展，把全民健身事业与健全人格、强化意志、倡导科学、传承文化等紧密结合起来，大力弘扬积极进取、团结协作、公平竞争、和谐包容的文化理念，促进家庭和美、邻里和睦、社会和谐，才能不断增强凝聚力与文化竞争力。

## 二、近年来浙江省全民健身事业取得的成就

近年来，特别是 2007 年省人大颁布实施《浙江省全民健身条例》以来，全省上下深入贯彻实施国家和省《全民健身条例》，努力完善体育公

共服务体系，广泛开展全民健身活动，城乡居民体育健身意识进一步增强，参加体育锻炼的人数显著增加，体质监测健康水平逐步提高，全民健身工作取得了成效。

## （一）　高度重视，不断强化政府体育公共服务职能

省委、省政府十分重视体育事业，提出了建设体育强省的目标，制定了体育强省发展规划纲要；一直将全民健身工作列为公共服务均等化的重要内容，写入政府工作报告；始终把丰富群众体育活动，提升全民身体素质，作为体育工作的重点，把全民健身工作放在十分重要的位置。根据《全民健身条例》和国家《全民健身计划（2011—2015年)》，2011年省政府研究制定了《浙江省全民健身实施计划（2011—2015年)》，从指导思想、目标任务、主要措施、政策保障、组织实施等各个方面，明确了政府体育公共服务职能，并将其纳入各级政府考核内容。成立了由分管领导任组长、省体育局等20个部门为成员单位的实施全民健身计划领导小组，加强对全省全民健身工作的组织领导，研究解决制约全民健身活动开展的重点难点问题。各地也认真研究制定地方性的《全民健身实施计划》。全省还定期召开群众体育先进表彰大会，对全民健身活动起到了很好的推动作用。

全省认真宣传贯彻国家和省《全民健身条例》，通过全民健身日、重大群体赛事等活动载体以及新闻媒体、宣传栏、宣传册等各种渠道加大宣传力度，增强广大群众的运动意识、健康意识，营造全民健身的良好氛围。各级财政切实保障全民健身工作经费投入。2005—2015年，省财政累计投入资金达15亿元。各地还积极探索体育和全民健身工作参与社会管理与创新，切实发挥体育在社会管理中的独特功能和作用。

## （二）　深入推进体育创强，加快体育基础设施建设

为加快体育事业发展，我省从2005年开始在全省开展体育强县（市、区）、体育强镇（乡)，体育先进街道、先进社区创建活动，把体育创强纳

入了各级政府的工作职能。目前，全省已成功创建体育强县（市、区）71个，体育强镇（乡）1015个，城市体育先进街道184个，城市体育先进社区1661个。2012年，省政府又启动了省级体育强市（设区市）创建工作并开展试点，进一步完善了体育"创强"体系。"创强"工作极大地推动了体育公共服务建设，各地的体育工作得到了快速推进。据不完全统计，连续11年的体育"创强"直接带动各级财政的体育投入超过60亿元。除了大型体育场馆外，群众身边的健身设施也得到较大补充和完善。如"全国篮球城市"诸暨，"创强"后城乡篮球场总量达2232片，创造了"中国县级市篮球场数量最多"的吉尼斯纪录，拉起了数千支草根球队，培养了20万名篮球运动爱好者。国家体育总局对我省的体育"创强"工作给予了高度肯定，并在全国推广。

基层体育设施建设成效显著。2008年启动省级全民健身中心建设，2011年又启动了乡镇（街道）全民健身中心、中心村全民健身广场、中心村体育休闲公园创建工作。目前全省已建成国家级全民健身活动中心（基地、健身步道）13个，省级全民健身中心18个，乡镇（街道）及中心村全民健身广场（体育休闲公园）425个，小康体育村26627个，建设绿道3500余公里，所有社区和行政村都建有体育健身场和健身点。学校体育设施开放工作迈出了实质性的步伐，2011年省政府办公厅转发了省体育局、省教育厅《关于学校体育设施向社会开放的意见》，2015年又印发了《浙江省人民政府办公厅关于推进公共体育设施和学校体育场地设施向社会开放工作的通知》。至2015年底，全省3422所符合开放条件的学校体育场地设施全部免费或低收费向社会开放。

## （三）健全群众体育组织网络，加快基层体育人才队伍建设

不断健全全民健身组织网络体系，积极构建面向群众的多元化服务体系。目前省、市、县三级均已建立体育总会，各级各类体育社团已达2978个、省级社区体育俱乐部469个、省级乡村体育俱乐部6000多个、省级星级职工体育俱乐部189个、省级老年体育活动中心（俱乐部）433

个、体育社团社会化实体化改革扎实推进。广泛开展"阳光体育运动"，共创建国家级青少年体育俱乐部148个、省级阳光体育后备人才基地114个、省级青少年体育俱乐部384个、省级青少年户外体育活动营地49个，实现在校学生普遍达到《国家学生体质健康标准》基本要求，为促进全民健身活动的普及和发展发挥了积极作用。

加强基层骨干队伍建设，提高体育管理服务水平。全省已建成国家级社会体育指导员培训基地1个、省级社会体育指导员培训基地12个、非奥项目发展培训基地13个，有各级社会体育指导员和群众体育骨干12万余人，平均每千名经常参加体育锻炼的人口有4.8名社会体育指导员。省政府将每年培训1.2万名基层体育骨干列入为民办实事内容。基层体育骨干队伍建设促进了全民健身活动的健康发展，社会体育指导员在全民健身事业中的作用得到更好发挥。各地还以全民健身日、社团运动会及传统节庆活动等为平台，广泛开展全民健身志愿服务活动，探索建立全民健身志愿服务长效机制。

## （四）积极开展全民健身运动，推进国民体质监测工作

积极探索各类人群运动会办赛方式，相继推出了职工运动会、少数民族运动会、残疾人运动会、公务员体能大赛、幼儿体育大会、社团运动会、海洋运动会、女子体育节、科技体育节等各类健身大赛。组织了全民体育节、全省生态运动会等全省综合性群众赛事。分浙东、浙中、浙西、浙北和浙南五个片区开展的全民健身片区联动已成为展示区域特色体育的大舞台，省内片区联动县级参与面达到了100%，展示和竞赛项目达到300多个，累计参与人数达百万人次，并吸引了周边省（区、市）群众的参与。积极组织或引进各类高水平体育赛事和活动，提升了相关地区的城市品位和体育文化软实力。各市、县以及乡镇（街道）等基层单位组织的各类健身活动层出不穷，极大地丰富了广大群众的日常生活，群众的体质状况进一步提升，促进了经济和社会事业和谐发展。目前，全省经常参加体育锻炼人口已占总人口的35.8%。

我省把建立国民体质监测体系作为全民健身的重点工作之一。全省建有 3 个国家级国民体质监测基地、29 个省级国民体质监测与健身指导中心，11 个市、90 个县（市、区）都建有国民体质监测中心。2014 年国民体质监测公报显示，我省国民体质综合指数为 104.99，高于全国 100.54 的平均水平，总体水平位居全国 31 个省（区、市）第二位。制定并全面实施《〈浙江省 3—69 周岁公民体质评价〉标准》，定期公布公民体质健康评价指数，2014 年我省达到《国民体质测定标准》"合格"等级以上的人数比例为 90.4%，高于全国平均水平 0.8 个百分点。

# 三、推进全民健身事业发展的几点体会

浙江省着眼新常态、新任务，认真落实全民健身国家战略，进一步完善公共体育服务体系，推动群众体育大发展，形成政府主导、部门配合、社会参与的良好机制。总的来讲，在推进全民健身事业发展的过程中，我们有这么几点体会：

一是坚持解放思想、改革创新的思路，在不断变革中铸就全民健身事业。思想解放的程度，决定改革开放的力度；改革开放的力度，决定经济和社会发展的速度。正因为把握了这种规律，在浙江全民健身事业发展的具体实践中，紧密结合浙江群众体育工作的实际，创新载体与方式，干出一番全新的事业。抓住城乡一体化建设重要战略机遇期，以体育强县、强镇创评为抓手，着力抓好惠及全省人民的"三边"基础工程，推动群体工作向纵深发展，走出了一条具有浙江特色的全民健身新路子，学校、部队、社区、职工、农民、老年、妇女、残疾人和民间、民族等体育活动快速发展，取得了显著的工作成效。面对全省"七山二水一分田"自然条件，各地积极探索，利用城市空地、"边角料"、旧厂房以及"三改一拆"拆后在低效土地建设体育设施，有效破解了健身场地不足的问题；在全国首创开展生态运动会、海洋运动会、幼儿体育大会等，丰富了人民群众多元化的体育需求，增强了区域软实力。浙江全民健身事业的日新月异，就是得益于改革开放和思想观念的解放，得益于浙江体育人永不僵化、决不停滞，勇于变革、善于创新的精神。

　　二是发扬敢于拼搏、勇于奉献的精神，在敢为人先中开拓全民健身事业。浙江人民在思想解放的大潮中陶冶了特别能吃苦、特别能忍耐、特别能创业的优秀品德，焕发出创业创新的热情、勇气和智慧，培育和弘扬"务实、守信、崇学、向善"的共同价值观。连续10年锲而不舍地坚持抓基层打基础工作，通过推进小康体育村及"亮灯工程"建设，每年全省建成小康体育村3000个，"十二五"期间实现了行政村体育设施的全覆盖。坚持一任接着一任干、一张蓝图绘到底，充分发挥政府主导作用，通过体育创强和托底保障，全省体育公共服务体系日臻完善。正是这种敢于拼搏、不怕吃苦、甘于奉献的精神，推动着浙江全民健身事业的不断发展。

　　三是注重统筹兼顾、协调发展的战略，在和谐社会和文化大省建设过程中推进全民健身事业。浙江的全民健身工作，善于从经济社会发展的全局中去寻找自己的工作定位、发展目标，并充分集聚教育、文化、旅游等社会方方面面的资源优势，在实现自身发展的同时，推动整个经济、社会的和谐发展。同时，注重把握群众体育与竞技体育、体育产业、体育科技、生态体育相互之间既各有侧重、又相互联系、互为促进的关系，注重全民健身各项工作相互之间的关系，通过体育场地设施建设，有效促进美丽乡村建设和精神文明建设；通过体育创强争先，促进群体、竞技、产业共同发展；通过品牌赛事活动开展，带动地方城市建设和经济发展；通过科学健身指导等体育惠民活动，不断促进民生改善和公共服务均等化。浙江全民健身事业发展的历史，就是不断强化资源整合意识，不断增强全局观念、系统观念、和谐观念，立足长远，注重统筹兼顾、协调发展，把事业推向健康、快速、可持续发展的轨道。

# 四、当前全民健身工作存在的主要困难和问题

　　综观这几年全民健身事业的发展，我们也看到，浙江的全民健身工作与群众的期望相比还有差距，与经济社会水平还有不相适应的方面，主要表现为：

## （一）政府公共体育服务职能有待于进一步发挥

目前，政府对体育事业的投入主要以彩票公益金使用为主，部分地方对群众体育的投入不足，一定程度上制约了全民健身活动的开展。各级财政，尤其是市、县级财政，对群众体育的预算支出有待制度化。全民健身条例的宣传工作还不够到位，有些干部群众对体育方面的法律法规了解不多、知晓率不高。

## （二）全民健身意识有待于进一步提高

全民健身工作在地区、部门、行业之间的不平衡现象比较突出，一些地区、部门和单位负责人对开展全民健身活动重视程度不高，干部群众对全民健身活动认识不够，健身人群仍然主要集中在城市和乡镇的中心集镇，集中在老年人和中小学生，农村地区以及中青年群体、企事业单位职工的全民健身意识相对薄弱，群众体育活动开展不够。

## （三）体育基础设施建设有待于进一步加强

体育场地总体数量不足与利用率不高的矛盾长期存在，欠发达地区和一些农村体育场地设施欠缺。政府提供的公共体育资源还不能满足群众的多样化需求。新建小区和旧城改造规划中没有真正落实国家规定标准配套的体育场地面积。体育部门管理的公共体育场馆设施主要用于训练比赛，向公众开放的时间有限。城市建设缺乏对体育健身设施的统一规划；农村地区体育设施利用率不高，设施设备维护维修不及时等问题还比较普遍。

## （四）健身运动和健身场所管理有待于进一步规范

一些健身场所设施质量不高、管理和服务水平有限，有的甚至存在安全隐患。各级社会体育组织的作用发挥还不够，积极主动组织开展群众性体育健身活动的意识和能力不强；社会体育指导员的数量和质量仍有差距，作用发挥得不够明显，队伍建设亟待加强。高危险性体育经营项目管理和体育市场执法比较薄弱。

以上诸类问题与不足，我们必须高度重视，并在实际工作中加以研究解决。

## 五、突出重点、明确任务，推进新周期全民健身事业再上新台阶

作为贯彻全民健身国家战略的重要举措，浙江新周期全民健身事业的总体目标是：到 2020 年，城乡居民的体育健身意识进一步增强，体育健身成为更多人的基本生活方式，人民群众身体素质和健康水平不断提高，全民健身各项指标位居全国前列，基本建成健身场地设施完善、健身组织网络体系健全、健身活动组织有力、科学健身指导有方的，与全面建成小康社会相适应的全民健身公共服务体系。

未来五年，浙江将以"四提升四覆盖"工程为重点，多管齐下、多措并举，建设"全覆盖、高水平"惠及全省人民的公共体育服务体系。

### （一）加强体育场地设施规划建设与管理利用

持续加强体育场地设施规划建设与管理利用，使之与城乡居民多样化、多层次的体育需求相匹配。一是全面加强全省体育场地设施规划。结合城镇化发展，统筹规划体育场地设施建设，形成合理的空间、功能布局。推进体育场地设施专项规划编制工作，将体育设施建设规划纳入当地城乡规划、土地利用总体规划和年度用地计划，合理安排体育用地需求。严格落实国家新建居住区和社区按室内人均建筑面积不低于 0.1 平方米或室外人均用地不低于 0.3 平方米的标准配套群众健身相关设施。重点加强改造利用，结合"三改一拆""四边三化"行动，有效开发利

用城镇低效用地建设体育场地设施，积极改造旧厂房、仓库、老旧商业设施等用于体育健身。充分利用郊野公园、城市公园、公共绿地及城市空置场所等建设小型、简易、便民的群众体育设施。鼓励基层社区文化体育设施共建共享。二是建设功能齐全、配套完善、布局合理的体育场地设施网络。合理布局大型体育场馆，在全省续建或新建一批大型体育场馆，满足各类大型体育赛事和全民健身活动的需求。大力发展社区多功能运动场，在全省实施城乡社区多功能运动场普及计划，合理规划、分级投入建设一批社区多功能体育设施，建成 1000 个社区多功能运动场。积极建设因地制宜、便民利民、形式多样的基层体育设施，实施小康体育村升级工程 5500 个，建成省级全民健身活动中心 15 个左右，乡镇（街道）全民健身中心、中心村全民健身广场（体育休闲公园）、轮滑公园等 150 个，拆装式泳池 500 个。"十三五"期末全省人均体育场地面积达到 2.1 平方米，新建社区和行政村体育设施覆盖率达到 100%，基本形成城市"15 分钟健身圈"。三是加强各类体育场地设施管理利用。进一步推进公共体育设施、学校体育场地设施、企事业单位体育场地设施向社会开放工作，推动体育资源社会共享，实现所有公共体育设施和符合条件的学校体育场地设施 100% 向社会开放。健全公共体育场地设施建设与管理长效机制。

## （二）巩固和健全体育社会组织网络

加强体育社会组织的扶持培育和服务管理，充分发挥其在全民健身活动中的主力军作用。一是积极稳妥地推进体育社团社会化、实体化改革。以体育单项运动协会、行业协会为重点，按照分类指导、分步推进的原则，推进体育社团社会化、实体化改革。按照政社分开、权责明确、依法自治的原则，分批分步将体育社团与各级体育部门脱钩。二是加强对体育社会组织的管理、扶持和引导。着力加强各级体育总会建设，完善法人治理结构，健全完善省市县三级体育总会工作网络，积极推动体育总会工作网络向乡镇（街道）延伸，探索县级体育总会和规模较大、群众基础广泛的体育社会组织向乡镇（街道）延伸工作手臂，"十三五"期末力求每个乡镇（街道）实现"1+5"工作格局（即1个体育总会工作站，5个以上专业体育社会组织工作站），使体育总会真正成为体育社会组织之家。健全完善体育社会组织扶持政策措施，完善向社会购买公共体育服务机制，把政府直接向社会公众提供服务事项，交由具备条件的社会组织承担。三是加强体育社会组织的培育工作。优化体育社会组织的发展环境和土壤，加大规范引导和服务扶持力度，鼓励和支持社会力量积极成立体育社会组织，培育体育社会组织的千军万马。"十三五"期末，实现每万人拥有体育社会组织2个，参加体育社会组织和基层各类体育队伍人数占总人口比例达20%。

## （三）打造全民健身活动平台

推动全民健身活动广泛深入开展，逐步实现项目化、机制化、经常化。到"十三五"末，全省经常参加体育锻炼的人数比例达到38%以上。一是打造一批全省性全民健身品牌项目。不断完善全民运动会制度，结合浙江地域特点和全民健身项目特色，重点抓好全省体育大会、海洋运动会、生态运动会、女子体育节、体育社团运动会、全民健身节、足球超级联赛、科技体育（模型）文化节、青少年学生阳光体育运动会等全省性全民健身运动活动，精心策划、健全机制，着力打造成全省性全民健身活动品牌。二是培育一批地方性特色品牌项目。从地方的资源禀赋和文化特色出发，按照"一市一品""一县一品"的要求，大力扶持和鼓励具有民族和地方特色的体育运动项目发展，重点抓好绿色体育、海洋体育、民俗体育等特色体育的发展，形成特色品牌。三是推进经常化、多样化全民健身活动。按照因地制宜、业余自愿、小型多样、就近就便的原则，推动球类运动、智力运动、太极拳、广场舞、健步走等群众基础广的全民健身活动在城乡蓬勃开展，形成基层"群众天天有活动、乡村（社区）月月有赛事、乡镇（街道）年年有运动会（体育节）"的局面。针对不同领域、不同群体的特点，大力开展全民健身推广普及，高度重视老年体育，大力普及幼儿体育，切实加强社区、农村、机关以及企事业单位全民健身，形成全社会蔚然成风的生动局面。

## （四）健全全民健身科学指导机制

倡导科学健身理念，通过多种模式、多种载体提供科学健身指导服务，开展科学健身知识宣传，指导群众科学进行健身活动。一是大力推进国民体质监测与测定工作。根据全省人口分布情况，合理布局国民体质测定与运动健身指导站点。适应体卫融合发展的趋势，加强体卫结合，实现资源共享、优势互补。推进国民体质测定和健身指导常态化建设，深入实施《浙江省3—69周岁公民体质评价》，推广和实施《浙江省机关、企事业单位体育与体质监测标准》《国家学生体质健康标准》，将国民体质监测指标纳入社会发展综合统计指标体系，定期开展国民体质监测活动，定期向社会公布监测结果，"十三五"期末国民体质监测合格率达到91%以上。二是广泛深入普及科学健身知识。广泛开展科学健身知识宣讲普及活动，倡导健康生活方式和科学运动方式，提高城乡居民体育健身科学素养。积极推广"运动处方"，提高体育健身的科学性、规范性和针对性。三是加强社会体育指导员队伍建设。加强业务培训，拓宽培训学习渠道，创新培训方式，重视在各级学校中培养青少年社会体育指导员，注重吸纳优秀教练员、运动员成为社会体育指导员，增强社会体育指导员的业务素质。加强规范管理，健全完善社会体育指导员注册制度和激励机制。促进作用发挥，完善政府购买服务机制和考核评价机制。"十三五"末，全省各级注册社会体育指导员达15万人，每千人拥有社会体育指导员2人以上。四是创新全民健身服务手段和方式。加快互联网在全民健身领域的应用，进一步推进全民健身综合信息服务平台建设，以信息化带动和促进全民健身事业发展。推进政府购买体育健身服务，引导商业保险机构，鼓励开发与全民健身服务相关的保险产品；探索建立运动康复产业园区。积极探索建立政府与民间、专业与业余相结合的户外运动求助体系。

## （五）高度重视和推进青少年体育工作

着力加强体教结合工作，促进体育与教育的融合发展。一是深入开展阳光体育运动。推进体育传统项目（体育特色）学校及青少年体育俱乐部、青少年户外体育活动营地建设，扎实开展以青少年"阳光体育"为重点的校园体育活动，保证中小学生每天一小时的体育锻炼时间，在校学生普遍达到《国家学生体质健康标准》的基本要求，耐力、力量、速度等体能素质明显提高，掌握 1~2 项体育运动技能，提高学生体质健康水平。二是积极推进专项运动项目进校园工作。大力推动足球、篮球、排球等集体项目，积极推进田径、游泳、体操等基础项目，广泛开展乒乓球、羽毛球、武术等优势项目，着力实施"智力体育科技体育校园推广工程"，提高青少年学生专项运动技能。三是切实加强体育师资培训工作。通过举办全省体育师资培训班和送科教下基层服务活动等方式，加强对全省体育师资的培训，不断提高体育教师、教练的业务水平和能力。

## 六、切实履行政府职责，为全民健身国家战略的实施提供保障

落实全民健身国家战略和新周期全民健身实施计划，是一项系统工程。我们将进一步更新观念，整合资源，努力形成和不断强化政府主导、部门协同、全社会共同参与的全民健身工作格局。

### （一）积极发挥各级实施全民健身计划领导小组的作用

省实施全民健身计划领导小组要切实加强对推行全民健身实施计划工作的组织领导；各成员单位应根据职责分工，落实相关责任，强化统筹协调，高度重视全民健身事业。各市、县（市、区）政府要建立健全全民健身工作领导机构，切实加强组织领导，按照《全民健身计划》和《浙江省全民健身计划（2016—2020年）》，结合实际，制定本行政区域的《全民健身计划》，并认真组织实施；要把全民健身工作列入重要议事日程，

及时研究解决工作中的困难和问题；表彰奖励为全民健身事业做出突出贡献的单位和个人。

## （二）完善与全民健身相适应的政府财力分配机制

县级以上人民政府按照《全民健身条例》的要求，将全民健身事业纳入本地区国民经济和社会发展规划，将全民健身工作所需经费列入本级财政预算，在经费、机构、人员等方面给予支持，特别是要加大公共财政对全民健身公共服务体系的投入力度。留归各级体育主管部门使用的彩票公益金，应根据国家有关规定主要用于全民健身事业，并加强监督管理，确保专款专用。引导社会力量兴办全民健身事业，鼓励自然人、法人或其他组织对全民健身事业提供捐赠和赞助，并依法享受税收优惠政策。

## （三）提高体育公共服务的能力和水平

进一步扩大"三纳入"在市、县两级政府的覆盖面和实施效果。探索建立全民健身体系考核评价办法，有效探索全面建成更高水平的全民健身公共服务体系的途径和措施。制定出台《浙江省全民健身公共服务标准》，明确全民健身公共服务的类别和各类全民健身公共服务的具体标准，指导群体工作的开展。不断完善国家、社会、个人有机结合，单位、社区、家庭共同参与的全民健身工作新格局，调动和依靠社会力量兴办全民健身事业的积极性，推动群众体育的社会化进程。

## （四）营造全民健身良好的社会环境

加强体育文化平台建设，提升群众体育物质文化品位，不断健全群众体育健身管理规章制度，强化健康体育文化观念。创新方式方法，积极挖掘和拓展全民健身宣传内容，增强群众体育宣传的时效性、针对性和感染力，促进全民健身宣传工作。加大宣传投入，积极运用新媒体、移动互联等信息化技术和手段，整合媒体资源，提高全民健身公共信息服务能力和水平。促进全民健身与教育、文化、卫生、养老、旅游等事业的有机结合，发挥全民健身在促进素质教育、文化繁荣、社会包容、民生改善、民族团结、健身消费、创业创新等方面的作用，营造全民健身良好的社会环境。

# 实施全民健身国家战略
# 推进健康中国建设

刘国永❶

　　党的十八届五中全会通过的《中共中央关于制定国民经济和社会发展第十三个五年规划的建议》提出了健康中国建设的战略构想，国民经济和社会发展"十三五"规划纲要对推动健康中国建设做出了全面部署和安排，提出要实施全民健身战略，广泛开展全民健身运动。2016 年 8 月召开的全国卫生与健康大会上，习近平总书记全面阐述了推进健康中国建设的重大意义，重申没有全民健康就没有全面小康，提出"要倡导健康文明的生活方式，树立大卫生、大健康的观念，把以治病为中心转变为以人民健康为中心，建立健全健康教育体系，提升全民健康素养，推动全民健身和全民健康深度融合"。李克强总理提出要大力发展健康产业，促进体育与健康生活方式融合，发展健身休闲运动产业，让体育产业强健人民体魄，让健康中国"动"起来。国务院印发的《全民健身计划（2016—2020年)》（以下简称《计划》）提出，全民健康是国家综合实力的重要体现，是经济社会发展进步的重要标志。全民健身是实现全民健康的重要途径和手段，是全体人民增强体魄、幸福生活的基础保障。面对人民群众日益增长的体育健身需求、全面建成小康社会的目标要求、推动健康中国建设的机遇挑战，需要准确把握新时期全民健身发展内涵的深刻变化，不断开拓发展新境界。本人有幸参加了全国卫生与健康大会，感触颇深，结合全民健身工作实际就如何落实会议精神谈点初步的体会和思考。

---

❶刘国永，国家体育总局群体司司长。

## 一、准确把握健康中国建设的内涵

人类健康干预的历史从全球来看经过了"治疗医学"和"预防医学"两次世界卫生革命：第一次的主题是"治疗医学"，取得了急、慢性病和传染病发病率与死亡率大幅下降的成果，使平均期望寿命得到延长；第二次的主题是"预防医学"，以慢性病非传染病为主要防治对象，其策略为早期预防、早期诊断和早期治疗，提倡健康生活方式，取得了使慢性非传染疾病得到有效控制、民众平均寿命进一步提高的成果。第三次世界卫生革命事实上并未通过世界卫生组织（WHO）正式提出，但国内有一些专家认为"第三次世界卫生革命"即将来临，并对其主题提出了一些预测，如医学教育网综合大部分专家的观点提出：第三次世界卫生革命的主题应定位在"人的生命品质的提升"上，有人称之为"健康医学"，显然这个方向大多数人是认可的。

健康应包含物质、精神和行为等多维度，涉及人的身体、心理、社交和生活方式等多个方面。健康不仅仅是疾病能够得到治愈，更重要的是创造更健康的生命状态，延长健康工作和生活的生命时间，提高生命质量，使整个社会围绕生命健康，创造健康和谐的社会环境。

习近平总书记指出：要把人民健康放在优先发展的战略地位，以普及健康生活、优化健康服务、完善健康保障、建设健康环境、发展健康产业为重点，加快推进健康中国建设，努力全方位、全周期地保障人民健康。由此可见，健康中国的内涵，不仅是确保人民身体健康，更是涵盖全体人民健康身体、健康环境、健康经济、健康社会在内的四位一体"大健康"和服务于全体人民（男女老少、各民族）、服务于每个人的全面健康（身体、心理、道德、社交）、服务于人的生命全周期（婴幼儿到老年）、服务于健康全过程（健康、亚健康、疾病、康复、强壮、健美）的"全面健康"。这种"大健康""全面健康"观是全面、系统、科学的健康观，是对过度依赖和使用科技手段干预人类健康模式的深刻反思，同时也符合系统化的健康干预模式，完全顺应并引领了时代发展的潮流和趋势。

## 二、不断深化对健康中国建设重大意义的认识

　　健康中国建设既是民生问题更是重大的社会和政治问题。习近平总书记在十八届一中全会中外记者见面会上明确指出"人民对美好生活的向往，就是我们的奋斗目标"。十八大以来全面深化改革采取的若干举措、出台的若干改革文件政策，都是和人民群众的切身利益息息相关。习近平总书记强调，人民对健康生活的美好追求首先是健康，没有全民健康，就没有全面小康。健康是促进人的全面发展的必然要求，是经济社会发展的基础条件，是民族昌盛和国家富强的重要标志，也是广大人民群众的共同追求。习近平总书记同时指出，建设健康中国，是党对人民的郑重承诺和重大民心工程，也是我国履行国际义务、参与全球健康治理的重要体现。各级党委、政府要把这项重大民心工程摆上重要日程，强化责任担当，狠抓推动落实。因此，我们要从中国共产党"以人民为中心"的执政理念和为实现"两个一百年"奋斗目标、实现中华民族伟大复兴的中国梦的政治高度、政治责任，充分认识健康中国建设的重大意义。

　　推动健康产业发展对当前我国的供给侧结构改革和需求侧管理有着重要的现实意义。随着我国经济社会的转型，已经基本实现了经济增长由以投资和外贸拉动为主向由以内需特别是消费为主的重大转型。不断扩大的内需为经济社会发展提供了源源不断的动力，拉动内需很重要的是除满足人民群众生活的基本需要之外，进一步提升人民群众对更好生活水平和更高生命质量的需求。健康人群对提高生活品质和生命质量的需求是社会的最大需求，通过满足人民群众日益增长的健康需求，能够不断扩大经济发展的原动力。全民健身上升为国家战略后，其健康、教育、经济和社会等功能显著发挥，与各项社会事业互促共进的发展局面全面铺开，体育产业和体育消费总规模明显增加，全民健身势必要成为引领体育产业发展、拉动内需和形成新的经济增长点的动力源。

　　健康中国建设，还要在借鉴发达国家成功经验和做法的基础上，适应中国国情、体现中国特色、形成中国模式，真正把"以健康为导向"植入

社会的组织结构和经济发展过程中，重塑价值链和产业链，实现"健康价值最大化"的健康社会新形态，走出一条不同于西方已有的健康治理模式、对全世界及全人类产生积极影响的中国道路。这不仅完全体现了中国共产党"以人民为中心"的执政理念，也与中华民族伟大复兴的中国梦融为一体，有效支撑强国战略。因此，必须把面向全体人民，构建一个全方位"防控健康风险，创造健康价值"的健康民族和国家作为健康中国建设的任务加以推进和落实。

## 三、实施全民健身战略使其成为健康中国建设的有力支撑

大量证据表明，全民健身是提高人的身心健康素质和健康治理中非医疗干预最积极、最有效的重要手段，是健康中国建设的战略基础、前端要地和有力支撑。全民健身因为其广泛性、直接性、主动性和投入少、产出大、见效快等特点，使其成为全体人民主动健康的战略力量，进而构建起攻防兼备、标本兼治的全民健康保障体系。

### （一）以身体活动不足为主要特征的不健康生活方式成为影响全民健康的突出问题

身体活动不足是经济转型期国家国民体质和健康水平下降的重要原因。缺乏身体活动已成为当今人类健康的主要威胁，是全球死亡的第四个危险因素（占全球死亡人数的6%），是当今慢病发生的重要独立危险因素，是缺血性心脏病（30%）、糖尿病（27%）、乳腺癌（21%）、结肠癌（25%）的主要病因，已导致了严重的健康和社会问题。处在经济社会转型期的我国城乡居民在生活方式变化中也出现了身体活动减少的明显趋势。新近调查发现，我国城镇成年人中有80%以上的人采用静坐伏案或以静坐为主的工作方式；城乡居民采用步行作为交通方式的人口比例均不足50%。身体活动减少已导致我国城乡居民体质和健康状况明显下降。全国

国民体质监测数据表明，从 1985 至 2010 年青少年耐力素质呈持续下降趋势，成年人、老年人肌肉力量明显下降；2010 年我国城乡居民体质综合指数较 2005 年下降。因此，缺乏身体活动已直接影响我国儿童青少年生长发育、国民体质与健康、劳动生产力和国防战斗力，已成为影响我国经济社会可持续发展的重大问题。

## （二）以治疗为中心的"被动、依赖型健康干预"模式已经不能有效保障我国全体人民的健康

"被动、依赖型健康干预"指的是民众健康管理过程中，无论是医疗健康干预还是非医疗健康干预行为，基本上都处于被动和过度依赖大夫及保健、健身指导人员，个人内因和主观能动性在健康管理上作用发挥不佳的现状。当前，随着我国国民经济的快速发展、全民生活方式变化、人口老龄化，疾病谱发生了显著变化，慢性非传染性疾病（以下简称慢病）已成为危害我国广大民众健康的严重问题。慢病发生发展与环境、饮食、运动等生活方式密切相关，属长期累积性病变，从环境、饮食和生活方式全方位进行干预，实现慢病预防，具有很高的成本收益。而当前的卫生总费用中，超过 70% 的费用投向了医疗卫生服务，相当一部分投向传染性、突发性疾病防控，只有很少费用投向慢病的预防。近十年的"新医改"，主要尝试通过不断完善医药卫生体系来达到保障健康的目的，但我国健康危机愈演愈烈的事实表明，单纯以疾病防治为主、单纯依靠医疗卫生等传统服务的干预模式，即"被动、依赖型健康干预"已经不能有效地保护我国全体人民的健康。未来，随着社会健康教育的普及、健康资讯的高度发达，民众的健康管理将逐步转化为以个人健康素养为基础的"主动、自助型健康干预模式"（而且相当一部分个人健康管理将以 DIY 模式进行）。特别是在"非医疗健康干预"的健康管理行为中，发达社会民众的"主动、自助"型趋势日益明显，经济和社会综合效益非常明显。国外研究证实，1 美元健身步道投入相当于 2.94 美元医疗投入；1 美元体育活动投入相当于 10 美元疾病预防投入、100 美元疾病治疗投入。通过体育活动干预（如每周 3 次，每次 30 分钟中等强度的体育运动），每年至少可以减少

10%的人均医疗开支。因此，加大健康保障前端的投入，构建"主动、自助型健康干预"模式是保障我国全体人民的健康最积极、投入产出效益最高的手段。

## （三）体育的多元功能、综合价值逐渐成为全球的共识

从国际经验看，世界各国政府高度重视体育活动的健康促进作用，特别是主要发达国家对运动促进健康的作用日益重视，把运动健身的相关指标全面纳入健康国家建设是这些国家的通行做法。美国"健康公民 2010"的 10 个健康指标中，体育活动排在第一位；巴西、印度等发展中国家也分别制定了适合本国国情的体育发展计划；欧盟把体育的振兴与实施作为解决社会问题的重要举措；美国用体育来改变人们的行为方式，将体育融入社区管理、学校政策和工作条例等社会的每一个方面中，使体育在预防疾病、提高人们的生活质量方面发挥最大的效能；新加坡提出体育成为全国人民和地方的展示和旅程，把全国人民团结在一起，振奋国家精神，使体育让生活更美好。联合国秘书长潘基文说，体育能够帮助开发个人、社区和国家的潜能，体育创造了欣赏平等、遵守规则、相互尊重和公平这样的基本价值观的文化，从而养育着社会；体育帮助社会中较为脆弱的群体，尤其是青年和残疾人享受人权，包括得到安全参加体育课程和体育活动的机会。国际奥委会 2020 改革议程中提出将下属的大众体育委员会更名为体育和活力社会委员会，充分体现了对大众体育多元功能的共识。这些认识已经远远超出了把体育简单地定位在强身健体、愉悦身心的范围，体育已经与经济社会发展息息相关，同频共振。

从国内情况看，国民的体质健康水平与经济社会发展状况有明显的正相关关系。近 15 年的国民体质监测结果显示，上海等经济社会发展程度较高的地区国民体质综合指数均排在全国前列。近几年，江苏省通过在全国率先建设基本公共体育服务体系示范区，全方位地提高了人民群众的身体素质和生活质量。苏州、南通、连云港、常州等地市率先用部分医保资金余额支付居民体育健身活动，推进健康关口前移，发挥运动的非医疗干

预功能，取得了良好效果。苏州市10年来办理医保阳光健身卡37255人次，划转医保健身费用4029.45万元；泰州市以建设"康泰之州，运动之城"为主线，依托中国医药城，以体育本体产业为主体，构建体育产业体系，融体育于"医、药、养、游"为一体；四川汶川县提出以健康统领社会经济发展，并进行了全民健康示范县的创建工作，在国内率先成立县级"健康委员会"，并与政府常务会平行运行，促进了健康公共服务的统筹与协调，委员会始终坚持将健康作为关键要素融入各部门职能工作中，促进了居民健康素质全面发展；重庆万盛区实施全民健身战略，推动资源型城市向健康型城市转型发展。

从北京的个体案例看，作为东城区龙潭健身气功站点负责人的吕世荣，已年过60岁，1994年由于腰椎间盘突出不能行走，1997年开始接触和学习太极拳，当时练一会儿就要休息一会儿，身体逐渐有了很大的改变。2003年开始学习健身气功并逐步开始在辅导站里开展健身气功教学，站点从最初的20多名学员逐步发展到200多人。先后出访了十几个国家，教学人次近9000，其中在美国2个月时间，独自完成4个州的教学任务。像吕世荣这样通过运动健身不仅节约了医疗费用，解决了自身健康问题，而且为家庭和社会带来和谐、增加社会正能量的实例在我们的周围还有很多。

习近平总书记指出："体育在提高人民身体素质和健康水平，促进人的全面发展，丰富人民精神文化生活，推动经济社会发展，激励全国各族人民弘扬追求卓越、突破自我的精神方面，都有着不可替代的重要作用。"当代体育集政治影响力、经济生产力、文化传播力、社会亲和力于一体，是培养人健康的体魄、塑造人健全的精神、激励人爱国的情怀、促进人全面发展的重要途径。

## 四、发挥运动促进健康的独特优势，推动全民健身与全民健康深度融合

### （一）理念先行，实现从全民健身到全民健康的认识飞跃

长期以来受发展阶段和传统理念的局限，我们把全民健身工作简单地定义为为竞技体育发现和培养后备人才，单纯地强调了全民健身的强身健体功能，把全民健身局限在体育系统内认识和布局，思维方式和工作方法带有明显的封闭性和局限性，加之理论研究、宣传和顶层设计不够等，相当长的一段时间内全民健身的社会功能和多元价值被淡化；"关心体育就是关心群众，重视体育就是重视群众"的理念没有形成共识，全民健身作为党联系群众、服务群众的独特作用和民生价值没有得到应有的发挥；各级政府对全民健身的投入严重不足，体育的基本公共服务缺失。发展群众体育的社会体育指导员制度还有明显的竞技体育裁判员和计划经济的痕迹；国民体质监测制度设计和国家体育锻炼标准还停留在科学研究阶段，距离方便群众、服务群众还有差距；全面健身活动还停留在启动、展示层面；群众身边的健身组织和场地设施不能满足需求；全民健身人才队伍匮乏，科学健身指导缺位；全民健身的"三边工程"没有形成完整体系；全民健身的基础理论研究和运动促进健康的应用型研究严重不足等。将全民健身上升为国家战略，首先要求我们提升其价值定位，从单一的健身功能提升为多元的社会功能和健康价值，始终把"以人民为中心"的价值取向放在首位，把满足人民健康需求作为工作的出发点和归宿。按照身体健康、心理健康、道德健康、社会适应能力良好和面向全体人民、贯穿生命全周期、服务健康需求全过程的"全面健康"的理念重新审视我们的工作定位，寻找与相关领域的工作差距，确立新的工作目标，建立新的工作标准，构建新的激励和评价体系。

## （二）深化改革，探索有利于全民健身与全民健康深度融合的体制机制

没有全民健康就没有全面小康。无论是前端疾病预防，还是后端疾病治疗，都是服务百姓健康，使百姓有更多的获得感。对国家、民族来说，健康的人民、健康的民族和健康的国家是具有战略性和长远性的一项工作。全民健身和健康中国两大国家战略有机结合，将产生政策叠加和递增效应。因此，在国家层面要探索建立全民健身与健康工作统筹协调的领导机制。将体育、教育、卫生、医疗、文化、养老等部委中，围绕推动百姓主动健康的方向、与百姓全面健康直接相关的职能进行大整合，统筹协调全民健身、健康中国建设两个国家战略，统领健康中国建设工作。在法规层面应尽早考虑健康中国立法工作，明晰目前健康领域一些违法行为和模糊的法律边界，使健康中国建设依法推进。在政策落实层面要重点解决好健康管理碎片化、政策文件相互重复或打架、政策不落地等问题，有效地整合各方的资源，调动各方的积极性，推动建立"健—卫—医—养"一体化的健康管理体系。在基层鼓励探索以全民健身为主的多种形式的健康促进服务中心建设，引导大众从"依赖性健康"向"主动性健康"转变，充分发挥市场机制在全民健身中的作用。政府要坚持"保基本、全覆盖、均享有、可持续"的原则，向全体居民提供基本的体育健身公共服务，着力保障少年儿童、老年人群、残疾人等的健身需求。通过简政放权，创新体制机制，积极吸引社会资本参与全民健身服务体系建设，扩大全民健身体系的服务能力，满足居民多样化、多层次的体育健身需求，努力使全民健身服务体系构建成为保障健康、扩大内需、增加就业、推动经济转型升级的重要力量。通过特许经营、公建民营、民办公助等模式，支持社会力量举办健身健康机构或提供相应服务。鼓励各类医疗卫生机构、健康管理机构和企业单位在内部开展健身健康服务。政府在规划上给社会力量举办健身健康机构留出空间，在税收、工商、土地等政策上给予支持和激励，合理减少政府行政审批。提高社会医保对健身服务的支付报销力度，支持地区和企业围绕居民的体育、健身、运动康复、保健等需求开发各类产品和

服务，积极发展"体育经济"。

## （三）找准定位、精准发力，推进全民健身与全民健康深度融合

全民健身和全民健康深度融合要紧紧围绕服务于全体人民、生命全周期、健康全过程和"四位一体"的健康观（身体健康、心理健康、道德健康、社会适应能力良好）来思考和定位。北京环球全民健身研究所所长康天成教授曾把民众健康全周期做了 4.5 段式划分，即：

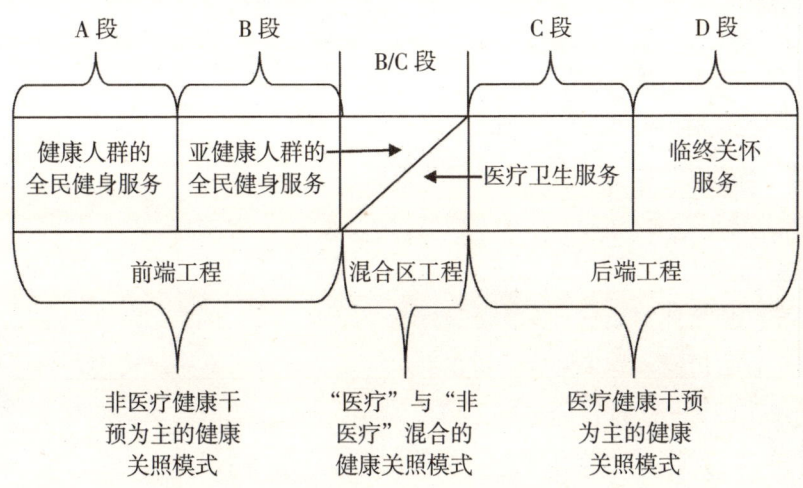

显然，A 段、B 段和 B/C 段的一部分是属于健康中国建设的全民健身前端工程。事实上全民健身本身已经不是纯体育的概念，而是经过运动养生、营养、心理等多种元素整合的"非医疗健康干预"系统工程模式。同时，将全民健身定义为健康中国建设的前端工程更具备主动健康、积极健康的意义，即掌握健康干预的主动时机，拒绝或延迟进入"医疗健康干预"这种成本更高、健康预后效率较差的健康管理情境。因此，一旦全民健身在健康中国建设中"前端要地，战略基础"的定位形成共识后，就需要全社会特别是广大体育工作者进一步解放思想、提高认识、转变观念，在全社会体育素养的普及、运动促进健康的基础理论研究、运动干预健康

的机理、科技研发、手段、方法、产品等方面配置资源、加大投入，调动各方面力量攻坚克难，使全民健身国家战略和健康中国国家战略形成叠加效益，进而推动体育改革发展。

## （四）实施系列工程，推进全民健身与全民健康深度融合

**一是思想引领工程。**围绕如何赢得健康，培养身体好、心理好、道德好、社会适应能力好的"四好"高素质公民，从国家层面调动人、财、物资源，开展全民健身与全民健康融合发展的理论性、方法性系统研究，最终形成一系列理论成果，为全民健身、健康工作者、管理者以及全体人民提供强有力的思想指导。

**二是科学指导工程。**实施运动促进健康行动计划，推广"运动是良医"等理念，提高群众的科学健身意识、素养和能力水平。加大对全民健身科学研究和科学健身指导方面的投入，围绕人的生命全周期和健康全过程，运用生物、纳米、云计算、物联网等现代科学技术，立足国家层面，对中国传统体育文化、养生健身理论和经验、中医理论、近现代中国和世界的体育健身、积极健康、防止疾病的相关方法进行系统梳理，研究形成满足不同人群个性化健康需求和慢性病单病种干预的运动处方库，形成指导各类人群的健身健康科学指导方案体系，并随着科技的不断发展和经验总结，使其不断丰富和完善。

**三是人才培养工程。**针对政府管理者、体育院校师生、科研院所专家、民间草根名医、民间全民健身领军人物等，从国家层面有目的、有针对性地去挖掘和培养，形成服务于全民健康的骨干人才梯队。注重发挥专家学者的作用，将最为优秀的智力资源调动起来，团结在党的周围，服务于全民健身与全民健康事业和健康产业的发展。

**四是科技创新工程。**在国家科技发展战略的重大科技专项安排上，实施"健康本质研究"大科学工程，充分发扬传统哲学和医学"整体、平衡"思想，突破西方科学传统思路，建立健康状态辨识指标体系，突破健康干预理论和方法，破解保障全面健康的世界性难题，提供中国式解决方

案。推动移动互联网、云计算、大数据、物联网等现代信息技术手段与全民健身相结合，创建体质与健康大数据应用技术国家工程实验室，建立国民体质与健康大数据平台，开发应用国民体质健康检测大数据，为推动全民健身与全民健康深度融合提供有效、精准服务。鼓励企业参与全民健身科技创新平台建设，在积极赢得健康、防止疾病等方面，针对相关软硬件工具进行创新研发，形成科学有效、具有自主知识产权的系列高科技产品，服务于广大人民群众。

**五是文化宣传工程。**围绕人的全面健康，以全民健身为中心，结合文化、教育、科技、旅游、卫生、精神文明等工作进行系统思考、研究和创新，形成宣传健康中国领域的各项工程：实施面向党委、政府的健康文化推广工程，把所有党员干部的思想认识和行为追求统一到全民健康上来；实施面向百姓的思想观念引领工程，通过各种媒介和途径在全国范围内进行多层次、多角度、全方位的宣传，提升全民健康素养，调动广大人民群众及社会组织的积极性，投入到追求全面健康中来；实施面向世界的健康理念、模式、人物、故事、产品推广工程，引领世界健康文化新思潮，为实现中华民族伟大复兴中国梦做出贡献。

# 五、落实好《计划》是当前推动健康中国建设的迫切需要和首要任务

实施全民健身计划是落实全民健身国家战略的重要体现。1995 年国务院出台了《全民健身计划纲要》，2011 年国务院印发了《全民健身计划（2011—2015 年）》，标志着实施全民健身计划步入了系统化、规范化轨道。2016 年 6 月国务院印发的《全民健身计划（2016—2020 年）》，在全面总结评估实施《全民健身计划（2011—2015 年）》成效的基础上，系统提出了"十三五"期间实施全民健身战略，推进健康中国建设的一系列新任务、新目标，提出了使全民健身成为健康中国建设的有力支撑和全面建成小康社会的国家名片的新要求。推进健康中国建设是一项庞大的系统工程，体育系统需要统一思想，提高认识，加强研究并做好系统的顶层设

计，落实《计划》是当前推进健康中国建设的迫切需要和首要任务。

## （一）以钉钉子精神抓好县级以上人民政府如期、有质量地出台《实施计划》

2009 年国务院颁布的《全民健身条例》规定："国务院制定全民健身计划，明确全民健身工作目标、任务、举措、保障等内容。县级以上地方人民政府根据本地区的实际情况制定本行政区域内的全民健身实施计划。"2014 年国家体育总局对《全民健身计划（2011—2015 年）》实施效果评估显示，"十二五"期间，100%的省级人民政府和地市级人民政府出台了《全民健身实施计划（2011—2015 年）》（简称《实施计划》），90%以上的县级人民政府也相继出台了《实施计划》。尽管国家体育总局连续 5 年联合有关部委对地方政府落实《全民健身条例》情况进行检查督导，对各级政府落实《全民健身条例》起到了积极作用，但县级地方人民政府没有按照《全民健身条例》的要求如期出台全民健身实施计划成为"十二五"实施全民健身计划当中的一个突出问题。当前情况下中央政策不落地的问题带有相当的普遍性。全民健身和其他民生工作一样，服务对象是全体百姓，重点还是在基层。问题是在上一轮机构改革中大多数县级政府没有单设的体育机构，体育工作普遍和文化、广电、旅游、教育等部门合并，在客观上也给基层体育工作开展造成了一定的困难。县级全民健身工作不受重视、经费不足，《实施计划》没人写、不会写的问题普遍存在。靠传统的会议传达、转发文件、举办培训班等方式达到如期、高质量的完成同步出台《实施计划》的任务显然和实际情况有相当的差距。因此，必须根据实际情况，创新思路、创新举措，采取一级抓一级，逐级落实责任、明确任务，督导检查的办法确保国务院《计划》的精神和要求不折不扣地落实，使实施全民健身计划的成果惠及广大群众。当前在落实《计划》方面要在以下几个环节上探索经验取得突破。

一是狠抓《计划》精神的宣传与贯彻，解决好中央精神不落实的问题。新周期《计划》研制过程中国家体育总局创新思路，坚持"开门写计划"，广泛听取各界意见，凝聚社会共识；"联动写计划"，在全国选择了不同类型的 8 个市、县作为计划研制联系单位，加强培训、交流、指导；
"分组写计划"，体制则内外互动，发挥专家智库和社会力量的作用，坚持
从群众中来到群众中去，走群众路线起到了较好的效果。研制计划的过程
不仅是听取意见建议、凝聚共识的过程，也是统一思想、提高认识的过
程，为《计划》的宣传与贯彻打了基础、开了好头。《计划》的宣传与贯
彻的重点是，准确地传递国务院关于新形势下对全民健身工作的新定位、
新认识、新任务和新要求。在宣传贯彻对象上也要在传承有效做法的基础
上善于突破常规，不仅要在系统内加强宣传贯彻，还要面向社会和大众进
行宣传引导，努力形成全社会关心体育、参与体育的良好氛围。在宣传贯
彻的方式上，不仅要通过会议部署、专题培训等方式严肃、准确地解读
《计划》精神，还要充分应用微博、微信、互联网等新媒体、新手段等群
众喜闻乐见的方式扩大宣传。

　　二是建立有效的评价激励机制，解决好基层不重视、上下政策不对接
的问题。评价没标准、激励不及时、政策不衔接也是《全民健身计划
(2011—2015 年)》实施效果评估中发现的基层对全民健身工作不重视的
一个重要原因。要把县级以上地方人民政府制定出台《实施计划》作为年
度工作考核和评价的重要指标。不仅要看《实施计划》是否按时间进度要
求出台，还要看《实施计划》的内容是否与中央精神保持一致，防止降低
标准或选择性落实中央精神。《实施计划》的质量还要和中央有关转移支
付地方的政策、项目挂钩，和四年一度的"全国群众体育先进个人、先进
集体"表彰挂钩。对在落实《计划》中表现突出的单位和个人，按照国务
院督导工作的要求，积极向同级或上级人民政府反映，让求真务实、真抓
实干、积极有为的单位和干部得到重视，让良好的工作作风和社会风气蔚
然成风。

　　三是出实招、想办法解决好县一级全民健身工作不受重视、经费困
难，《实施计划》没人写、不会写的实际问题。长期以来，由于县一级机
构改革等原因，体育工作的职能被弱化、人员编制减少、工作人员流动
快，加之上级业务部门指导不够，以及体育改革发展的新形势、新任务等
原因，日常工作还停留在举办赛事活动、完成领导交办的工作、向上级争
取项目和资金的层面，大多数从事体育行政管理的干部难以胜任目前工作

的要求。"十二五"期间，全国有 10% 的县级地方人民政府没有出台《实施计划》，超过一半以上的县级《实施计划》存在大量的"抄袭"现象。要解决存在的现实问题，使"一张蓝图绘到底"，就必须按照习总书记提出的"踏石留印，抓铁有痕，善始善终、善做善成"的要求，一抓到底，抓出实效。国务院印发《计划》后体育总局就贯彻落实《计划》先后专门下发了 3 个通知，提出了明确要求，特别是针对县级《实施计划》撰写中存在的实际困难和问题，创新模式，发挥《计划》撰写的专家作用，搭建了专门的辅导《实施计划》的网络平台，为有需求的地方体育部门提供点对点的远程服务和指导，这种高效、务实、创新的做法受到基层工作者的欢迎。河北省、陕西省体育局等为解决基层写《实施计划》的实际困难，统一预算了经费，解决了基层燃眉之急。体育总局还在探索动员社会力量帮助近 600 个国家级贫困县基层制定并落实《实施计划》的智力扶贫模式。

## （二）以立体构建、整合推进、动态实施的理论和方法指导《计划》实施

《计划》提出的"立体构建、整合推进、动态实施"既是理论工具，又是工作方法。"立体构建"强调的是顶层设计、战略布局和宏观思维。它告诉我们，任何工作都要谋划在先，善于从战略高度谋篇布局，确保路线和方针政策与中央保持一致；"整合推进"强调的是工作中的大胸怀和大格局，通过资源整合产生事半功倍的合力效应，它告诉我们，在推进工作的过程中要善于团结协作、善借外力、调动一切可以调动的力量，共同实现既定的目标和任务；"动态实施"强调的是理论和实践相结合，反对本本主义和教条主义，要善于根据变化了的实际及时修正目标、改变策略，使改革的举措更加符合实际、符合群众的需要，使改革的成果惠及百姓。大家普遍反映《计划》站位高、目标新、内容实，是指导我国"十三五"时期我国群众体育发展的纲领性文件。但同时也认识到要完成好《计划》提出的目标和任务难度很大，具有相当的挑战。当前，在"立体构建，整合推进，动态实施"的理论和方法指导下重点要抓好以下几个环节。

一是做好《计划》实施的顶层设计。要在国务院层面整合部门资源建立落实《计划》的领导协调机制，使中央政府的主导作用更加有力，部门协同机制更加完善，以此带动各级地方政府层层落实责任。国家体育总局在体育系统落实《计划》层面也要明确相应的工作机制，在体育系统内形成竞技体育、群众体育、体育产业、体育文化、体育科技教育、体育宣传、体育外交等方面各负其责，明确落实《计划》的任务和责任"大群体"工作格局。运动项目中心要在运动项目文化普及、科学健身指导、全民健身赛事活动举办等方面发挥示范引领作用。要整合社会力量，发挥智库、媒体、企业、社会名人等共同参与《计划》落实的积极性。要对《计划》提出的目标、任务逐条进行梳理，制定出任务图、时间表和责任书，细化质量要求和工作节点，提高落实《计划》的系统性、计划性。

二是要善用"试点"的工作方法，从抓案例开始。今天的改革总体上讲不缺文件、说法和理论，缺少的是一个个鲜活的案例，缺的是具有榜样和示范意义的改革样本和试验田。可通过省部共建等方式，分门别类地探索和破解制约全民健身发展的若干问题，把顶层设计和一竿子插到底树立典型的方式结合起来，使中央对地方全民健身工作的指导更加具有针对性和可操作性，使《计划》提出的新目标、新任务、新举措落到实处。

三是要强化《计划》实施的督导和检查。要根据实施《计划》的总体方案，分层次、分部门提出年度检查督导方案，要创新评估工作方法，重视发挥第三方评估的作用，特别要加大群众满意度调查的权重，使督导检查常态化，使评估工作更加客观，更具公信力。

## （三）以创新的举措积极推动《计划》的实施

**第一，要发挥智库的独特作用。**十八大以来，党中央高度重视发挥智库在治国理政中的重要作用。2015 年中共中央办公厅、国务院办公厅印发了《加快加强中国特色新型智库建设的意见》，2016 年 7 月 8 日，习总书记召开经济形势专家座谈会时指出："各级党委和政府要尊重知识、尊重人才，养成问计于专家学者的习惯，调动专家学者的积极性、主动性、创造性，用好、用活智力资源。"李克强总理说："智库主要是出思想，思想往往比物质和金钱更重要。"纵观当今世界各国现代化发展历程，智库在国家治理中发挥着越来越重要的作用，日益成为国家治理体系中不可获缺的组成部分，是国家治理能力的重要体现。当前，推动全民健身工作面临着许多困难，特别是缺乏理论研究、视野不宽、思维方式滞后、措施方法不当，尤其是在基层，全民健身工作不受重视、经费缺乏，没人干、不会干的现象普遍存在，因此，发挥好智库在实施《计划》中的智力优势和独特作用更显得紧迫和必要，这也是政府职能转变和建立多元共治的"大群体"工作格局的应有之义。首先，要加强政策引导，抓紧出台《建立中国特色全民健身智库体系建设的指导意见》，完善购买智力服务的配套政策。其次，在实际工作中要不断地提高认识，强化尊重知识、尊重人才的意识，纠正重硬件、轻活件和软件的传统观念，要舍得在智力资源和人力资源上的投入，使科学决策的水平和治理能力不断提高。

第二，重视发挥科技在全民健身中的推动作用。科技改变生活，深刻地影响着人们的行为方式和生活习惯。紧紧围绕全民健康对科技的需求，抓紧出台全民健身科技行动计划，大力下县、入乡（镇）、进村（社区）宣讲科学健身指导理论和方法、传播科普知识；运用互联网网等现代信息技术手段提供运动促进健康的产品、方法、手段和服务；鼓励企业进行技术创新，采用新技术、新材料、新工艺，提高产品科技含量，增加产品品种；加大全民健身的科技经费投入，组织力量对全民健身的关键技术进行研究，建立国民体制与健康的大数据平台，加强科学健身指导队伍和人才的培养。最大限度地挖掘体育科技惠民效益，让群众真正能够享受到专业的、科学的健身服务。

第三，探索建立有效的激励机制和评价体系。推广《国家体育锻炼标准》，普遍建立运动项目业余体育锻炼标准，培养业余体育裁判员和指导员，打通业余竞赛和专业比赛的环节。试点探索激励百姓积极健身、主动健身的"公共积分"制度和新型主动健康保险，助力培养"四好"公民。按照全民健康的标准重新构建全民健身的硬件、软件和活件标准，建立科学的评价体系，将落实《计划》作为对地方政府和体育部门工作评价的重要内容并加大权重。

# 践行全民健身国家战略
# 实现人民美好生活向往

陈　刚[1]

习近平总书记强调：全民健身是全体人民增强体魄、健康生活的基础和保障，人民身体健康是全面建成小康社会的重要内涵，是每一个人成长和实现幸福生活的重要基础。2014年10月，国务院印发《关于加快发展体育产业促进体育消费的若干意见》，明确提出将全民健身上升为国家战略。这是党中央、国务院从实现中华民族伟大复兴的战略高度，在对当前经济社会发展形势深刻变化作出准确判断的基础上，做出的一项重大战略决策部署。新的部署要求，必然促进新的变化和提升。对于新时期的全民健身事业发展，各级党委政府在改革开放全局中的认识和定位必然提升，各级体育部门在民族复兴大局背景下所肩负的责任和担当必然增强。

江苏自古繁荣富庶、人文渊薮、民风淳朴，是改革开放的前沿，在全国经济社会发展格局中具有重要地位。党的十八大以来，江苏坚决贯彻十八大和习近平总书记系列重要讲话精神，特别是按照总书记对江苏工作的新要求，自觉把"两个率先"放到"两个一百年"奋斗目标和中国梦中来定位，统筹推进经济建设、政治建设、文化建设、社会建设、生态文明建设和党的建设，努力建设经济强、百姓富、环境美、社会文明程度高的新江苏。在这一过程中，江苏准确领会、把握中央意图，把实施全民健身国家战略作为建设强富美高新江苏的重要举措，紧密联系江苏省情和人民需求实际，确立全民健身工作的深化改革先导区、科学发展先行区、为民服务示范区目标，切实做到中央有部署、江苏有行动、落实有成效，努力在国家战略大局下有大的作为。目前，江苏在践行全民健身国家战略中迈出

---

[1] 陈刚，江苏省体育局局长，博士。

了坚实的步伐，成为唯一一个国家体育总局与省级人民政府共建的公共体育服务体系示范区，全省人均公共体育场地面积达 2.01 平方米，高出全国平均水平 0.55 平方米，经常参加体育锻炼人数比例达 35%，达到《国民体质测定标准》合格以上的城乡居民（不含在校学生）人数比例达92.1%，均位居全国前列。江苏从以下几个方面去理解、把握、践行全民健身国家战略。

# 一、着眼于实现"两个一百年"奋斗目标，准确理解把握全民健身国家战略的丰富内涵和鲜明特征

将国家战略领会透、把握准、贯彻好，必须明大势、看大局，把全民健身放到改革开放和民族复兴大背景下考量，准确把握战略机遇内涵和环境的深刻变化，准确把握国际国内发展的基本趋势，准确把握江苏发展阶段性特征和新的任务要求，不断开辟全民健身发展新境界。

## （一）深刻理解全民健身国家战略的时代背景

### 1. 实现民族复兴的必然抉择

一个健康、强大的民族和国家，离不开国民身体素质的有力支撑。近代中国，积贫积弱的中华民族被西方列强冠以"东亚病夫"的蔑称。一代代致力民族觉醒的先驱们在寻找民族复兴之路时，深刻认识到体育对于提升国民健康、振奋民族精神的重要性。梁启超在《论尚武》中专门讲尚武和锻炼身体、振作精神的问题，"尚武者国民之元气，国家所恃之以立，而文明所赖以维持者也"等论述，议论精辟、慷慨激昂。在毛泽东看来，体育不仅可以增进个人健康，还与国家民族的命运结合起来，他在《体育之研究》中强调："勤体育则强筋骨，强筋骨则体质可变，弱可转强，身心可以并完。"继而提出"体育之目的，不仅在养生，还在卫国"。新中国

成立后，1952 年毛主席题词"发展体育运动，增强人民体质"，号召全国人民参加体育活动，全民健身运动遍及中华大地，人民体质健康水平有了极大的提高。改革开放以来，随着我国综合国力的快速提升，全民健身运动蓬勃发展，人民体质水平不断提升；特别我国成功举办 2008 年北京奥运会并获得金牌第一，将一个强大的民族、繁盛的中国展现在世人面前，永远终结了"东亚病夫"的轻蔑之语。党的十八大以来，党的新一届领导集体更加关心人民健康和全民健身，习近平总书记做出一系列重要讲话指示，系统深刻地阐述了体育的作用和功能，对体育在实现"两个一百年"奋斗目标，在实现中华民族伟大复兴"中国梦"征程中的重大作用做了全面论述，对各级党委政府提出了明确要求和殷切希望。

### 2. 推动经济转型的必然抉择

当前，经济全球化、文化多样化、社会信息化深入发展，新一轮科技革命和产业变革蓄势待发。经济发展进入新常态，经济发展方式正由规模速度粗放增长转向质量效率集约增长，经济结构正从增量扩能为主转向调整存量、做优增量并举的深刻调整，经济发展动力正从传统增长点转向新的增长点，我国经济正向形态更高级、分工更复杂、结构更合理的阶段演化。经济新常态下，需要进一步推动战略新兴产业、先进制造业等产业发展，优先发展生产性和生活服务业，发展新技术、新产品、新业态、新模式。"十二五"期间，江苏产业结构调整不断深化，第三产业比重超过48%，年均提升 1.4 个百分点，2016 年第三产业比重达到 48.6%，三次产业结构实现"三二一"的标志性转变，消费已成为促进经济转型、拉动经济增长的主导力量。全民健身蕴藏着巨大的市场需求，一方面为竞赛表演、休闲娱乐业培育消费者；另一方面扩大体育制造、装备业的生产和销售，不仅串起整个体育产业链，还辐射、链接并促进相关产业发展。作为生活性服务业的重要组成部分，2014 年中央经济工作会议把体育健身作为新的经济增长点，列为六大消费增长点之一。从国内外体育产业的对比分析和我国体育产业的发展进程判断，体育服务业将进入一个快速发展阶段，成为服务业的重要增长点，这将有助于我国经济结构的调整和发展方式的转变，而健身服务业作为体育服务业的主体，其力量不可小觑。

### 3. 增进人民福祉的必然抉择

进入新的发展历史阶段，党中央与时俱进地提出创新、协调、绿色、开放、共享五大发展理念，坚持发展为了人民、发展依靠人民、发展成果由人民共享，让人民群众过上更加美好的生活，使全体人民在共建共享中有更多获得感。随着人民生活水平的不断提高，身体健康已成为检验幸福满意度的核心指标之一。目前，我国 GDP 总量位居世界第二位，已进入中等收入发展中国家行列。然而生活方式变化、体力活动不足，引发青壮年"未老先衰"、健康水平下降，亚健康状况普遍存在，特别是青少年体质下降，已成为制约人民幸福美好生活追求的重要因素。国家卫计委新闻发言人毛群安在一次报告中说："中国人一生的健康投入，60%~80%都花在临死前一个月的治疗上。""健康中国""健康江苏"建设，均把全民健身运动作为主要措施之一，引导形成健康生活方式，主动预防疾病、远离疾病，提高人的生活质量和幸福满意度。全民健身运动改善和提高人体各系统的机能，推动健康的关口前移，是人身心俱健、保持良好心态、形成健康人格的有效途径之一。近年来，中央和各级政府出台全民健身实施计划，强化政府履行公共体育服务职能，从制度上保障全民健身运动的广泛深入开展，但供需矛盾、社会氛围、资源缺乏等问题仍没有得到根本解决。对此，将全民健身上升为国家战略，强调发展全民健身运动是提高中华民族身体素质和健康水平的必然要求，将进一步增进人民健康福祉。

### 4. 建设体育强国的必然抉择

当前，我们已是奥运会金牌大国，但是体育综合实力和国际影响力仍然落后于世界体育强国，特别是体育人口比例、人均体育资源占有量、体育产业贡献率等，要远低于西方发达国家，体育促进人的全面发展、服务经济社会建设的社会功能没有得到最大发挥。北京奥运会后，党中央审时度势地提出体育强国建设的战略目标，要求完善全民健身体系，为人民提供更多更好的体育公共服务，让人民共享体育发展成果、享受体育带来的健康和快乐，形成健康文明的生活方式。随着经济发展、社会进步，从国家层面重视、推动全民健身运动，一方面倡导积极健康的生活方式，传播着锐意进取、团结协作、创新求变、尊重规则等社会主义核心价值观，丰富人民生活，弘扬优秀文化等功能日益彰显，必将为构建和谐社会提供强大的正能量，使体育强国的文化和精神支柱更加坚实；另一方面，大力发展全民健身运动，将为人民群众提供多样化、多层次的体育产品与服务，提升经济生产力、文化传播力、社会亲和力和政治影响力，在刺激消费、增加就业、改善民生等方面发挥重要作用，必将促进体育强国内涵丰富、影响提升、实力增强，在国际体育舞台上赢得更多的掌声与喝彩，在国内民生建设中赢得更多的支持与信任。

## （二）深入领会全民健身国家战略的目标导向

### 1. 深刻理解战略方向

国家战略，是为维护和增进国家利益，实现国家目标而综合发展，合理配置和有效运用国家力量的总体方略。习近平总书记强调：中国要实现"两个一百年"的宏伟目标，全面小康的指标必然包含全民健身和体育发展方面，体育是中华民族伟大复兴的一个标志性事业。提高国民身体健康水平意义非常重大，关系到提高综合国力、增强国际竞争力、提高人民的经济收入和幸福指数等。世界卫生组织向全球呼吁：21世纪对人类最大的威胁是生活方式病，影响人类健康的因素中生活方式占60%。目前，我国城乡居民死亡的前三位疾病是恶性肿瘤、脑血管疾病、心脏病，导致死亡人数占到总死亡人数的60%左右，生活方式病已经成为我国居民的头号杀手。党的十八届五中全会从大健康、大卫生、大医学的高度出发，突出强调以人的健康为中心，实施"健康中国"战略并融入经济社会发展之中，通过综合性的政策举措，实现健康发展目标。与此同时，中央将全民健身上升为国家战略，倡导积极健康的生活方式，增进大众的体育健身意识，促进体育的社会化和生活化，促进大众，特别是青少年的全面发展。这两大战略的同步实施、合理配置、有效运用国家资源和力量，从干预和诊疗两翼增进人民健康，正是基于在国家综合实力、可持续发展的方向，加以明确和强化。在未来很长一段时期，国家对全民健身重视程度、政策制定、资源调动将会不断增强，准确判断这个战略方向，对于我们调整工作重心、方向、政策、措施等，具有十分重要的作用。

## 2. 深刻理解战略目标

国家战略的全部要素，包括国家利益、国家目标、国家力量和国家政策。战略目标的着眼点是未来和长远，是国家战略的灵魂与核心，起到明确方向、凝聚人心的重要作用。"团结起来，振兴中华"，是上世纪80年代初，北京大学学生在中国男排取得一场胜利后喊出的口号，充分体现了体育对于民族精神的激励作用。伴随着改革开放历程，可以说体育目标与民族复兴紧密相连。实施全民健身国家战略，是着眼于实现中华民族伟大复兴中国梦提出的，以增强人民体质、提高全民族身体素质和生活质量为目标。在这个战略目标下，体育产业总规模超过5万亿元，人均体育场地面积达到2平方米，经常参加体育锻炼的人数达到5亿，体育公共服务基本覆盖全民等具体指标，彰显的是人性关怀、民生为要、文化浸润、共建共享等发展理念。随着国家的发展与强大，这个战略目标既体现在人民健康水平的不断提升、产业贡献的显著提高等显性指标上，也体现在人民精神面貌的持续改善、文化素养的切实增强等隐性方面；不再将奥运金牌作为"强国梦"的唯一出口，更表现在我们所秉持的健康、积极、向上的体育强国心态上，透射出国民心态、人文精神、社会价值等多方面的文明进步。

## 3. 深刻理解战略部署

战略部署体现战略的结构和关系，决定国家力量的配备，是对国家战略的具体支撑，是实现战略目标的骨骼与血肉。党的十八大以来，党中央、国务院对体育工作做出了一系列的战略部署。在颁布《全民健身条例》和《全民健身计划》，把全民健身纳入各级政府经济社会发展大局中通盘谋划的基础上，国务院出台了加快发展体育产业促进体育消费的若干意见，从供给侧推进体育结构性改革，加快政府职能转变，进一步简政放权，把体育产业作为绿色产业、朝阳产业培育扶持，破除行业壁垒、扫清政策障碍，将极大地丰富公共体育产品供给，为群众提供多样化的公共体育服务。颁布中国足球改革总体方案，从最难抓的领域抓起，从人民群众最关心的事情做起，为其他项目改革提供借鉴和参考，理清政府、市场、社会三者的关系，用好政府有形之手，完善市场无形之手，健全社会自治之手，建立起具有中国特色体育管理体制机制，最大程度地激发全民健身的社会活力和市场动力。与此同时，中央还把全民健身与健康、卫生、养老、文化、旅游服务业融合发展，制定相关配套文件和实施细则，把全民健身列为各级政府和相关部门的工作内容，实现跨界整合、融合发展，从制度上、政策上保障全民健身国家战略的有力实施。这些战略部署，充分体现了党中央、国务院实施全民健身国家战略的强大决心和勇气。

## （三）准确把握全民健身国家战略的内涵特征

### 1. 国家资源的整合与优化

国家战略是对国家资源的合理配置和有效运用，是实现国家目标和国家利益。在过去的一段时间内，中央从国家经济社会发展的实际需要出发，充分发挥社会主义制度优越性，确立以奥运争光为核心的竞技体育举国体制，集中了中央和地方大量资源，快速提升了中国竞技体育实力，为国家赢得了许多荣誉，为国家外交等事业发展做出了巨大贡献。随着我国综合实力的快速提升，中央着眼于改进民生福祉、繁荣先进文化，把全民健身上升为国家战略，意味着国家资源的重新配置，将有更多的资金、科技、人才、文化资源向全民健身领域集聚，推动全民健身向着更高层次发展。

### 2. 政府层面的设计与部署

国家战略的背后是国家政策的支撑。全民健身上升为国家战略，全民健身由部门工作和条线发展，上升到了经济社会发展全局来统筹推进。各级党委、政府将按照创新、协调、绿色、开放、共享的发展理念，重新认识和引领全民健身发展，科学谋划新理念、新思路和新举措。重点抓住公共服务全覆盖和均等化目标，把城乡一体化放在重要位置，推动全民健身资源向农村、经济薄弱地区和社会弱势群体倾斜，促进全民健身公共服务发展更加均衡和社会满意度进一步提高。从江苏实践来看，各地将全民健身纳入建设经济强、百姓富、环境美、社会文明程度高的新江苏大局，紧紧围绕健康中国和健康江苏建设，坚持制度化安排、便利化服务、长效化推进，在全国率先建设公共体育服务体系示范区，不断强化政府职责，积极加强政策引导，广泛动员社会力量参与，在政事分开、管办分离、制度构建、资源配置等方面做文章、下功夫、见成效。

### 3. 社会力量的协调与同步

国家力量的合理配置，显然离不开社会和市场的作用。全民健身作为提升人民健康水平综合施策的重要组成部分，只有与相关行业紧密融合，才能发挥综合效应，更好地催化健康要素。在此过程中，注重向改革要动力、要红利，鼓励和引导社会力量参与，促进体育与教育、文化、旅游、传媒、养老等相关行业融合发展，是战略路径选择。明确新兴行业发展重点，开辟体育+互联网、体育+金融等新领域，开发新产品、拓展新业态，不断提升人民健康需求满意度。此外，还要充分发挥体育产业关联度高、融合性强的优势，深度推进康体结合，加大体育融入医疗、养老机构力度，积极发挥健身在防病、治病等方面的作用。

## 二、紧紧围绕人民对美好生活的追求，把协调、绿色、共享等理念贯彻到全民健身国家战略全过程

实现人的全面发展、提高群众生活质量，是实施全民健身国家战略的首要目标。围绕这一目标，江苏把促进城乡区域协调发展、服务牛态文明建设、增强人民获得感作为实现路径，推动全民健身资源合理配置、成果人民共享、生态协调互动，不断提升人民群众幸福满意度。

# （一）重点促进城乡区域协调发展

## 1. 推动城乡体育一体发展

江苏在全国较早提出全民健身设施城乡全覆盖的目标，为此启动了县级体育设施"新四个一工程""万村体育健身工程"、城市社区"10分钟体育健身圈"建设规划，基本建成了市级体育中心和全民健身中心，基本实现县级一个标准塑胶田径场、体育馆、游泳馆、全民健身中心和行政村体育设施全覆盖。科学制定乡镇、行政村（农民居住点）体育设施的配备标准，提高农村体育设施建设整体水平。全面拓展乡镇综合文化站的体育服务功能，专人或兼职负责体育工作，配有社会体育指导员，充分发挥行政村文体活动室的阵地作用。推动体育社会组织向城乡社区群覆盖延伸，乡镇、街道体育总会、老年人体协和社会体育指导员协会与单项体育协会苏南覆盖率达95%，苏中、苏北覆盖率达80%，现有县级以上体育社团3237个、体育俱乐部11653个、团体会员15000余个、个人会员170万余人。

## 2. 促进区域体育均衡发展

根据苏南、苏中、苏北发展差距的省情，制定差别化的发展目标和政策措施，对苏南发达地区提出体育现代化的奋斗目标，对苏中、苏北提出加速振兴追赶的发展要求。加大财政转移支付、体育彩票公益金等对苏中、苏北的扶持力度，支持经济相对欠发达地区的全民健身发展，着力提高全民健身工作协调发展水平。按照中央"精准扶贫"的精神，建立南北挂钩发展政策，苏南发达市对口帮助苏北薄弱地区，在资金、项目、人才等方面给予帮助。省局与宿迁等市签订合作协议，有重点地扶持该市体育事业和产业发展。选择苏州、无锡、江阴、昆山、张家港等经济社会发展较快地区，开展基本实现体育现代化试点，推进当地全民健身等事业向着更高层次迈进，探索体育现代化实现路径。

### 3. 促进人群体育协调发展

实施《江苏省学生体质健康促进条例》，扎实推进学生体质健康促进行动计划和农村中小学运动场地塑胶化建设工程，建成国家青少年体育俱乐部 269 个、23 所国家级体育传统项目学校，在校学生达到《国家学生体质健康标准》人数比例达 85%。完善体育教育联席会议制度，积极开展青少年阳光体育运动联赛，大力发展校外足球、篮球等项目活动中心。省体育局与教育厅联合制定《江苏校园足球振兴行动计划纲要》《关于开展江苏省青少年校园篮球活动的意见》，大力开展校园足球活动，创建 618 所全国校园足球特色学校。充分考虑老年人需求，不断创新适合老年人特点的体育健身项目和方法。江苏省老年人体育节活动形式和内容的不断创新，9 年来，一年一届的省老年人体育节从未间断，目前每年直接参与该项活动的老年人达 200 万人。

## （二）增强群众的全民健身获得感

### 1. 不断完善全民健身设施

通过实施健身步道建设、农民体育健身工程、经济薄弱地区行政村体育设施提档升级和中心城镇拆装式游泳池建设，初步形成了省市县乡村五级公共体育设施网络。全省城市社区建成"10 分钟体育健身圈"，新建健身步道 6500 公里，绝大多数乡镇（街道）建有小型全民健身中心。制定《江苏省体育场馆免费低收费开放补助资金管理办法》，大力推动公共体育设施免费低收费开放，特别是对学生、老年人和残疾人优惠或者免费开放，2015 年补助各级各类体育场馆共计 5342 万元。仅 2016 年春节假期内，全省近百个体育场馆接待了 52.4 万人次健身人群，其中免费低收费接待人次 40 万。全民健身设施的开放率和利用率明显提高，学校体育场地开放率达 50%以上。

## 2. 大力开展全民健身活动

积极打造省级全民健身品牌活动，江苏省全民健身运动会已经举办六届，"沿江体育带"全民健身大联动已经成功举办了十届，青少年阳光体育运动联赛、老年人体育节、残疾人运动会、将军和农民职工乒乓球赛等定期举办，影响不断扩大。"环太湖"国际竞走和行走多日赛、WIC 轮滑世界杯马拉松赛、亚洲体育舞蹈锦标赛、中华龙舟赛等影响大，为群众奉献了一场场体育盛宴。各地依托传统节日、体育赛事、重大庆典活动和民族民间体育资源，因时、因地、因需开展群众喜闻乐见、丰富多彩、特色鲜明、影响深远的体育活动，提升有组织参加体育活动人群。市、县、乡运动会、业余体育联赛等形成制度，全省经常参加体育锻炼人口比例达 35%。

## 3. 发展全民健身志愿者服务

推动社会体育指导员工作重心从重数量扩大向重质量提升转变，从重理论教学向重实践指导转变，目前全省共有社会体育指导员 24.4 万名，其中国家级 1209 名，总数和国家级指导员均居全国首位。省体育局与省委组织部联合推进大学生村官社会体育指导员工程，总计培训大学生村官社会体育指导员 15078 名，实现一村一社区一名社会体育指导员。为关怀激励社会体育指导员开展全民健身志愿服务，江苏体育部门每年对 1 万名一线社会体育指导员进行技能再培训，为 8 万名一线社会体育指导员办理意外伤害保险、发放服装。在全国率先实现县（市、区）国民体质监测中心全覆盖，建成 7 个国家级、29 个省级体质测定与运动健身指导站，每年为基层群众进行体质测定和健身指导 30 多万人次。建成全省全民健身电子地图，编制《江苏公共体育服务指南》，为城乡居民提供便捷的健身资讯服务。

# （三）发挥全民健身对生态文明的促进作用

## 1. 注重体育设施与生态环境的有机融合

体育要主动作为，带头去维护生态的可持续性，保持生态的良好状态，吸引人们更多地关心自然、保护自然。我们在全省建设了一批生态体育公园，在太湖、紫金山、古黄河等生态景点建设了一批体育设施，建设了 6500 公里的健身绿道，将体育设施与公园绿地完美结合。体育具备低碳、环保等绿色经济的典型特征，促进了体育与旅游的融合发展。"十三五"期间，我们提出要把绿色发展理念贯穿到体育发展全过程，规划建设打造 100 个省级体育公园，让群众在良好的生态环境中参与健身、享受健身。

## 2. 注重开展与生态环境相融合的体育活动

绿色自然是体育运动的摇篮和载体，体育运动所展示的生机、活力、和谐、友爱，都是绿色的最好象征，体现了人与自然的和谐。2015 年江苏共举办了大众均可参与的 24 场马拉松赛，赛道均选择在风景优美的城市景观或郊区、湖滨、山地。把绿色理念融入环太湖国际公路自行车赛等重大赛事，赛道设置尽量保持原始生态，避开城市复杂路道，体现人与自然的和谐。大力推广普及户外运动，创办了中国首个以生态为内涵的体育赛事——宿迁"生态四项赛"，将体育与自然紧密结合，以国际流行的户外运动为竞赛内容，在体育运动中促进人与自然的融合，2015 年举办了第三届并成功升级为国际性 A 类赛事。

## 3. 把生态体育理念嵌入城市建设和经济发展

体育与生态的融合是一个趋势和方向，符合体育发展的特征和内涵，在城市建设和经济发展中具有一定的促进作用。为此，江苏做了一些探索和实践。2006 年，我在南京市政府工作时创办了亚洲户外用品展，到 2015 年正好是第 10 届，以推动户外运动加快发展。这 10 年是中国户外运动发展最快的 10 年，整个市场的容量成长了 20 多倍，江苏也涌现了一批户外运动基地。与此同时，我们还鼓励各地依托特色资源，积极创建体育特色城市，支持无锡市依托全国智慧产业园的资源优势，建设智慧体育城市。支持扬州市依托世界宜居城市和扬州国际马拉松赛品牌资源，建设体育旅游城市，促进体育与旅游融合发展。支持宿迁市依托生态城市和生态四项赛资源，建设生态体育城市，促进城市生态功能完善升级。

## 三、始终坚持创新为引领发展的第一动力，保持实施全民健身国家战略主引擎

改革创新是全民健身事业实现新发展、新跨越的根本动力。江苏以强烈的进取意识、机遇意识、责任意识，以更大决心冲破思想观念的障碍，推动全民健身制度、科技创新，拓宽发展思路、创新发展模式、提高发展质量，以适应经济发展、人民需求新变化。

### （一）充分发挥市场对资源配置的决定性作用

#### 1. 着力吸引社会投资

进一步转变政府职能、破除行业壁垒，研究社会资本进入体育领域的政策措施，推动体育领域全面开放、体育资源全面释放、体育要素自由流动，营造各类主体平等参与的市场环境。调整体育产业引导资金扶持导向和重点，突出对体育服务业的支持，五年累计投入 4 亿元，扶持了 436 家单位的 569 个项目，拉动社会投资近 240 亿元，财政投入乘数比达 1:60。在体育竞赛、场馆运营、职业体育、体育服务综合体等领域，推广和运用政府和社会资本合作等多种模式，吸引社会资本参与体育产业发展。

#### 2. 推动体育场馆市场化运营

省发改委等九部门出台《关于加强体育场馆运营管理 提高公共服务

水平的实施意见》，设立省级体育场馆公共服务专项补助资金，明确公共体育场馆自用房产和土地免征房产税及城镇土地使用税，水电气热价格按不高于一般工业标准执行等政策。省五台山体育中心吸纳民营资本组建场馆经营管理公司，开展品牌输出、管理输出；常州武进成立混合制的场馆运营管理公司，整合城乡场馆资源进行托管运营；无锡斯伯特中心采用民办非企业方式，整合 20 所中小学校场馆对外开放。

### 3. 延伸体育产业服务链

推广江阴四方游泳设备有限公司、南京万德游乐设备有限公司，从设备制造向研发、生产、销售、推广、运营等延伸的做法，发挥体育制造企业产品、品牌和技术优势，引导体育制造企业向体育服务业延伸，提高体育企业的产业附加值。探索体育服务综合体建设标准、路径和模式，着力拓宽体育场馆服务领域，延伸配套服务，积极发展体育旅游、体育会展、体育休闲、文化演艺等业态，打造特色鲜明、功能多元的体育产业集群。大力弘扬体育文化，拓展体育竞赛产业链，促进体育器材、装备销售以及纪念品等竞赛衍生品开发。"十三五"期间，江苏体育服务业的规模力争达到 1800 亿元。

## （二）推进全民健身制度创新

### 1. 加强制度规范设计

实施《体育社团改革发展工作方案》，推进体育社团规范化、社会化、实体化、专业化建设，对江苏省体育总会进行了换届改选，邀请苏宁云商集团股份有限公司董事长张近东担任名誉主席，18 位企业家担任副主席、名誉副主席，进一步提升体育社会组织社会化程度。制定了《省属体育社团管理暂行规定》《体育社团评先创优考核办法》，与省民政厅联合出台《体育类社会团体评估办法》《体育类社会团体评估表彰奖励办法》和《体育类社会团体评估评分细则》，指导推进体育社团规范化建设。目前全省共有 359 家 3A 以上体育社团，其中 4A 级 80 个、5A 级 8 个。

## 2. 推动政府购买服务

省体育局联合省财政厅制定《江苏省本级向社会组织购买公共体育服务暂行办法》，采取定向购买、委托购买、公开招标等形式，向体育社会组织转移全民健身公共服务职能。创新全省全民健身运动会举办制度，采取公众投票确定比赛项目、向社会购买办赛服务等方式，扩大运动会参与面和影响力。积极培育政府购买服务采购对象，制定体育俱乐部促进计划，探索全省体育健身俱乐部联赛、业余运动员等级评定等配套制度，对符合条件的俱乐部采取资金补贴、购买服务等方式，"十三五"期间，计划扶持 1000 个较大规模的体育健身俱乐部，每个俱乐部每年产出体育消费 500 万元以上。

## 3. 促进体育竞赛大众化

加大赛事市场开发力度，挖掘赛事资源市场价值，形成政府、企事业单位、社会组织等主体共同参与的多元办赛模式，扩大体育竞赛参与主体覆盖面。扬州市政府举办向民资开放专题招商推介会，首推扬州鉴真国际半程马拉松赛事，吸引来自全国各地 3.5 万名选手报名参赛，有力地拉动了旅游、住宿、餐饮业发展。环太湖国际公路自行车赛专业组与大众组同时举行，仅无锡地区就带动成立了 60 多个自行车协会组织，培育自行车品牌店 30 余家，发展自行车运动爱好者 1 万多人。苏州盛世慧创文化传媒公司连续举办 5 届环金鸡湖半程马拉松赛，仅 2014 年就有 30 个国家和地区的 2.2 万名选手参赛。

# （三）推动体育科研、人才、文化创新

## 1. 推动信息技术在全民健身领域的应用

积极推进智慧体育建设，注重引领传统全民健身服务向信息化、大数据领域拓展，为群众提供个性化健身指导服务、提供网络场馆预订和智能赛事组织，目前正在开发全民健身 APP。加紧研制体育场馆智能服务系统，综合运用 3D 建模、LBS 定位、实时数据库、高效三维引擎等技术，实现技术数据和业务流程的集成化与可视化，提供预订场馆、结交运动好友、体育培训、参加活动等服务。南京青奥会充分利用智能化组织赛事，集成信息网络、智能灯光、通信系统与广播、运动会技术支持等智能化系统，实现面向设备和管理人员的直接管理，大大提高技术运行团队的工作效率和工作成果。

## 2. 切实促进全民健身文化属性的回归

全民健身活动除了强身健体本质功能外，还有愉悦身心、传播文明的文化属性。江苏在开展全民健身活动的过程中，充分发挥体育的文化属性和功能，弘扬奥林匹克精神和中华体育精神，倡导健康文明生活方式。南京青奥会的奥运梦之旅、世界梦之旅、中国梦之旅、青春梦之旅 4 个系列4837 场文化教育活动，使奥林匹克文化根植人民心田，尊重、友谊、卓越的奥林匹克价值观得到了空前的普及。扬州鉴真国际半程马拉松赛、环太湖国际公路自行车赛等重大赛事，借助于承办城市的文化底蕴，挖掘体育项目的文化内涵，形成特征鲜明的赛事文化，使其成为品牌赛事的强大支撑。南京奥林匹克博物馆、体育彩票博物馆、南通体育博物馆、南通信鸽博物馆、无锡何振梁博物馆、江南棋院等，修缮保护民国中央体育场，让宝贵的体育物质遗存重放光彩。弘扬民间传统体育项目文化，编印《泰州民间体育》《苏州相城船拳图集》《海安花鼓图解》，生动地传承了地方特色体育项目。

## 3. 利用科研院所专家资源提供智力支持

省体育局与南京财经大学联合建成全国首家公共体育发展研究院，做好辅助政府针对重要工作、重大项目提供民主决策和咨询服务以及在顶层设计和创造性落实工作中发挥作用。与苏州大学合作组建"理论研究、政策设计、实践运行三位一体"协同创新中心，搭建公共体育服务与消费、体育服务业、运动康复与健康促进等 6 个创新平台，全力打造体育产业创新高地、高端智库和人才培养基地。

## 四、注重发挥各级党委、政府的主导作用，确保全民健身国家战略实施持续发力久久为功

实施全民健身国家战略，各级党委、政府是主导者、推动者、实施者。江苏致力完善政府主导、部门协同、全社会共同参与的全民健身工作格局，将全民健身摆上党委、政府工作的重要位置，集成资源和力量，推动全民健身事业又好又快发展。

### （一）强化党委、政府职责

江苏省委、省政府高度重视全民健身工作，积极强化政府在规划政策制定、资源整合分配、工作督查评估、统筹协调推进等方面的职责，发挥好在保障和改善民生方面保基本、兜底线的作用。省委常委会把公共体育服务体系示范区建设列入 2015 年工作要点。省政府与国家体育总局签订《建设公共体育服务体系示范区协议》，并将公共体育服务体系示范区、城市社区"10 分钟体育健身圈"、健身步道等内容纳入 2014 年至 2016 年重点工作和民生实事，纳入全省重点考核目标，并召开全省公共体育服务体系建设推进会，研究部署公共体育服务体系建设工作。省相关部门建立联络员制度，按照职责分工制定工作计划、落实工作任务，推动全民健身与教育、文化、卫生、养老、旅游等事业融合发展。各级政府将全民健身经费足额纳入财政预算，并保持与国民经济增长相适应的投入力度，每年实施一批全民健身实事工程，落实责任主体、完善监管制度、接受社会监督。

### （二）切实加强政策保障

省委、省政府科学制定完善各项政策，加强全民健身法制化、规范化建设，在财政、税收、金融和土地等方面给予政策支持。省政府办公厅出

台《关于推进公共体育服务体系示范区建设的实施意见》，明确建设公共体育服务体系示范区的指导思想、目标任务、重点工作和保障措施，并印发《职责任务分工方案》，落实各相关部门的责任分工。为加快推进体育设施向社会开放立法，《江苏省体育设施向社会开放管理办法》列入了省政府规章制定计划。省体育局实施《江苏省公共体育服务体系示范区创建办法》和《江苏省公共体育服务体系指标体系》，开展省级公共体育服务体系示范区创建，11 个市、86 个县（市、区）创建成为省级示范区，市、县（市、区）达标率分别为 84.6%、83.5%，推动了全民健身服务向更高水平发展。

## （三）建立以公共财政为主的全民健身多元投入机制

基本公共服务是社会公平的"底线"，为群众提供基本的全民健身公共服务应该是政府公共财政投入的重点。江苏不断加大对公共体育的财政投入，每年从省级体育彩票公益金中提取两个百分点作为专项引导资金，扶持基层体育设施建设。各地把体育场馆设施建设列入当地经济社会发展及城市建设总体规划，在政府专项资金的引导下，积极筹措资金、调配土地，大力推动体育场馆设施建设。与此同时，各地充分发动社会参与全民健身事业发展，采取企业冠名、社会赞助、市场运作的方式，推动全民健身活动蓬勃开展。采取多种方式筹集资金，推进公共体育设施建设和运营，为开展全民健身运动提供良好条件，如盐城市采用市场化运作方式建设新体育馆与全民健身中心，并运用协会力量进行场馆管理运营；无锡喜洋洋运动健身馆等民营企业利用闲置旧厂房开发健身场所；五台山健身会馆等与房地产商合作经营健身会馆，探索了吸引民营资本投身体育健身领域的新路径等。

# 全民健身报道的七个维度

许基仁[1]

在新华社稿库中用"全民健身"关键词进行搜索，从 2002 年 7 月到 2016 年 6 月的 14 年中共找到 8868 条稿件，年均 633 条，月均 53 条，日均近两条。全民健身、群众体育报道的比重在新华社体育报道中日趋加大，已成为日常体育报道的重要支柱。

新华社全民健身报道的现状印证了国家体育总局哲学社会科学项目《我国群众体育新闻报道现状分析与对策研究》课题组 2016 年 5 月在结题报告和研究结论中所指出的"传播理念更新是对接全民健身国家战略的媒介使命，受众本位是群众体育传播的核心要义，主流强势媒体是群众体育报道成功的根本保证"。

随着 2014 年国务院发布《关于加快发展体育产业促进体育消费的若干意见》，全民健身上升为国家战略，媒体对全民健身报道的重视程度明显增强，报道的领域明显扩充，报道的深度明显加强。从新华社最近一年的全民健身报道状况看，呈现七个维度：一是实施与国家战略相匹配的报道战略；二是尽媒体职责弘扬正确的价值观；三是捕捉全民健身的新探索、新经验；四是报道试图打通全民健身与竞技体育、体育产业的阻隔；五是写好故事，塑造人物，使全民健身报道具有感召力；六是强化贴近民众的服务型报道；七是适度的问题性报道有益于全民健身的良性前行。

习近平总书记在党的新闻舆论工作座谈会上指出："要深入开展马克思主义新闻观教育，引导广大新闻舆论工作者做党的政策主张的传播者、时代风云的记录者、社会进步的推动者、公平正义的守望者。"在全民健身报道中，体育记者也理当按照总书记的嘱托，坚定信念，不辱使命，为

---

[1] 许基仁，新华社体育部主任，教授级高级记者。

推动实施这一国家新战略而尽自己的全力！

# 一、实施与国家战略相匹配的报道战略

《全民健身计划（2016—2020 年）》指出："全民健康是国家综合实力的重要体现，是经济社会发展进步的重要标志。全民健身是实现全民健康的重要途径和手段，是全体人民增强体魄、幸福生活的基础保障。""今后五年，面对人民群众日益增长的体育健身需求、全面建成小康社会的目标要求、推动健康中国建设的机遇挑战，需要更加准确把握新时期全民健身发展内涵的深刻变化，不断开拓发展新境界，使其成为健康中国建设的有力支撑和全面建成小康社会的国家名片。"

国务院发布的《关于加快发展体育产业促进体育消费的若干意见》首次把全民健身定位为国家战略，标志着全民健身计划的实施已经从行业层面提升到国家层面、社会层面。今年发布的《全民健身计划（2016—2020 年）》是与"国家战略"相匹配的"国家计划"，从综合实力、健康中国到国家名片，无一不凸显全民健身的重要地位和战略意义已提升到一个前所未有的高度。

无论国家战略、健康中国还是国家名片，所有内涵都指向一个层面，那就是全面健身事关国家大局、国家利益和国家安全。否则无"战略"可言。

我理解的推行全民健身有三个层面的重大意义和特殊功效：一是强身健体，提高全民族的身体素质，建设健康中国，这关系到中国素质、中国实力、中国形象；二是锤炼意志，健全心智，在社会体育活动中培养大众的进取意识、开拓意识、团队意识、规则意识，进行挫折教育，培育乐观向上的心理素质和良好性格，开展好全民健身，有助于提升精神文化层面的国家"软实力"；三是全民健身、大众消费是体育产业"富矿"，有利于培育新的经济增长点，为国分忧，为国争利。

这三个层面互相咬合、相互促进，是有机的统一体。从新华社涉及全民健身的报道来看，也是站在"国家战略"的高度，从这三个层面拓展报道，宣传正确的全民健身价值观，引导民众更多、更好地参与全民健身。

从《全民健身计划（2011—2015 年)》的落幕到《全民健身计划（2016—2020 年)》的推出，从"回眸十二五"到"展望十三五"，新华社在每个重要节点都围绕全民健身进行重点报道策划，推出了一系列重点文章，为全民健身的健康发展鼓与呼。

新华社于 2016 年 6 月 23 日详细报道了国家体育总局局长刘鹏在国务院新闻办新闻发布会上介绍《全民健身计划（2016—2020 年)》起草、出台等情况。刘鹏表示，要把《全民健身计划》更好地落到实处，需要全社会的共同努力，要完善一种体制，就是党委领导、政府主导、社会协同、公众参与、法治保障的社会治理体系。刘鹏还提到，为更好地贯彻落实《全民健身计划》，国家体育总局将陆续制定印发《群众冬季运动推广普及计划》和《青少年体育振兴规划》等配套文件。

同样，新华社在 2015 年 12 月 23 日也详尽报道了刘鹏局长在《全民健身计划（2011—2015 年)》实施效果评估总体情况新闻发布会上的发言，强调了刘鹏的观点："健康中国"建设将为全面小康做出重大贡献，而体育也将推动"健康中国"建设。

刘鹏虽然是体育行业的领导，但却代表了国家层面的观点，值得媒体大力报道。

2016 年 5 月 5 日，国家体育总局发布《体育发展"十三五"规划》，提出到 2020 年经常参加锻炼的人数要达到 4.35 亿，人均体育场地面积要达到 1.8 平方米，体育产业总规模要超过 3 万亿元等目标。

在新华社的报道中，也强调了全民健身在体育发展未来五年中的战略地位，"全民健身国家战略深入推进，群众体育发展达到新水平。《全民健身计划（2016—2020 年》有效实施，全民健身公共服务体系日趋完善，人民群众健身意识普遍增强，身体素质逐步提高"。

足球改革虽然没有被明确列入"国家战略"，但无疑也是另一项"国家工程"。2016 年 5 月 10 日，新华社播发了一篇深度稿《让百姓在家门口踢上球，可能比国足进世界杯更重要——解读"全国足球场地设施建设规划（2016—2020 年)"》，把全民健身与足球改革联系在一起，其视角让人耳目一新。

解读稿在"政策发力关键在配套"一章里提到，不管是校园和社会场地的改造和开放，还是在住宅或公共区域新建场地，都离不开教育、规划、国土和住建等部门的共同发力。

目前，虽然《全民健身条例》中对住宅小区配建体育设施有所要求，但由于存在监管难和执法难的问题，新建住宅体育设施不达标的情况较为普遍。

因此，对于足球场地的开放、改造和新建，各个相关部门出台配套政策和实施细则，并明确监管责任，才能保证规划的顺利实施。比如，对于城市新建居住区配建足球场，如果没有国土和住建等部门联合出台政策细则，并明确监管和执法，恐怕将难以执行。

值得注意的是，此前出台的《中国足球中长期发展规划》中，已经明确了国土、规划、财政和税务等部门的职责。而国务院足球改革发展部际联席会议办公室也将为配套政策的出台提供顶层的协调机制。

另外，有专家建议，人口密度大、土地资源缺乏的大城市足球场地建设，可参考国外的经验。比如日本东京，在部分公共公园和河流两岸改造和建设成"运动公园"，每个运动公园包括若干球场和其他运动设施，免费和低价开放，以满足周边市民的需求。

作者跳出了体育单一部门工作思路的局限，从"各部委协调、配套推进"的角度论述如何破解健身场地缺乏的难题，具有一定的指导性和启发性。

在上述重要节点中，新华社每次都配发"新华时评"，及时发声。其中，较为出色的两篇评论之一是 2015 年 10 月 20 日播发的《〈回眸十二五〉体育时评：多元体育助推小康社会》。

评论说道，全民健身在上升为国家战略的同时，日益成为全民时尚。近几年，以北京马拉松为代表的路跑赛事在中国遍地开花，北马参赛资格"一证难求"。路跑、户外运动热的迅速兴起，标志着民众自发性健身意识的抬头，也蕴藏着健身业的巨大商机，符合全民健身事业和产业的双重属性。

另外一篇是去年 11 月 30 日播发的《〈聚焦十三五〉体育时评：体育黄金五年 助推小康社会》。

　　评论指出，未来五年，是中国全面建成小康社会的决胜阶段；未来五年，也将是中国体育的黄金五年。随着国家对体育产业政策的重视和扶持以及民众对"健康中国"理念的认同和实践，中国体育迎来了一个重要战略机遇期。已开始全面转型的中国体育必将快步前行，为全面建成小康社会做出自己不可或缺和不可替代的贡献。

　　十三五期间，竞技体育、全民健身和体育产业的协调发展，将取代以往竞技体育独大的"偏科"现象。在竞技体育更加注重遵循科学规律和人文关怀的同时，补齐全民健身和体育产业这两块"短板"将成为十三五体育工作的重点。

　　尤其是全民健身已上升为国家战略，直接关系人民群众身体健康，直接关系到国家形象和国家利益。因此，如何引导大众养成终身运动习惯，构建和完善公共体育服务体系，增强国民体质，既是惠及民生、让全民共享体育发展成果的应有之义，也是实现"健康中国"的有力支撑，并会在应对日益严峻的老龄化问题中起到重要的助推作用。

　　没有健康，就没有小康。只有体育的多元功能得到充分发挥，体育才能更好地服务于民，体育发展的红利才能最大限度地为全民所共享，从而造福于人民！

## 二、尽媒体职责弘扬正确的价值观

　　对于媒体来说，要坚持马克思主义新闻观，坚持以正面报道为主，弘扬主旋律，通过自己的传播渠道和独特视野，正本清源，明辨是非，宣传正确的价值观。

　　我觉得在全民健身报道中，凡是有利于树立国家形象、维护国家利益；有利于提高大众健身意识，提升国民体质；有利于健心益智，改善精神文明建设和文化"软实力"建设；有利于吸引社会关注，增强市场活力，促进全民健身可持续发展，都是媒体应该大力提倡的价值观。反之，则是媒体应该摒弃的错误认识。

　　2016年4月10日，新华社在一篇稿子中突出报道了清华大学国情研究院院长胡鞍钢在江苏常州全国群众体育工作会议上阐述的观点。他认为，实施全民健身首度作为一项基本公共服务写入"五年规划"，非常重要的就是要体现公益性、基本性、公平性和普惠性，而被服务对象，也就是群众的满意度要成为一个核心指标。

胡鞍钢的观点给人耳目一新的感受！从专家的角度谈全民健身，往往比官员更专业、更生动，又比记者更深刻、更理性。通过专家之口阐述正确的全民健身价值观，是记者提升全民健身报道质量和效果的有效途径。

新华社 2016 年 5 月 9 日播发一篇深度稿《找好市长做好市场 挺过赔本才见"月明"——专家谈如何培育体育产业和知名品牌赛事》，抓住"泰铁体育产业峰会论坛"上专家言论，旗帜鲜明地指出推广全民健身"既要找好市长，又要做好市场"的观点。

此稿说道，以市长为代表的政府应该在地方体育产业的发展中起到什么作用呢？中奥体育执行总监邵华认为，中国多数地区体育产业市场尚不成熟，需要以政府为主导的力量培植市场，为商业资本进入创造条件。他说，政府主要应该负责基础体育设施的建设，为全民参与体育创造便利，同时根据地方特色进行靶向引导，为自己的特色品牌赛事培育基础消费人群。这是政府应该负责的事情。"

这次泰铁论坛头脑风暴碰撞出了一些比较一致的意见：找好市长，政府投资基础设施建设，提升全民体育参与感，培育主动体育消费人群；做好市场，激活市场活力，因地制宜选准方向，长期耕耘运营知名赛事品牌。

在设计、建设、使用场馆方面，应该有怎样的理念？新华社在 2016 年 6 月 23 日播发《国家队训练基地调研组稿》，通过调研昆明海埂、青海多巴、福建漳州和河北正定四个老牌国家队训练基地的今昔对比试图找到解答。记者指出，随着形势的变化，这些老基地应该"身份转换、职能转变"，在继续为国家队服务、为竞技体育出力的同时，更加注重提供公益性全民健身服务，既满足社会需求，自身也获得了一定的造血功能。

在 2016 年 3 月的两会上，记者突出报道了姚明的呼吁：多建"用得上、养得起"的场馆，为全民健身服务。

姚明在《转变管理思路，盘活体育场馆，突破体育产业发展瓶颈》的提案中，建议在今后的场馆建设过程中，建立包括政府、社会投资、体育产业、设计建设等多方的组织分工中的协作模式，改变体育场馆只为大型综合性赛事服务的设计思路，充分考虑分散的、小型的、群众性的体育文化需求，"既要建好馆，又要用得上，养得起"。此外，应"突破公共体育场馆现有运行机制，引入社会资本，成立股份制经营实体甚至产业集团"，"更新经营理念，树立'No Event, NO Arena'（没有活动，就没有场馆），也就是'内容为王'的理念，积极扶植精品赛事、精品演出。同时打造安全、舒适、高效欣赏环境，形成表演者（演员、运动队、运动员）、观众、主办方、媒体、赞助商、行政主管部门六位一体，多方受益的良性循环"，以及"在鼓励商业运营的同时，强调体育场馆的公益属性"等。

在记录、推进全民健身的过程中，记者不能有闻必录，而是要筛选出新观点、新理念、新思路，给人以启发，从而更好地推进实际工作。

在记者传播全民健身正确的价值观时，固然需要高屋建瓴、高端大气地综述、评论，但有时候小切口切入，反而能给人留下更深的印象，从而取得更好的传播效果。新华社2016年1月24日播发的《〈全冬会·十三冬走笔〉东北话何时不再是冬季运动的"普通话"?》即是生动的事例。

虽然冬运会首次在东北之外举办，东北话仍是冬运赛场的"官方语言"，尽管参赛代表团达到52个，但从教练到选手，依然是东北人的天下。不过，本届冬运会赛场上的一些"南腔北调"，还是让人看到了在幅员辽阔的多民族国家普及、推广冬季运动的新希望。寥寥几笔，记者即勾勒出全国冬运会等同于"东北运动会"的鲜明特征。

但记者没有满足于仅仅生动描述"满场尽说东北话"的有趣场景，而是对此现象做了深刻剖析，有专家分析指出，就简单完成2022年的目标和任务来说，"北冰南展西扩"战略效果有限。竞技体育毕竟是精英对抗的舞台，很短时间内要从东北以外地区涌现出突出选手，这不太现实。但若能怀揣长远眼光，有耐心地结合各地全民健身开展情况和体育产业发展现状，明确各省市对冬奥会和发展冬季运动的任务分工，鼓励运动员培养方式创新，就能改变我国长期以来"粗放型"发展冰雪项目的方法。

在全民健身报道中，"以小见大"应该成为记者常用的报道手法。

## 三、捕捉全民健身的新探索、新经验

从媒体履行职责方面说，首先应该对全民健身保持足够的关注，有一定的报道量，从而给民众传递一个重要信号：全民健身是体育的重要部分；体育报道如果缺乏足量的全民健身报道，从视野上说不够宽广，从结构上说不够完整，从职责上说不够尽责。

相比竞技体育和体育产业，全民健身相对缺乏新闻点和社会关注度，容易陷入对活动的浅层次报道，难以引起社会关注，也难以激起民众对全民健身的热情。

因此，新华社对全民健身的报道，最基本、最重要的任务是挖掘新闻点，具体来说就是挖掘各地在开展全民健身方面的新探索、新举措、新经验，一方面对其他地区开展好全民健身有启蒙、示范作用，另一方面突出新闻点的报道容易产生报道影响力，从而能更好地推动全民健身的开展。

2016年2月20日，新华社播发了广西分社记者采写的一篇综述《〈新春走基层〉一条健身路径改变一群人》，通过记者的亲眼目睹，描述了全民健身运动深入人心，已逐渐成为一部分民众的生活习惯。大家通过在健身路径上的锻炼，强健了体魄，加强了沟通，愉悦了心境。从一个个接地气的场景描写和人物小故事，反映了全民健身正在改变着人们生活的大主题。

而8月6日播发的《〈全民健身〉杭州：市民健身可以到医院开"运动处方"》则同样从一个小切口，介绍了"从8月8日开始，杭州市民可以到9家试点医疗机构开出属于自己的'运动处方'，获得为自己'量身定制'的个性化科学运动指南。"颇有新意！

2016年6月30日新华社发自成都的一篇报道《赛事怎么办，市民说了算——成都"订制赛事"探索全民健身新模式》就是这方面的范文。

此文介绍说，成都"订制赛事"于2015年4月问世，赛事报名、信息通报等一系列赛事相关的流程，都是通过成都市体育局的"运动成都"官方微信平台完成。主要有两种形式，一种是体育部门圈定部分赛事活动范围，由市民投票决定办哪项比赛；另一种则是市民通过微信公众平台主动向体育部门提出办赛建议，当报名者达到一定规模后即可组织赛事。

"订制赛事"诞生至今一年多，由市民投票决定、发起的已有 10 余项活动，百姓热情远超体育部门工作人员的想象，成都市体育局"运动成都"微信公众号的关注量在一年内增加近万人。

成都市体育局局长谭学军说："'订制赛事'搭建了一个市民、商家、体育部门之间沟通的平台。经过一年多运行，全民健身活动已成为推动体育产业发展的突破口之一，得益于'订制赛事'这个平台，全民健身可以和区域经济发展相结合，从而培育体育消费人口，促进体育产业转型升级。"

成都市的做法有新意，见效果，具有可复制性。相信通过媒体的报道后能起到一定的示范效应。

而 2016 年 11 月 21 日的《〈全民健身〉河北枣强王洼村：村民有了"乒乓球健身俱乐部"》则从更基层的角度，介绍了在河北省枣强县王洼村，一座由民企老板投资建成的专业标准的乒乓球场健身俱乐部带给村民运动的快乐。

这篇消息说，在王洼村，以往冬季农闲时，村民们容易凑在一起打麻将、斗地主、扯闲篇；如今，爱好体育的人甚至爱凑热闹的人来到俱乐部锻炼，增加有益交流。

枣强县教育体育局局长郑福刚说，随着农民生活水平不断提高，"富贵病"也多了起来，爱心人士通过捐资建球场、购买健身器材，在社会上形成了一种新的风尚。

在农村开展全民健身不仅仅是有强身健体的功效，更是推进农村精神文明建设的强大推手。而鼓励社会人士投入全民健身，也是媒体要紧盯的重要领域。

而 2016 年 6 月 1 日播发的一篇消息《阿里体育用互联网思维改造场馆》也有很强的新闻性。消息说，在成立近 9 个月后，阿里体育 6 月 1 日在鸟巢文化中心首度发布整体战略。这家互联网巨擘阿里巴巴的子公司将以阿里掌握的海量数据为基础，斥资超过 100 亿元以互联思维改造场馆，从而串联和盘活体育设施、IP、人群三大块资源，面向全民提供专业化、个性化、智能化的体育服务。

他们宣布了两笔投资。一是投资 1 亿元用于智能场馆研究和智能场馆管理系统的研发、维护，首先与鸟巢和水立方展开合作，对两个奥运地标场馆进行智能化改造，打造面向个人用户的场馆集成化信息服务平台，便于用户更精准、及时、清晰地了解场馆的活动安排、培训信息、餐饮信息等。二是投资 100 亿元设立体育设施的建设改造升级基金，未来为 100 座城市提供"城市体育发展整体解决方案"，包括用消费习惯数据为政府提供决策依据，构建城市全民健身会员体系，引入赛事和梳理现有赛事资源，对场馆进行智慧化运营，对周边的体育文化设施进行商业规划等，这方面将先期与南京市、绍兴市、辽宁省和广西壮族自治区展开合作。

同样维度的一篇消息是 2016 年 5 月 31 日播发的消息《重庆市体育局打造"重庆市全民健身公共服务网"》。消息中说，重庆市体育局打造的"重庆市全民健身公共服务网"、"SPORT 重庆"微信公共号 31 日正式上线，这两个"互联网+全民健身"平台将提供健身设施、健身组织、健身活动、健身指导等信息服务，让市民健身更加便利。

"全民健身"和"互联网+"是两个热词，如何把这两个热点串联在一起，社会人士已经在做有益的尝试，这两篇消息也及时做了报道。

新华社 2016 年 5 月 19 日播发的一篇综述《气膜馆能否成全民健身"主力军"？——专家谈气膜场馆发展未来》，则从一个全新的视角介绍了气膜场馆在推动全民健身方面的独特功效，想必对解决各地推动民众健身缺场馆这一难题有很强的借鉴意义。

而新华社 2016 年 4 月 24 日播发的一篇专访《让体育回归本源　推进"三轮驱动"办赛——访上海市体育局局长黄永平》，则充分肯定上海在举办以推进全民健身为宗旨的市民大赛中体现的新思维、新举措，希望能借此告诉大家：只要转变观念，开拓创新，勇于进行体制、机制改革，搞好全民健身大有可为。

上海市体育局局长黄永平在 24 日接受采访时表示，让体育回归本源是筹备本届运动会的考虑，推动"三轮驱动"办赛则是运动会的创新所在。

黄永平说："我们的理解是，体育的本源第一位的东西就是为人们的生活提供快乐，是生活中必需的一个部分；第二，科学的健身有益于身心健康，也会磨炼意志品质；第三，专业运动员在赛场上奋力拼搏争金夺银的过程实际也是在创造精神财富与社会价值。"

"体育从小体育走向大体育，从封闭走向开放，从体育部门办体育变成以管为主，管办结合。"黄永平说，"真正推动体育事业发展的必须是三轮驱动，三个轮子是政府起主导作用，以规范标准培育市场引导社会。但与此同时，社会的主体和市场的主体的作用更大。让全社会动起来，才能让全上海的人民动起来。"

"这个过程对释放全社会参与体育活动的活力是有革命性意义的。"黄永平说，"最后我们确定的项目中，市体育局直接承担业务指导或者领导关系的市一级的单项体育协会有一半以上没有在市民运动会里拿到承办活动的门票。因为社会化的俱乐部、市场化的企业对体育爱好者的需求把握更准确，可以形成更有趣的赛制活动，考虑得更周全，对整个赛事活动提供的技术专业保障能力更强。"他补充道，"很多协会没有思想准备，以为是走过场。最后都被淘汰了。"

从这篇报道可以看出，运动会要面向全体市民，才能让体育回归本源；在政府主导下，更多地激发社会和企业的活力是推动全民健身的有效途径，而其前提是要打破旧有权力和利益格局，对体制、机制进行必要的改革。这类有见解、有深度的报道，是我们在做好全民健身报道中一直追求的重点突破，对推动各地开展全民健身也有极强的启发性、指导性！

## 四、报道试图打通全民健身与竞技体育、体育产业的阻隔

我一直认为，体育可划分为竞技体育、全民健身、体育产业三大板块，相对应着为国争光、为民造福、为国争利三个功能。这三足鼎立，构成了体育的完整体系，缺一不可。

但随着体育价值观的更新和体育在人民生活中的需求和地位进一步提升，这三大板块的界限越来越模糊，呈现出一种你中有我、我中有你的格

局。比如，竞技部门可充分利用自己独特的资源，在推广项目普及、发展项目产业方面起到无可替代的作用。而群体部门在推广大众项目中培养、发现人才，为竞技体育服务；同时也可利用竞技体育设施、人才等更好地助推大众健身；同时，全民健身本身也是产业"富矿"，同样能开拓市场空间。体育产业部门则要充分抓住竞技体育、全民健身领域所蕴含的市场机会，把体育产业蛋糕做大，进而反哺竞技体育和全民健身。

因此，新华社在最近几年的报道中，有意打通竞技体育、全民健身和体育产业的阻隔，既承认它们的区别，更看到它们的内在联系，从而使报道具有更广阔的视野和更深邃的内涵。

2016年1月25日，新华社播发了一篇消息稿《（全冬会）冬运会带热新疆雪场》，引用天池滑雪场总经理李新萍的话，"冬运会的举办不仅提升了滑雪场的知名度和美誉度，从长远看，还加速了雪上运动成为全民健身运动之一，给雪场带来更多收益。"

更有深度的分析稿来自2016年1月2日发自厦门的述评稿《2016马拉松跑向何方？——从马拉松热看体育产业供给侧改革》。作者着眼于供给侧结构性改革这个国家宏观经济政策，紧扣越来越热的马拉松热，条分缕析，指明了一条马拉松的发展之路。

述评说，从2014年的51场到2015年的130多场，再到2016年预计的约200场，中国的路跑相关赛事"泡沫说"甚嚣尘上。其实，与美国每年千余场路跑赛事相比，中国的马拉松等路跑赛事在巨大人口基数的衬托下，反而显得微不足道。

国家体育总局田径运动管理中心竞赛部部长张永良表示，中国马拉松赛事火热，但仍不能满足跑友的需求，摇号就是明证；尽管人们热情越来越高，但每年全马和半马的完赛选手人数比发达国家还差很多。总体来说，国内赛事从量上看依然供不应求。

优质赛事更是稀缺资源。资深跑友无不将参加波士顿、伦敦、柏林等城市马拉松视作荣耀。环境优美、服务保障到位、竞技水平出众、口碑优良的国内赛事仍是凤毛麟角。

显然，从供给侧改革这个角度看，中国的马拉松应该实现从数量取胜到质量取胜、服务取胜的转变。我们的优质马拉松不是太多，而是太少。

如果有品质高、服务好的高端马拉松赛事，不愁吸引不了高端人士，也就不愁赚不到钱。这篇述评从赛事品质、品牌角度提出改善马拉松赛事档次的建议，切中问题要害，相信对路跑组织者会有所启迪。

实际上现在有越来越多的竞技体育界人士也有了"跨界"意识，会从大众普及和项目产业的角度看待自己的竞技体育，国家体育总局体操运动管理中心主任罗超毅就是其中的一员。而记者本身也要有"跨界"意识，才能不错过好话题、好题材。去年12月24日播发的《"快乐体操"不等于竞技体操　里约奥运有信心——专访国家体育总局体操中心主任罗超毅》就从全新的角度采写对一个项目管理中心主任的专访。

文章说，"快乐体操"是体操中心在2014年提出的理念，其目的是"让参与体操活动的孩子们能快快乐乐地玩耍和锻炼。"这一项目开展一年多以来逐渐铺开，在全国各地出现了越来越多的"快乐体操"俱乐部。

"想聪明，玩体操"，是罗超毅推广"快乐体操"一直秉承的观念。他说："快乐体操是与传统竞技体操完全不同的概念，教学内容具有趣味性和娱乐性，教学方法具有灵活性和多样性，锻炼过程具有欢娱性和自觉性，锻炼器材具有安全性和多彩性，教学结果主要体现参与锻炼者的满意度。"

从体育产业的维度，罗超毅说："很早就有推广快乐体操的念头，因为这个在国际上开展得很普遍，但是在中国是一个空白。前几年进展不是很顺利，关键是观念上的问题，大家没有认识到快乐体操的意义和作用，很多都是把快乐体操当竞技体操，实际上区别太大了。这两年全民重视体育，这是一个很大的契机，再加上体育产业成为国家重要的产业领域，所以现在很多资本也都关注了体育中比较有意义的一些项目。快乐体操就在这种情况下被放到大家眼睛里来了，今天有些社会资本进来，我们几十家俱乐部基本上都是个体的、私营的、社会力量办的，这个势头这两年起来得特别快。"

作为承担奥运会夺金任务的项目管理中心主任，能有这样的"跨界"意识实属难得。同样可贵的是，记者没有错过这个新闻点，而是做了很好的深入报道，从而使专访有让人耳目一新的感觉，同时也具有启发性。

而2015年9月21日播发的述评《全民健身，被忽略的产业金矿》，则开门见山，直击全民健身领域一个很重要但也很容易被忽视的理念。

述评说道，国务院 46 号文件（《关于加快发展体育产业促进体育消费的若干意见》）出台之后，触角灵敏的资本汹涌而来，但也有很多企业不得其门而入。专家认为，很多企业忽略了全民健身的项目，也不了解其具体开展情况。建议企业不要都盯着职业体育，全民健身人群大，门槛低，一定有很大商业运作的空间。

有专家认为，优质的职业体育赛事当然是商家必争之地，也是体育产业的龙头，但毕竟不是所有企业都能参与进中超和 CBA，反而是目前全民健身、学校体育领域都有很大的商业潜力待挖。专家还提醒，投资全民健身领域肯定不如职业体育见效快，但投资门槛低，找到好的模式也会有好的回报，利用自媒体的传播，有时另辟蹊径反有奇效。

我认为，谈起全民健身，很多人自然而然想到了公益性，想到了政府扶持。不错，全民健身作为国家战略，政府部门当然要扶持，要投入。但一旦全民健身成为大众的生活习惯和生活方式，必然会产生健身消费者。而有消费需求的地方一定有市场，有市场的地方一定会有产业。从理论逻辑和现实情况来看，对全民健身的产业空间不是高估了，而是低估了。在体育产业 2025 年 5 万亿目标中，健身产业、体育服务业毫无疑问是其中的支柱。作为体育工作者来说，要从硬件、软件两个维度为健身产业、体育服务业构筑外部条件。而作为记者来说，则应该大力倡导"全民健身是产业金矿"的理念，从而吸引更多的社会资本投入全民健身和体育服务行业中来。

## 五、写好故事，塑造人物，使全民健身报道具有感召力

《全民健身计划（2016—2020 年）》里提到，要"树立全民健身榜样，讲述全民健身故事，传播社会正能量，发挥体育文化在践行社会主义核心价值观、弘扬中华民族传统美德、传承人类优秀文明成果和提升国家软实力等方面的独特价值和作用"。

在国内体育报道中，一个长期存在的弱项就是人物报道。要么人物"高大上"，塑造没有缺点的英雄；要么枯燥无味地写人物，塑造的是"平面形象"而不是"立体形象"。这两类人物报道都因为缺乏人物个性和性格特点，既难以让人亲近，也难以给人留下深刻印象，缺乏感染力和感召力。在全民健身报道中更是如此。因此，塑造有血有肉、具有感染力和感召力的全民健身人物，是体育新闻界要破解的难题。

下面选取了新华社最近一年中播发的四篇全民健身人物稿，两篇是人物群像稿，两篇是人物个体稿，在人物塑造方面有所突破。这些报道试图还原场景、还原个性，相信会对读者有所触动。

2015年11月22日播发了《（新华全媒头条）奔跑的中国》。"新华全媒头条"是新华社最新力推的全社性重点栏目，通常会以宽广的视野、生动的事例叙述新闻。

这篇通讯选取了一家外贸公司高管李清模、北京体育广播记者陈妹、福建龙岩"蝙蝠侠"邓江华、江苏南通聋哑人蔡新民的跑步故事，全景式地描写了跑步热席卷中国，通过跑步改变了生活，甚至改变了人生的曲折过程，同时也穿插了很多专家学者对跑步热、跑步产业的理性分析。文章点面结合，理性与激情交织，很有穿透力和感染力。

相比之下，2015年10月14日播发的《终点处的求婚·异地恋的语言·准妈妈的马拉松——星空下的跑者群像》则切口更小，故事更生动，给人留下的印象更深。

故事是这样说的：在与古韩杰的谈话间，跑团的女子队队长邓宴琳率先完成了当晚的训练量，在广场中央做着恢复训练。邓宴琳从事财务工作，虽然今年才加入跑团，但已有两年的夜跑经验。邓宴琳说，最初跑步是为了与当时身处异地的男朋友有一个共同的话题。

"当时他是为了减肚子，而我是为了锻炼身体，跑步成为了我们之间的纽带，可以在这个话题上互相沟通。"她说。

对邓宴琳来说，跑步最开始是异地恋的语言，但不知不觉就成了一种生活方式。2013年，在朋友的鼓励下，邓宴琳报名参加了广州马拉松的全程马拉松，"当时我就心想报一个吧，因为参加的是全马，我就开始找方法，搜集资料，进行有规律地训练，自己也在不断地琢磨，当年的成绩

4 小时 23 分，跑下来感觉也很轻松"。

如今，邓宴琳已成为 RSLab 欧洲跑步教练证的持有者。她说，夜跑不仅让自己更加健康，还使自己交到了更多朋友。"跑团里的人，每个人都是健康乐观的，他们每个人刚开始也可能有些胖，不自信，也可能是为了减肥不吃东西，但是通过大家的互相影响，知道如何健康地吃，如何更有效运动和防止运动伤害。"同时邓宴琳强调，运动不分时间地点，就算一些人的工作比较忙，哪怕不搭电梯爬楼梯，抓住下班的时间锻炼半个小时都是非常有益的。"重点不在于你可以参加比赛、获得名次，而是你能够坚持下来，获得身心上的愉悦。"她说。

而 2015 年 11 月 16 日播发的通讯《从马拉松世界冠军到俱乐部老板——孙英杰创业之路折射跑步产业"蓝海"》，则全景式地介绍了这位世界冠军在经历了兴奋剂传闻、讨薪风波、结婚生子的悲悲喜喜之后，重回赛场时已经有了一个新身份——孙英杰长跑俱乐部"掌门人"。

通讯说，从运动员到俱乐部老板，孙英杰似乎已经完全适应了这样的转变，每天早上依旧在 5 点半起床，6 点钟出门，跑步 10 公里。不同的是，她不再是一个人跑步，而是带着 100 个俱乐部会员，按照自己 17 年运动员生涯总结出来的"孙式跑法"去跑步。

"通过科学的训练方法，给更多的跑步爱好者带来健康"，这是孙英杰成立长跑俱乐部的初衷。2014 年 5 月 17 日，孙英杰在北京奥森公园安排了俱乐部的第一堂课，没想到下起了大雨，但依旧去了很多人。"现在喜欢跑步的人太多了，这就是一个产业。"她说。

运动员出身的孙英杰当起老板来并不含糊。当别的俱乐部还在不断扩大会员数量规模时，孙英杰在北京的俱乐部坚持只招收 100 个会员。"人太多我也教不好。"这位皮肤偏黑，总是扎着马尾辫的"女老板"也不喜欢在大街上发传单，只相信口口相传的"口碑营销"。

但世界冠军的"野心"绝不仅仅在于这 100 个会员，虽然他们大都是 40 岁左右的北京 IT、金融业白领和企业老板，经济实力足以支付比跑步更加昂贵的运动。孙英杰坚信，跑步产业最大的潜力蕴藏于千千万万健身意识开始觉醒的普通工薪阶层。"现在我们在十几个城市设立了分部，未来三五年时间内，俱乐部的分部要遍布全国主要城市。"

　　相比世界冠军、体育明星，写小人物往往难度更大。但世界冠军毕竟只是少数，从事全民健身事业和产业推广的多是在底层打拼的小人物。记者要深入基层，费力挖掘，深度采访，才能把"草根人物"写深写透，让人物活起来，从而感染读者。今年上半年，新华社记者沈楠、周杰、林德韧、王衡到甘肃基层进行全民健身调研报道，挖掘、采写了一篇人物佳作《西北小城体育"玩家"陈峥嵘的"意外"创业路》。

　　自从上初一跟一个上海知青正经学打乒乓球，他的球瘾便大了，经常逮着老师不注意夹着拍子就开溜。父亲知道一次揍一次，但他"毫不畏惧"。

　　腿上留下两道退不掉的疤，但陈峥嵘觉得那不过叫"瞎玩"，谈不上爱锻炼，直到他顺着下海潮去了天津。

　　与南方和沿海相比，深陷黄土高原的甘肃庆阳，下海潮到得要晚一些。在这个有"陇东粮仓"之名的西北重镇，被褒扬的安守本分是种庄稼吃天地的饭、做好工吃国家的饭。陈峥嵘属于当地极少数放下"金饭碗"下海淘金的人。1995 年，他从银行停薪留职，去天津闯荡。为了这个"不可理喻"的决定，他的家族甚至兴师动众开过批判会。陈峥嵘记得自己当时认错了，但"死不悔改"。

　　正是在那个据说"摆个地摊就能发财的时代"，陈峥嵘赚到了他的第一桶金。他在天津开体育用品店，后来承包篮球馆一口气拍出的 40 万就是那时候攒下的。

　　他的运动习惯，也是那时养成的。"到海河边看到有人跑步，我就跟着跑起来"，他并没有意识到，自己赶上了一个叫作"全民健身"的潮流。1995 年 6 月，《全民健身计划纲要》第一次颁布，但是当年的陈峥嵘根本没有听过这个名词。

　　凭着自我养成的爱好和天赋的直觉，陈峥嵘回到老家开始做起新的体育生意。不过，和下海潮相比，健身潮走到庆阳甚至需要更长的时间。这又是一次冒险——至少在当时的庆阳人看来，这个老乡从大城市回来之后更会"玩"，胆更大了。

　　陈峥嵘是在 1997 年底回到庆阳的，据说是跟随"肠胃的乡土记忆"。

　　虽然同样好吃羊肉泡馍，但很多方面，陈峥嵘在老家是个异类。那年月，有跑步习惯的庆阳人一共数不出几个来，这样他很自然地跟体委的人熟了。很快，全国体育系统在伍绍祖任内完成了第一次机构改革，庆阳体委也变成了体育局，制度上灵活了不少。

陈峥嵘看上了早先体委盖的篮球馆，那时候，这个像厂房一样简单空旷的场馆里基本只有体校生在练柔道和摔跤。他没费多大工夫就说服了体育局把场地的闲置空间和时间匀给他招呼人打羽毛球。体育局甚至免了第一年租金，第二年才收了不到 2000 块钱。

陈峥嵘很快发现，和说服体育局相比，说服别人来打球锻炼要困难得多。"当年在我们这小地方，下班不是上酒场就是上赌场。打球花不了几个钱，但一天也来不了几个人。"陈峥嵘没学过心理学，但是运动的经验和直觉告诉他，得先把人领进门，勾起兴趣才能把人留下来。"等他们练开了，就停不下来了！"

第一年，他免费开放，免费教学；第二年，他想收每人每次 1 块钱，但熟人们嚷嚷"过来就是给你面子了"，于是压到 5 毛，实在不给也就罢了。尽管如此，靠着卖拍子粘胶皮，两年下来竟稍有盈余。陈峥嵘觉得，这生意可以做。

于是，在 2003 年，他提出用 40 万承包篮球馆 20 年。有人打理还能创收，体育局自然高兴，因为即便砍掉一半价钱，局里的人也没兴趣和胆量接手，当然也没什么人能一下子掏出那么多钱。

用这笔从来没有出现在家庭账上的钱，陈峥嵘签了合同，正经在这个 1000 平米的馆里办起了自己的俱乐部。但只干了一年，他就打起了退堂鼓。

银行出身的陈峥嵘是会算账的，承包费平均每年两万，这个基础成本要收回来。结果第一年，进账才一万。他有些动摇了。他并没有商业巨贾的抗风险能力和胆魄，那些钱是辛苦攒下的身家。现在说"前几年肯定是赔的，得熬过几年"，都是云开雾散之后总结出来的经验。

当时他打算及时止损，几乎已经跟体育局谈好，交点违约金把剩下的退给他，没想到竟然峰回路转。庆阳移动公司新调来的老总琢磨推广业务，想到了办羽毛球赛这个办法，于是从公司推广费里出了两三万，让陈峥嵘帮忙操办了一次全市羽毛球赛。他终于第一次赚钱了。

他立刻意识到，这是个理想的赢利方式。单位机构冠名办赛，出的钱覆盖成本后还有余，更关键的是能把人招来，让他"有米下炊"。北京正在筹办的奥运会恰好也送来了东风。奥运会前的几年，他办了不少"迎奥运"的比赛。办赛加免费教学"小技巧"，成为陈峥嵘摸索出来的消费群体培育模式。

"现在这里打羽毛球、乒乓球的人差不多都是我一手带出来的。"陈峥嵘喜欢听人叫他"陈教练"，但是渐渐地，更多人开始叫他"陈总"了。

原先租来的篮球馆后来拆了，陈峥嵘开了乒乓球馆、健身房和游泳馆，最近几年客源根本不愁，人多的时候甚至超过承受量。"我刚回来的时候，100个人里大概就一个运动的，现在能有10个。"近两年，在30多万人口的庆阳市区西峰区，他已经面临同行竞争，但三个场馆每年也能有200万的营收。

头脑灵活又敢想敢干，陈峥嵘算是个有天赋的生意人。但是在他看来，能有现在的家业，运气居功至伟。

最近两年，创业、体育产业、全民健身都成了时髦词。陈峥嵘干了18年的事，好像一夜之间热了起来。但这些概念几乎不出现在他的言谈里。

陈峥嵘眼下还没想过引入风投，也没打算在体育健康和文化之外开拓新业务，至于健身场馆，也无意开到庆阳之外的地方去。尽管客源充足赚钱不愁，但他并不觉得这就完成了全部使命。

他要把健身习惯和健康观念植入更多庆阳人的生活里。这话听上去有些冠冕堂皇，却是句大实话。体育有一定的公益属性，在运动还没成为中国人生活方式之前，先推广才能培育人群和市场，而更大的市场意味着更多的机会。

陈峥嵘并没有那么提炼过，他只是就那么做了。

刚刚租下篮球馆的时候，他就想了个策略，开培训班教小孩，这既是感觉到商机，也是因为他见不得小孩埋头读书身体弱，更不希望他们像父辈祖辈那样把业余时间花在喝酒赌钱无所事事上。

对于女儿陈鸽，他就是那么要求的。在他自己小时候，逃课打球要挨打，到他女儿小时候，偷懒不打球不跑步就要挨打。这种教育方式被陈鸽总结为"学习上放养，运动上专制"。不过，从她上大学开始，陈峥嵘就从"逼着练"改成"哄着、奖着"。他管女儿叫"教练"，晨跑一次奖励100。这些招数就是他曾经用在别人孩子身上的。

听说学校里娃娃 800 米都跑不了，甚至还能跑死人，陈峥嵘觉得这还得了。2007 年，听说宁县二中开运动会没设长跑项目，怕没人报，他当即拍板，设 3000 米，跑完就奖 500 块。结果报名 100 人，跑下来 50 多人，陈峥嵘当场发奖金。虽然一下子花出去近 3 万块，但是他不满意，"我觉得这个距离中学生应该都能跑下来"。

去年，校园足球成为国家大事，陈峥嵘主动找到在他游泳馆开课的学校，提出免费帮他们组校队、搞训练。

从 2013 年开始，在每年 8 月 8 日的全民健身日前后 10 来天，他经营的三个场馆全部免费开放。游泳馆人满为患的结果叫他心生感叹：培养体育消费习惯真不是一朝一夕之功。

从某种程度上说，陈峥嵘做到了在商人、志愿者、公益机构主导者之间任意切换，无缝衔接。18 年多，在一个西北小城坚持这种三位一体的状态，在外界看来，就是对大众体育精神的诠释和践行。他没有什么豪言壮语，只这样表达做体育的无可推卸的理由："人闲下来，人要宣泄，不往体育上组织，那就往其他地方去了。"

2016 年 1 月 24 日，陈峥嵘一身正装，走上红地毯，作为 CCTV 体坛风云人物大众体育精神奖候选人，走进灯光辉煌的国家体育馆。在 7 年前的救人义举之后，他又一次在当地成为"风云人物"。

陈峥嵘感慨老天待他不薄。那只拨弄命运的手，为他铺设了所有的天时地利人和。

而所谓的天时地利人和，是时代的洪流，是理性的执念，更是顺时利世的价值取向。

我喜欢这样的人物通讯，通过一个个故事讲述了一位"草根"人全民健身创业路上的曲折、磨难、困惑，当然也有奋斗和成功，这才是真实的社会现状，这才是可信可敬的体育"草根人"。这样的故事多了，才能让社会大众了解和亲近全面健身这个领域，并最终加入到这个洪流之中。

## 六、强化贴近民众的服务型报道

全民健身是一门科学，不讲科学的"健身"不仅起不到强身健体的作用，反而容易全民"伤"身。各地路跑和马拉松"猝死"的新闻时有所闻，也反映了这个让人焦虑的现状。越是在全民健身大热的社会环境下，作为媒体人，越应该头脑清醒，多传播一些科学健身理念和知识。我自己在业务策划和报道培训中经常讲："如果你实在觉得全民健身报道没有好的选题，那就找找真正的专家，写点健身常识、健身须知的服务性稿件，不怕炒冷饭！"

在新华社涉及全民健身的报道中，这类服务性稿件的采用率总是居高不下。显然，媒体用户和读者需要和喜欢这类稿件。

新华社 2016 年 3 月 27 日播发了一篇《备战马拉松要量力而行》的消息，通过医师之口提醒马拉松爱好者跑马拉松要量力而行。

越来越多的人爱上了马拉松，一些人因备战不当而受伤。专家提醒，备战马拉松要量力而行，切勿盲目超负荷锻炼，比赛中若出现踝关节扭伤，足底、跟腱或膝关节疼痛，应就近接受应急处理或治疗。

"量力而行"这个词也同样出现在 2015 年 12 月 6 日的稿件《（全民健身）王丽萍：跑步应量力而行》中。

5 日结束的深圳马拉松赛上发生了参赛选手猝死的悲剧。作为跑步健身的倡导者和践行者，悉尼奥运会竞走冠军王丽萍 6 日在接受采访时呼吁跑友要在跑步过程中量力而行，同时注意日常的力量练习，用科学的方法进行健身。

"我真的不愿意看到这种悲剧一而再再而三地发生。什么都没有生命重要，大家一定要把健康放在第一位，不能盲目追求成绩突破，不要偏离跑步的初衷，"王丽萍 6 日在"光猪·圈健身"首批中国合伙人签约仪式上接受采访时说。

她说："现在跑步运动很火很热，但是我感觉很多人跑得有些盲目，缺乏科学的指导。其实跑步是需要很好的体能作为基础的，只有科学系统的训练才能确保跑的过程中不受伤，不发生意外。"

3 月 27 日则播发了类似主题的综述《马拉松又"受伤"　运动≠健康——专家谈科学运动的必要性》。

马拉松又上了头条。在不久前参赛人数近 2 万的广东清远马拉松中，共有 12000 多人次接受治疗，其中晕倒 20 人，危重症 5 人，进 ICU（重症监护室）3 人，被戏称为最"受伤"的一场马拉松。

近年来，马拉松出现猝死和伤病的消息时常抢占头条。在刚结束的"全民健身科学运动产业合作论坛"上，与会专家提出：跑马有风险，运动需科学；运动未必等于健康，科学运动才带来健康；科学运动第一步是进行运动评估。

浙江省体育科学研究所国民体质监测中心主任安平对目前许多人出于跟风、炫耀心理而盲目跑马的现象十分痛心。他说，猝死虽只是少数，但因为跑得不当和过量对关节和韧带等造成的损伤却是大量的，并且有些伤害是不可逆的。"所以瞎跑还不如不跑，不科学的运动不仅不带来健康，还适得其反。"

什么是科学运动？安平认为，科学运动的第一步就是对自己的体质状况、身体素质进行一个评估，然后才能进行有针对性的运动。他介绍，国际上流行的健康体适能（physical fitness）测评就属于这种评估，主要是对身体成分（体脂率）、肌力和肌肉耐力、心肺耐力、柔韧性等指标进行评价。

健康中国、体医结合都是今年两会的热词。中国健康促进基金会理事长白书忠在此次论坛上提出，健康中国不能只靠医疗手段，要逐渐将健康体适能测评引入体检，开出个人适度、适宜的"运动处方"，探索体医结合的路径和方法。

在路跑热中避不开的一个话题是"遭遇雾霾怎么办？"新华社围绕此话题也采写了大量稿件，指导跑步者在雾霾天如何锻炼。去年 12 月 1 日播发的《（全民健身）雾霾"锁城"，锻炼请谨慎》和今年 3 月 5 日播发的《（两会）雾霾之下何处健身？政协委员建言室内场馆建设》就是其中的两篇。

应该说，媒体普遍比较重视此类全面健身服务性报道，但有时也会出现专家意见"打架"的问题。如何找准专家，如何筛选出真正有价值的服务性内容，如何用老百姓听得懂的语言普及科学健身常识，依然是媒体要破解的课题。

## 七、适度的问题性报道有益于全民健身的良性前行

全民健身是一项造福于民的民生工程，带有很强的公益性。媒体报道全民健身，理当要以正面宣传为主，多报道党和政府对人民健康的重视和关注，多报道全民健身领域出现的新典型、新经验。但是，中国是一个发展中国家，经济、社会发达程度并不高，全民健身尚未成为全体民众的自觉行动，政府和社会在推进全民健身过程中还会遇到许多困难和困惑，甚至还会出现失误。因此，媒体发现问题、剖析问题，进而达到解决问题的初衷，也是自己的重要职责。

习近平总书记在党的新闻舆论工作座谈会上说："舆论监督和正面宣传是统一的。新闻媒体要直面工作中存在的问题，直面社会丑恶现象，激浊扬清、针砭时弊，同时发表批评性报道要事实准确、分析客观。"总书记的这段话精辟透彻，也是对我们改进全民健身报道的行动指南。

2015 年 11 月 20 日新华社播发了一篇问题性稿件《甘肃少数体育惠民工程进度迟缓、选址不当》。文中提道，少数健身中心建设进度迟缓，有的选址不合理造成资源分布不均，有的建在政府机关院内无法对外开放……这是日前甘肃在对体育惠民工程检查时发现的问题。

例如，永昌县城关镇将一健身中心建在县体育馆侧面，而体育馆外围正进行水泥硬化施工，影响健身中心按时建成并投用；兰州市红古区平安镇仁和村已有一处装有健身器材的小型室外健身广场，但仍在不足 50 米处建设了健身中心，造成健身资源分布不均；白银市白银区把一健身中心建在政府机关院内，导致无法对外开放，背离了体育惠民工程的初衷。

此外，在体育惠民工程建设中，一些厂家售后服务不完善，许多健身器材安装不规范，如有的竟然用石块或沙袋固定篮球架，不仅影响器材使

用效果，还带来安全隐患。

对此，甘肃省体育局已要求各地整改，并将采取"以增代奖、以减代罚"措施，对做得好的地区多分配指标，做得差的少给或不给，出现严重问题的将一票否决，明年不再安排体育惠民工程等项目。

2015 年 9 月 17 日和 11 月 16 日新华社播发了两篇主题相似的深度稿《全民健身为何困于"最后 15 分钟"？》《最后一公里，全民健身必须攻克的难题》，围绕身边缺少健身场地这个老大难问题展开了深度剖析。

你愿意往返步行半个小时去便利店买一瓶水么？大部分人的答案都是否定的。那么，又有多少人愿意去两公里以外的场地健身锻炼呢？

国家体育总局 2015 年发布的《2014 年全民健身活动状况调查公报》显示，参与调查的 20 岁以上人群中仅有不到两成的人给出了肯定的答案。

《公报》显示，选择就近进行体育锻炼的人数百分比最多，20 岁以上参加体育锻炼的人群中有 59.2% 的人选择距离在 1000 米以内的场所进行锻炼；1000 到 2000 米的近 23.4%，就近选择体育锻炼场所的趋势依然明显。

其实对于经常参加体育锻炼的人来说，两公里是个非常尴尬的距离。步行感觉有点远，时间成本不太划算；开车感觉又有点近，万一找不到车位就更麻烦了；骑自行车或者电动车最合适，不过运动完就骑车"拉风"有着凉感冒的风险。偶尔去一次还好说，常年坚持确实需要不小的恒心和毅力。

近年来，国内很多地方都在建设"十五分钟健身圈"，但是对于生活节奏紧张、工作压力大、只能依靠碎片化时间健身锻炼的上班一族来说，步行 15 分钟依旧是不算近的距离。

此次调查显示，在参加体育锻炼的人群中，影响其参加体育锻炼的主要原因也是"缺乏时间"，占 35.5%；其次是"缺乏场地设施"（13.0%）和"惰性"（12.3%）。这里的"没时间"很多情况下都是计算了往返健身场所的交通成本之后得出的结论，如果出门一公里左右就能找到健身场，很多的"没时间"就可能变成"有时间"了。

这个问题怎么破？显然不是体育部门一家能够解决的。

去年国务院印发的《关于加快发展体育产业促进体育消费的若干意

见》对新建居住区、社区和老城区与已建成居住区的配套群众健身相关设施都给出了明确的规定，新建居住区和社区配套群众健身相关设施要按室内人均建筑面积不低于 0.1 平方米或室外人均用地不低于 0.3 平方米执行，并与住宅区主体工程同步设计、同步施工、同步投入使用。

"调查公报"发布会现场，国家体育总局群体司司长刘国永表示，未来"体育主管部门会同住建部和有关方面加强对政策落地问题进行督导检查，尤其是督导检查新建社区当中怎样落实这些国家政策，特别是在新兴城镇化建设的推动过程中不要再欠下账"。

在居民区、社区配套修建健身设施，正是解决全民健身工作中"最后一公里"问题的有效途径。只有让体育健身场地如便利超市一般遍布街头巷尾、社区商圈，才能最大程度地吸引百姓参与健身。

显然，媒体适度发一些此类的问题性报道，有助于有关部门重视社区健身设施的建设，从效果上说一定能助推全民健身的开展。

而我们在 2015 年 9 月 11 日发自银川的一篇稿件《篮球架摇摇欲坠健身器材成"晒被杆"——宁夏西海固地区农民健身存在的若干问题》，则是记者深入贫困地区，走基层、接地气的一篇问题性报道。

按理说，镇政府的体育设施至少也该是"看得过眼的"，但记者发现，在这个向镇干部群众全天候开放的露天球场上，篮球架早已锈迹斑斑，为防球架倒塌伤人，两大块条石被压在底座上。

镇上有篮球爱好者告诉记者："镇上的体育器材就这水平，村里的就可想而知了，大家喜欢运动，不少村民都渴望体育器材到家门口。"

比起农村群众高涨的健身热情和对体育器材的渴望，相关部门多方筹措到的健身路径等在一些乡村面临的"晒被子"尴尬让人尤为痛心。记者在宁夏南部山区一些村庄走访发现，虽然一些地方配备了不少健身器材，但由于缺乏指导，运动场少人用，基本成了村民晾晒粮食的打谷场，一些健身器材也成了晒被子的工具。

"这么好的东西我们不是不想用，而是有时候不知道如何用，上面老讲科学健身，我们怕万一不科学适得其反，所以爱运动的还是以跑步为主，用器材的并不多。"宁夏中卫市海原县南部某镇村民高金成告诉记者，一些健身器材损坏没人修，也让不少群众担心自己"健身反被器材伤"。

　　面对这些难题，一些基层干部和群众建议，相关部门应多举措并加大对农村全民健身活动的支持和关注，尽快补齐体育强国的农村短板。张世林、张易镇人大副主席苏克仁等人建议，相关部门应积极研究并根据农村特点选配健身器材，配备当地农民喜欢和需要的运动器材；同时应加大农村社会体育指导员的培训和选派力度，指导群众进行科学健身；建立器材维护和安全隐患排查机制，最大程度地呵护农村群众参与体育运动的积极性，助力体育强国建设。

　　毫无疑问，中国体育正处在"最好的时代"，全民健身也将迎来"最好的时代"。作为媒体人，我们是这个"最好的时代"的见证人、记录者和参与者。我们不能辜负了这个"最好的时代"！

# 精准对接需求，落实国家战略

王 兵[1]

2014 年 10 月，《关于加快发展体育产业促进体育消费的若干意见》（国发〔2014〕46 号）颁布，将全民健身上升为国家战略。2015 年，十八届五中全会将健康中国上升为国家战略；2016 年 8 月，在全国卫生与健康大会上，习近平总书记提出"推动全民健身和全民健康深度融合"；在会见第 31 届奥运会中国体育代表团时，习近平总书记提出"落实全民健身国家战略，普及全民健身运动，促进健康中国建设"。全民健身是一项重要的民生工作，对增强人民体质，提高人民健康水平，甚至是整个中华民族的未来都有重要的奠基意义。全民健身事业大发展将打破旧有工作框架，破除行业壁垒，刺激体育市场资源合理流动和配置，形成全民体育的社会氛围，更好地满足百姓日益增长的体育需求，促进我国体育产业发展，为我国经济发展注入新的活力，创造新的增长点；体育产业的发展，将会提供更多适应百姓需求的产品和服务，为百姓健身提供更有力的保障，增进民生福祉，进而促进全民健身事业进一步发展。实现全民健身和体育产业良性循环，关键在于做好全民健身工作。而要做好这项工作，需要转变观念，以精准对接需求的新理念为指导，创新工作方法。

## 一、如何理解精准对接需求

人类社会的进步和发展，离不开人类在实践中不断创新。理念的客观性表明，理念的变革、创新具有必然性和绝对性。理念不是从来就有的，

---

[1] 王兵，北京咏怀文化发展公司董事长、总经理。

也不是永远不变的。客观事物是在不断运动、变化的，作为客观存在反映的人的理念，必然也要随着客观事物的发展而发展，随着客观事物的变化而变化。

当前，随着我国经济社会的发展，传统的公共服务提供方式已跟不上时代发展步伐，亟需进行创新。精准对接需求，是针对当前和未来复杂形势提出的高标准、原则性工作理念。按照最新理论研究，精准对接需求体现了后公共管理的治理理念和要求，属精准化治理的范畴。精准对接需求，秉持辩证、系统和全局观点，以民众满意为导向，尊重社会的多元性和差异性需求，强调激发各级、各类政府、组织、个人的积极性、自主性、参与性，最终形成点面交融、面圈结合、由核心到外围的相关之间分层次、分类别、分阶段的阶梯性、网络型相关联的上下协同发展模式，进而高效、准确地解决社会问题，精准提供公共服务。

## （一）什么是精准对接需求

"精准"是指精细、准确，实事求是；"对接"体现的是多方之间的相互衔接。精准对接需求，是指全民健身的工作机制由主要依赖过去的"涓滴效应"到更加注重"靶向性"对目标人群直接加以健身干预的动态调整。精准对接需求，以需求为出发点，针对工作涉及的各方、各类、各层级需求，分析异同点，寻求最有利于调动自身和其他各方积极性的需求对接点或"最大公约数"，实现"健身对象精准、项目安排精准、资金使用精准、措施到位精准、因地制宜精准、受众成效精准"，进而形成合力，有效落实工作。精准对接需求既是工作理念，也是检验工作落实情况的准绳。

按照新供给经济学理论，从供给侧和需求侧视角入手，实现资源要素有效供给、质量提升和高效配置。过去，全民健身服务方较少考虑百姓需求，单维度提供服务供给。这在经济发展相对落后、各方面条件受限的历史时期，能够发挥一定的作用，但已经无法适应当前发展变化的形势；目前政府已经意识到这种盲目供给存在的问题，逐步将工作重心向百姓需求转移，却又未能充分考虑服务方、参与方和被服务方的需求关联。基于此，提出了精准对接需求的理念（图1），充分考虑三方需求，找到对接点，理性地引导并满足三方共同需求，构建服务型政府，促进社会和谐发展。精准对接需求是体育公共服务提供思路的巨大转变，也是落实全民健身国家战略的必然要求。

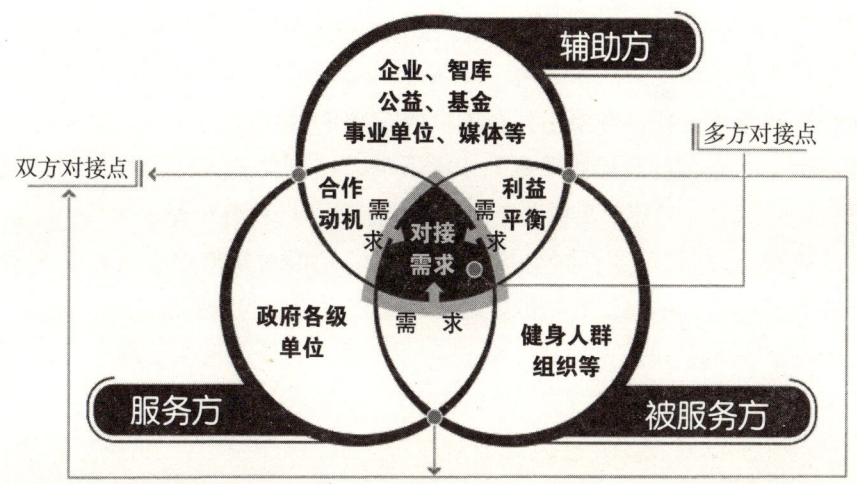

图 1　精准对接需求各方示意图

## （二）精准对接需求的类型性和层级性

### 1. 精准对接需求的类型性

福利经济学认为，"分配越均等，社会福利就越大"。我国地域辽阔，地理环境复杂，人口和民族众多，经济文化发展不平衡，地区间差别较大。诸多因素造成了全民健身工作需求类型多样，也就不能按均等分配福利。因此，需按照新公共服务理论，以整体与局部需求、当前与未来需求、短期与长期需求、个性与共性需求、单一与多元需求等诸多类型来精准对接需求。例如，城市居民的体育锻炼场所主要是绿地、公园或广场；农村居民进行体育锻炼，更多的是利用自然条件。

在规划体育设施的时候，就要结合当前服务方的供给能力，针对不同需求，科学配置相应类型的健身设施。

就被服务方而言，个体的年龄、身体素质、健身目标、经济条件等差异较大，个人健身需求呈现出类型多样化的特点。例如，从个人成长阶段来说，幼儿、少年、青年、壮年、中年、老年等不同时期健身需求类型不同，对场地、设施、组织、活动等需求类型也出现相应的变化。荷兰的"让老人多锻炼"体育计划，把老年人进一步细分，并安排相应的健身活动："具有活动能力的 55—75 岁人群，主要在俱乐部或社区活动中心进行体育活动和比赛；健康但存在风险的 65—80 岁人群，主要在老年公寓或社区中心进行健身操、舞蹈和水上活动；一般失去活动能力的 75—90 岁人群，主要在老年公寓或养老院进行椅上健身操和游戏等活动。"

就服务方而言，因服务主体的多样性，精准对接需求也呈现出类型多样的特点，如中央政府与地方政府的对接、地方各级政府之间的对接、政府与相关事业单位的对接、政府与体育社会组织的对接、政府与企业的对接、政府内部各部门之间的对接、各个事业单位之间的对接、事业单位与企业的对接、企业之间的对接等。例如，国家体育总局与医疗、文化、教育等其他部门的对接，国家体育总局与各省级体育局的对接，国家体育总局项目管理中心与体育项目协会的对接，体育总会与体育协会之间的对接等。

## 2. 精准对接需求的层级性

### (1) 组织需求的层级性

政府、体育社会组织、智库等不同类型的组织，均存在层级性。不同层级的组织，在考虑精准对接需求时，精细程度不同。比如，国家层面需要从宏观上把握全民健身工作，研究整体发展态势和趋势，制定全国性指标；社区则要站在社区发展角度，考虑社区内部人员结构、人口数量、年龄、比例，以及周边地理、经济、文化环境等具体因素，将需求精细到个体，软硬件布局细化到具体位置。

### (2) 个体需求的层级性

人的需求多种多样，马斯洛将人的需求归纳为生理需求、安全需求、社交需求、尊重需求和自我实现需求五个层次。其中，生理、安全、社交属于较低层次的需求，尊重需求和自我实现的需求属于较高层次的需求。

在诸多需求中，总有一种需求占支配地位，对行为起决定作用。比如，尚未解决温饱问题时，生理需求是第一位的。当前，随着我国经济社会发展，百姓的需求层次逐步升级，对尊重和自我实现等更高层次的需求越来越明显。全民健身工作需要研究百姓需求层次，分清先后主次，优先满足百姓健身最迫切、最广泛、最基础的需求，在满足百姓基础需求后，关注百姓多元化和更高层次的需求。

### (3) 具体需求的层级性

人的需求满足程度受客观条件限制，即使是同一需求，也存在满足程度的差异，有高、中、低不同层级的差别。例如，学校为满足学生开展篮球运动的需求，建设篮球场。在低级层面上满足需求，只需划定一片场地，设置篮球框，让学生能够开展篮球运动即可；在中级层面上满足需求，需要建设一个标准篮球场；在高级层面上满足需求，除了考虑建设篮球场的一般标准，还要充分考虑材质、艺术造型、灯光、文化氛围等各方面因素。

# 二、精准对接需求是全民健身事业必要的环节

当前复杂的国内外形势、我国全民健身事业发展的态势，以及科技迅猛发展带来的影响，决定了我们必须审时度势，以精准对接需求的理念来指导开展工作。

## （一）复杂多变的国内外形势要求精准对接需求

国际上，世界多极化、经济全球化、文化多样化、社会信息化的深入发展，深刻影响着人们的日常生活和工作开展。

国内，改革进入深水区，经济发展进入新常态，诸多矛盾叠加、风险隐患增多，机遇与挑战并存。

面对如此复杂的国内外环境，全民健身作为一项重要的民生工作，能够为各项工作的开展和全面深化改革赢得时间、赢得机遇。而要充分调动

各方力量做好全民健身工作，必须精准对接服务方、参与方、被服务方的需求，方能形成合力，取得事半功倍的效果。

## （二）科技迅猛发展要求精准对接需求

当前，日新月异的科技发展深刻影响着人们的生活方式、生活观念以及生存状态。科技爆发带来的人类生活方式的改变势必要颠覆人类以往的生活经验和生活节奏。百姓的健身观念和健身需求随着科技的发展不断更新。例如，对科学健身的需求日益增长。智能穿戴健身设备越来越受欢迎，智能手表、眼镜，运动手环等已经成为大众产品，通过这些智能产品传递的数据分析与处理，人们对自身健身方式进行选择、检测，形成自身专属健康数据计算结果，找准内心真正意义上的需求。

科技发展也为精准对接需求提供了技术支持。如日本《体育设施建设标准》中设定将体育设施和图书馆等学校设施间加强信息结合，形成网络化和管理运营一体化，达到综合性配置。

因此，要满足信息化大潮中百姓的健身需求，服务方和参与方需要顺应潮流，转变观念，审视信息化时代下百姓健身需求和自身开展工作的需求，进而精准对接需求。

## （三）我国全民健身事业发展态势要求精准对接需求

近年来，我国全民健身事业取得了令人瞩目的成就，但也存在诸多问题。与此同时，百姓健身需求随着经济、文化、科技等迅速发展呈现出新的时代特点。

### 1. 我国全民健身事业取得的成就

当前，覆盖城乡、比较健全的全民健身公共服务体系初步形成。全国各地从城市到乡村普遍建有体育场地，配有体育健身设施。至2015年底，我国人均体育场地面积达到1.57平方米。"政府主导、部门协同、全社会共同参与"的全民健身事业发展格局初步形成。随着百姓健身意识普遍增强，体育不再仅仅是竞技体育中的争金夺银，也不再局限于印象中的中老年广场舞、太极拳，而是一项人人参与的民生工程。就国家而言，全民健身不仅是增进民生福祉的工程，建设健康中国的重要基石，还是促进体育产业发展、带动社会经济转型的动力源，是提升国家软实力和国际形象的重要平台。

## 2. 我国全民健身事业存在的问题

成就斐然的同时，我国也要正视全民健身工作中存在的问题。

### (1) 部分地方政府对全民健身工作认识不清

按照制度经济学的路径依赖，一项制度一旦得以运行，若没有在外力的强力干扰下，将会沿着既定的轨迹运行下去。多年来，囿于既有制度或习惯，我国多数地方政府对全民健身工作认识不清，特别是在观念上将全民健身事业等同于百姓身体锻炼，缺乏大局观和发展观，表现在：部分地方政府未将全民健身工作纳入本地国民经济和社会发展规划；在脚踏实地深入调研百姓需求、敏锐观察社会变革与自身工作的联系上，投入的精力和工夫不够，难以做到家底清、数据准、信息灵；在开展全民健身活动上重规模、轻实效，全民健身工作重展示、轻普惠；将过多人力、物力、财力用在组织活动、建设场地设施上，政策设计、制度创新、监管、培训等工作做得不到位。

### (2) 投入和供给不足

根据政府的投资或供给偏好，当前，我国公共财政投入难以支撑全民健身事业发展需要，近年来统计数据显示，体育事业经费支出占 GDP 的比重也基本上徘徊在 0.05% 与 0.1% 之间。同时，社会资源投入渠道不畅，鼓励政策尚不完善，投入和供给不足问题明显。

《全民健身计划（2011—2015 年）》实施效果评估报告显示，我国体育场地设施建设和使用与群众的需求还存在较大差距；社会体育指导员数量不足，主动参与全民健身指导实践的动力不足；体育社会组织建设薄弱，乡镇（街道）、村（社区）级基本上没有体育组织，其他非体育行政组织也未能深入到基层，全民健身工作在基层推进困难；各级政府财政投入总量和人均都偏低。

### (3) 体育消费理念有待提升

长期以来，人们普遍认为体育是公益事业、福利事业，体育消费理应由政府埋单。这种观念导致人们过度依赖政府无偿供给，缺乏主动消费的意愿与动力。日前，城市居民的体育消费观念已经在提升，但整体满意度较低，农村居民的满意度则更低。这说明政府对公益性体育投入还需加大，免费、低收费的体育项目应增加，以刺激体育消费。

## （四）百姓健身需求呈现出新特点

随着社会经济文化的发展，百姓健身需求结构转型升级，日趋个性化、多元化、多层次、多类别；百姓愈加重视科学健身，对科学健身指导的需求越来越多；健身时间出现碎片化特点，尤其是青壮年因工作等诸多原因，有规律的锻炼时间相对较少，对健身场地设施身边化提出了更高要求；自发的群众体育活动蓬勃发展，需要科学有序的组织引导。

复杂的国内外形势，日新月异的科技发展，转型升级的百姓健身需求，以及工作中存在的诸多问题与矛盾，给我国全民健身事业发展提出了新的高难度课题。因此，当前形势下，要做好全民健身工作，必须精准对接需求。

# 三、全民健身工作如何实现精准对接需求

要做到精准对接需求，实现全民健身大发展，必须提高对全民健身工作和精准对接需求理念的认识，创新工作方式方法。

## （一）提高认识是精准对接需求的基础

### 1. 高度重视全民健身工作

国家体育总局局长刘鹏指出："落实全民健身国家战略，需要准确认

识全民健身的国家战略价值。"长期以来，人们对全民健身的认识存在一定误解，认为健身锻炼是中老年人的事，青年人身体强壮，不需要锻炼；认为锻炼不锻炼身体无所谓，只要进食补药就能健身；群众参与体育活动的欲望意识较弱；认为参加体育锻炼仅仅是为了参加某项比赛并取得名次，甚至错误地认为全民健身是为竞技体育发现和培养后备人才。其实，全民健身是面向全体人民，通过鼓励身体活动，倡导科学健身，形成健康文明生活方式，以增强人的体质、服务于人的全面健康、促进人的全面发展为目标，以丰富人民群众精神文化生活，推动经济社会和谐发展、提升国家民族综合实力为追求的一项社会事业。

同时，从全民健身和全民健康深度融合的角度看，全民健康是指全体人民的全面健康。全面健康包括身体、心理、道德、社交四个方面的健康。全民健康不仅覆盖人类从婴幼儿到老年整个生命周期，还贯穿于人的健康、亚健康、疾病、康复、强壮、健美等整个健康过程。全民健身和医疗卫生与文化、教育、养老、精神文明、环境等事业均是实现全民健康的途径。其中全民健身和医疗卫生是实现全民健康的两个重要支撑，而实现全民健康则是成就健康中国的最主要途径。在全国卫生与健康大会上习近平总书记也指出"把以治病为中心转变为以人民健康为中心"，意味着要将实现全民健康的侧重点引向前端，即引导全体人民向不得病、少得病方向去努力。如果说全面健身与全民健康深度融合相互激荡，凝聚为全社会的"最大公约数"，那么，精准对接需求则是全面健康前端最核心的"一公里"。

全民健身工作的国家战略定位，已经说明国家对全民健身事业认识上的转变。这样的战略地位带给国家、各级政府、体育组织、协会，甚至个人的不只是任务，而是巨大的发展机遇。习近平总书记指出："体育在提高人民身体素质和健康水平，促进人的全面发展，丰富人民精神文化生活，推动经济社会发展，激励全国各族人民弘扬追求卓越、突破自我的精神方面，都有着不可替代的重要作用。"国家体育总局局长刘鹏认为："体育不但为国争光、为民谋福，还可以为国增利。"

从国际看，全民健身的自然属性决定了它的独特功能和地位。相对于其他文化传播形式，全民健身在国际交流中最易被不同文化背景、宗教信仰、政治制度的国家所接受，是抵触最小的领域。各国政府在提高国民体质、促进国民健康方面都有着共同的期望。如美国开展《总统的挑战健身计划》，并推出《全国体育活动计划》；欧盟提出"欧洲运动周"计划；韩国推出"7330"体育运动等。因此，开展国际间的全民健身活动是加强国际交流、传播中国声音、提升国家形象的最佳渠道。

从国内看，全民健身在带动经济发展和转型过程中的作用不容小觑。一方面，我国人口基数大，经常参加体育锻炼的人数逐年递增，并拉动体育消费，我国体育产业增加值已从 2006 年的 983 亿元上升到 2014 年的 4000 亿元，显示出巨大的消费需求和市场潜力；另一方面，体育产业作为关联度极高的"上游产业"，可与国民经济诸多产业产生渗透和融合，显示出较强的乘数效应。百姓追求健康、积极健身带来的运动场地、活动、科学指导等多类型、多层次的需求不断升级，也为促进经济社会转型升级，提供了良好的机遇和前所未有的发展空间。同时，全民健身事业和体育产业协同发展，以空间换时间，能够为周期长、见效慢、整改难度大的其他经济领域的改革发展赢得复苏时间。

只有充分认识到这些，各级政府、社会组织等才能转变意识、把握机遇，高度重视全民健身工作，推动全民健身工作发展。这是落实国务院 46 号文件的基础，也是精准对接需求的基础。

## 2. 高度重视精准对接

精准对接是在错综复杂的环境中遵循客观规律，发挥人的积极性、主动性和创造性，进而破解实施中的难题。高度重视精准对接，树立精准对接的工作意识，研究精准对接在全民健身具体工作中的执行力度至关重要。

全民健身工作中，只有考虑双方或者多方需求，理性对待各层级、各类型服务方、参与方、被服务方需求的差异性和异质性，在大家公认的需求平衡点或者是衔接点上开展工作才是解决问题的关键，也是真正落实国务院 46 号文件的关键和推进公共服务均等化的有效之举。从理论角度看，人们的体育公共服务享用权利是平等的，但是对于农民等弱势群体，如何实现他们的体育公共服务权利成为一个难题。因此通过精准对接需求，让各方利益诉求都得到表达，寻求体育利益诉求的"最大公约数"，平衡不同主体在体育资源配置中的格局，合理调整相互之间的关系，形成不同主体间的利益协调、利益补偿和利益共享机制，促进体育资源的公平占用、合理流动与高效配置。比如，美国新奥尔良休闲发展委员会下面的体育部门负责制定的社区课程、招募教练、志愿者、培训事宜，充分体现了体育工作者对精准对接的认识。"阿灵顿14个社区中心在体育领域就有上百种项目课程，针对不同年龄、性别、水平等细化分类，几乎所有人都可以找到为自己量身定制的课程。"

## （二）通过"立整动"的工作方法实现精准对接需求

在"精准对接需求"理念指导下，以发展的、联系的观点立体看问题，站在全过程、全周期、全领域、全行业的高度，在系统研究国内外公共体育服务理论的基础上，总结多年全民健身工作实践经验，研究出一套适应当前形势、全面推动全民健身事业发展的系统工作方法，即"立体构建、整合推进、动态实施"法。

### 1. 以精准对接需求为指导，立体构建顶层设计

在具体提供体育公共服务过程中，要在精准对接需求理念指导下构建顶层设计，不能笼统泛化，站在全局和整体发展的角度上，不同层级的政府部门、社会组织、智库、协会等都应充分考虑需求的类型性和层级性，对不同需求做到不同程度的精细化，找到各方需求的对接点，围绕对接点立体构建由调研分析报告、发展体系、发展战略三部分组成的、指导性强、易操作、结构清晰的顶层设计。利用这个顶层设计统一认识，完善标准，指导工作。

#### (1) 立体研究需求，形成《调研分析报告》

所谓立体研究，是指从主观需求与客观环境两个方面对全民健身工作各要素进行深入研究，运用科学专业的工具进行分析，形成《调研分析报告》。

①从主观方面进行立体研究，精确寻找对接点。

首先，各级、各类服务方要立体调查全民健身服务方、参与方、被服务方三方需求，挖掘大家需求，并通过分析，明确这些需求属于哪种类型，

如单一类型需求、综合类型需求等。其次，分析这些需求的层级性，并明确区别属于哪个层级的需求，将各层级需求进行匹配，分析它们的异同点，精准找到对接点。在此基础上，明确当前满足哪些需求，未来满足哪些需求，具体的某类需求在不同的时间节点和不同的空间满足到什么程度。

②从客观方面进行立体研究，分析精准对接条件。

任何事物的发展都离不开客观环境的影响。马克思认为："人创造环境，同样，环境也创造人。"同理，根据环境外部性理论，客观环境涉及的人、事、物、时间、空间、领域、软硬件条件必然对全民健身工作产生直接或者间接影响。要做到精准对接各方需求，有效开展全民健身工作，就必须重视对客观环境的立体调研。比如我国东、中、西部地区都存在经济、气候、风俗习惯等方面的差异；就个体而言，则存在性别、年龄、民族、收入、生活习惯等差异。这些都是需要充分调研和思考的。这些复杂的客观环境有些是独立的，有些是交织在一起的。

同时，立体系统的调研分析作为认识和分析事物的重要方法论，为更科学地分析事物发展的内在规律提供了理论基础。通过立体的调研分析能够帮助我们看清客观环境中某一因素的内外部发展条件、整个大的客观环境内外部发展条件及未来趋势，这将有利于我们发现客观环境间的联系点和矛盾点，精准把握全民健身工作当前及未来发展的客观环境和对接条件。

在主观需求和客观环境分析结论的基础上，将主观需求与客观条件进行对接，可以运用传统的 SWOT、PEST 等分析方法。但是这些方法不足以支撑这项立体研究工作，应该运用与精准对接、立体构建相匹配的"立体研究模型"（图 2）等新型工具进行分析，形成《调研分析报告》，为构建立体的顶层设计提供科学依据。

**(2) 立足精准对接需求，立体构建全民健身工作发展体系**

面对全民健身工作过程中所形成的体育公共服务体系和标准多样化状态，我们提出全民健身工作发展体系。整个体系是站在全方位、全领域、全周期的角度构建和确立的，"发展"强调体系的应变性。在具体操作层面，它是一个开展全民健身工作标准的指导建设体系，也是具体操作工作的尺度说明，并随着社会、经济、文化、科技的发展，以及时间、空间、人群等具体因素的变化而不断调整、升级、完善。发展体系由三大部分构成（图3）：理念体系、工作实践体系（管理体系和基本公共服务体系）、呈现体系。

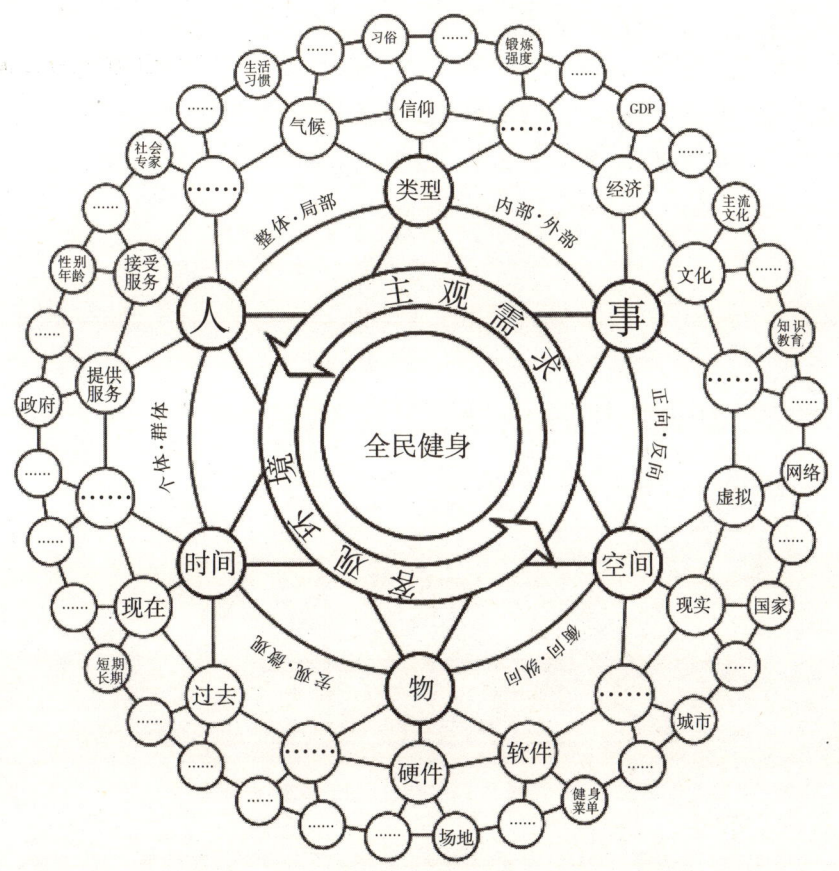

图2　立体构建模型示意图

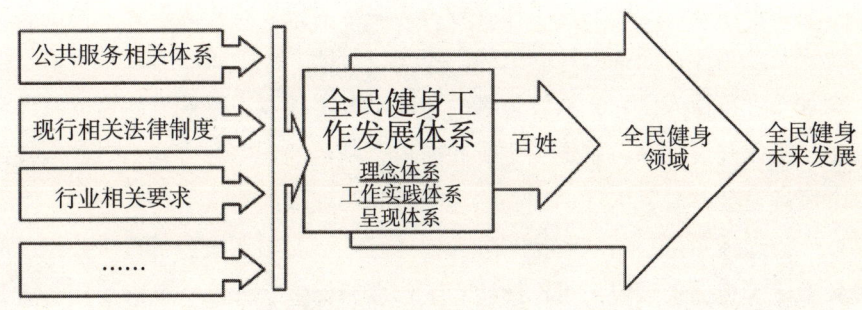

图3　工作发展体系示意图

**理念体系**：它着眼于思想层面，覆盖全民健身整个领域，主要解决概念和认识问题，对当前和未来的全民健身工作具有重要指导意义。它涵盖全民健身工作涉及的各层级、各类型、各时间段的服务方、参与方、被服务方的指导理念。理念体系主要包括三部分（图4）：　是与全民健身相关的概念界定，以及权威的学术思想与观点。二是全民健身工作服务方需要具备的工作理念，包含各层级、各类型工作理念；三是对百姓倡导的理念和需要百姓树立的观念。

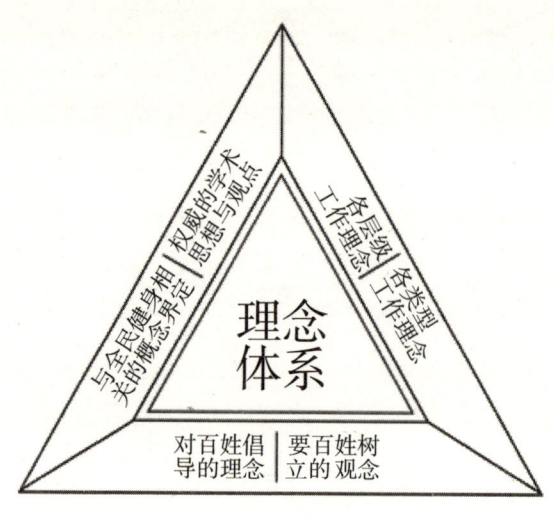

**图4　工作理念体系示意图**

**工作实践体系**：从全民健身工作全局出发，立足工作相关各类需求，将全民健身工作实践体系分为管理体系和基本公共服务体系两大体系。

管理体系以全民健身工作管理者为服务对象，将作为服务主体的各级政府，参与体育活动的社会组织、协会、社团、企业等，以及广大群众的需求点进行深入研究，从管理者的角度平衡需求点，明确管理者的指导思想、工作开展方式，确定满足哪些需求，满足的程度和方式，以此来提高全民健身公共服务水平，提高治理能力和治理现代化水平。

管理体系是以精准对接需求为指导思想，参照调研分析报告并对应服务主体客观需求形成的工作架构和工作参照标准，涉及全民健身服务方各层级、各类型工作，具体包含组织、流程、内容、标准、评估、激励和保障七个体系（图5）。每个体系内部，依据全民健身工作的特质进一步细化。例如：内容体系依据工作类型划分为活动体系、组织体系、场地设施体系、健身指导体系、人才体系、宣传体系、信息化体系等子体系。对各项工作范围、工作权责、工作状态、工作与工作间的衔接等都提供了硬性与弹性标准。需要说明的是，管理体系的架构、内容可以随着事态发展进行动态调整，但与基本公共体育服务体系相比，管理体系的内容稳定性很高，变量则较低。从不同层级工作来看，每项工作都同时含有阶段性标准和共性标准。它像一本指导全民健身工作者开展具体工作的工具书。详见图5。

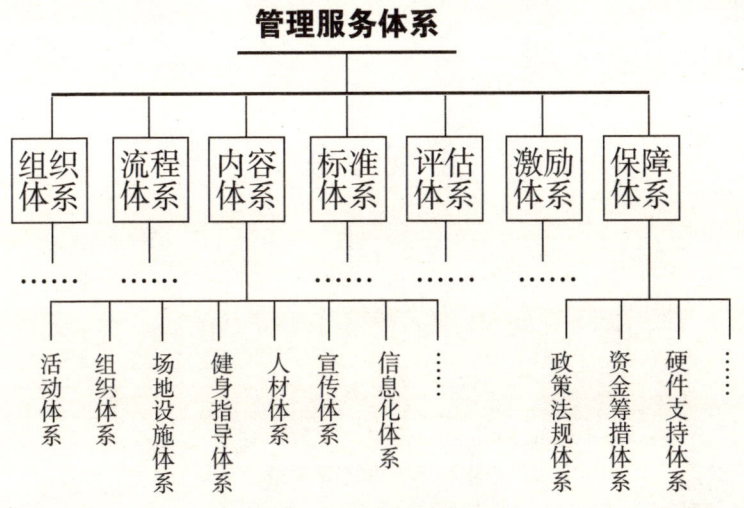

图5　管理体系示意图

　　基本公共服务体系是从被服务方的角度出发，以全体百姓为服务对象，立足基本健身需求，为百姓提供最基础的健身服务。基本公共服务体系（图6）的架构由服务内容体系、服务方式体系、服务标准体系、服务评估体系、服务激励体系等体系构成，每个体系下面都有若干子体系。被服务方通过基本公共服务体系能够明确了解自身获取服务的范围、程度、方法、途径。依据《调研分析报告》，在整体框架不变的前提下，基本公共服务体系要符合自身定位和发展的实际情况，既要符合国家统一标准，又要因地制宜、符合本地区实际情况。

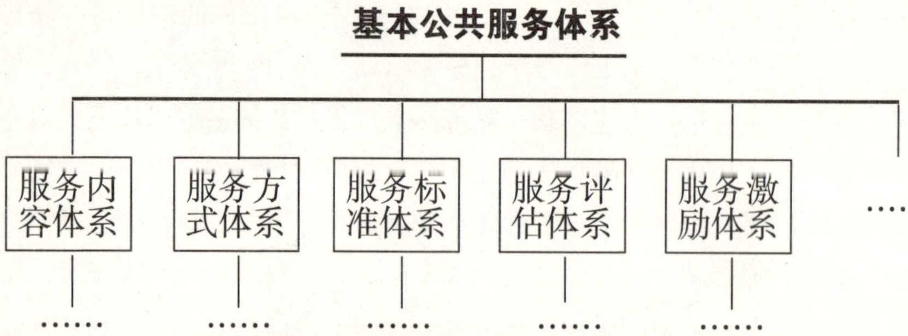

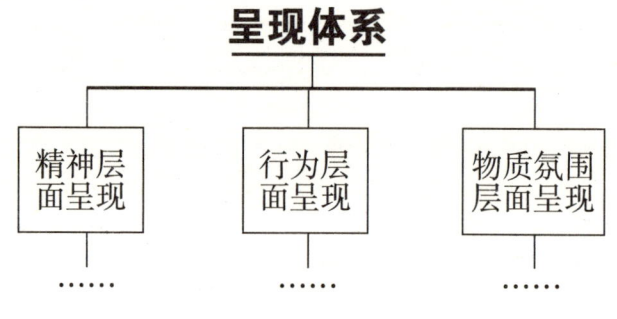

**基本公共服务体系**

服务内容体系 …… 服务方式体系 …… 服务标准体系 …… 服务评估体系 …… 服务激励体系 …… ……

图6 基本公共服务体系示意图

**呈现体系**：呈现体系是服务方、参与方、被服务方在全民健身工作中所呈现出来的行业特征状态，由精神、行为和物质三个层面的体系组成（图7）。

**呈现体系**

精神层面呈现 …… 行为层面呈现 …… 物质氛围层面呈现 ……

图7 呈现体系示意图

精神层面主要体现在全民健身工作者的精神状态，如积极、乐观、坚韧等性格特征；行为层面主要体现为热爱运动、积极倡导健身行为等；物质层面主要是硬件、软件状态的展现。

精神和行为呈现，对于服务方而言，其状态涵盖服务工作的全过程，具体表现为工作过程中的状态、成果显现状态、在日常生活中所体现出的状态。对于被服务方而言，是一套标准参照，引导百姓统一向设定状态发展。

物质氛围层面由硬件、软件状态呈现共同构成，内容涉及服务方和被服务方各类硬、软件环境氛围的呈现状态。各类硬、软件环境氛围是功能性、安全性和人性化的基础呈现，审美性、特色性和体系性的中级呈现，文化性和教育性的高级呈现，并对这些呈现状态设定硬性和弹性的建设参照标准。

### (3) 立足精准对接需求，制定全民健身发展战略

《调研分析报告》和《发展体系》为全民健身工作的战略规划做了很好的铺垫。实现精准对接需求，落实全民健身工作，制定一套行之有效的《全民健身发展战略报告》势在必行。

首先，为落实国家《计划》，各级地方政府具体工作要有翔实的阶段性实施计划。要围绕百姓有更多的获得感，来研究全民健身工作如何发展和具体落实，并明确时间表、路线图、任务书等。比如国家和各级地方政府都要制定五年规划，这个规划是整体战略的阶段性表现。

其次，要注重实践层面的宏观布局。从中央到地方各级政府都要对全民健身工作精准布局。布局包含硬件和软件两方面。硬件方面的布局体现在体育场地、设施、绿化、文化设施匹配等方面；软件方面则是工作中涉及的部门、组织、社团、体育活动或者项目、体育文化等。此方面，德国经验值得借鉴。德国出台了系列《黄金计划》，"根据德国不同时期经济、社会和体育设施发展的具体情况，提出了各阶段的具体任务，从最初大力兴建体育设施到根据民众的不同兴趣与需求分类建设，再到提高设施的现代化水平，缩小东西部体育设施差距，目标任务层层推进，最终为德国大众体育发展奠定了坚实的'硬件'基础。新时期，德国在维护和改造旧体育设施的同时，也提出了未来建设体育设施的新思路"。

精准对接需求下的发展战略，是全民健身工作的一盘大棋。每一步都要深思熟虑。既要保证稳步进取，又需根据多方需求灵活调整战略。但整体而言，这盘棋的操作性强而有力。

## 2. 以精准对接需求为指导，整合推进，深入开展全民健身工作

理论指导实践，顶层设计只有落到实处才能真正发挥作用。全民健身工作者在顶层设计的基础上，以精准对接需求为指导，参照系统论，按照整体系统与子系统、子系统与子系统之间协调发展，以及各子系统或元素之间相互作用、相互配合、相互促进，把所有与全民健身工作相互联系、

相互制约的事物整合为一个统一的有机整体，形成上下齐动、左右联动、内外互动、整合推进的大群体格局。

整合运营模式如图 8 所示。

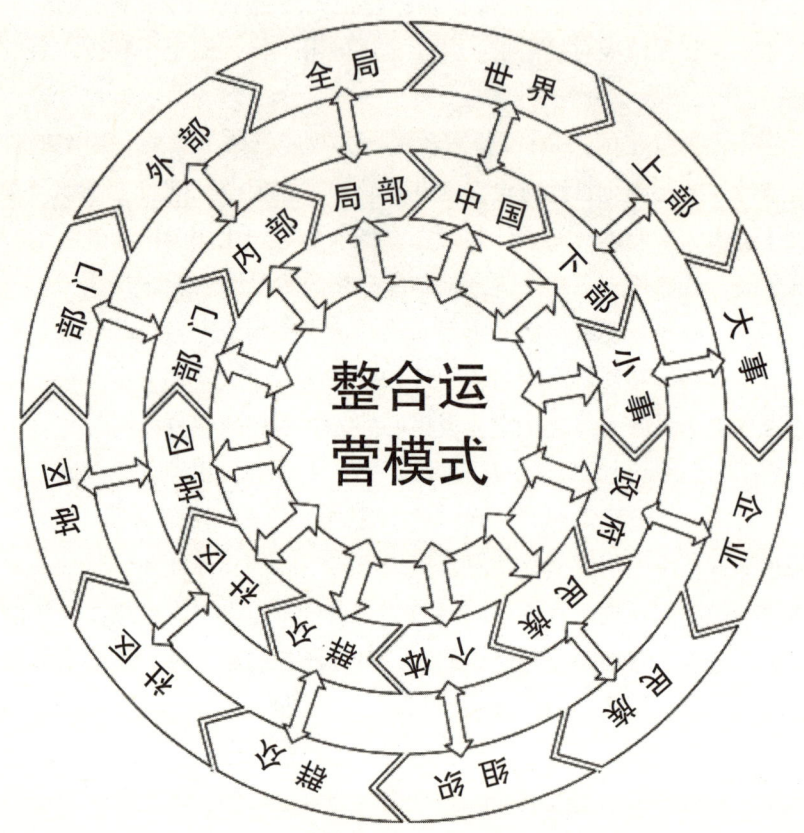

图 8　整合运营模式示意图

### (1) 横向层面的整合

在精准对接需求指导下，可以通过跨部门、跨行业、跨区域、跨领域等进行横向层面的整合，找到横向关联部门的需求动机和共同需求点，合力开展工作，左右联动，内外互动，形成共建、共管、共享的格局。例如，芬兰是参加体育锻炼人数比例较高的国家，该国大众体育政策的制定及行动开展不但由主管的教育部领衔，还包括卫生部、交通部、环境部等多部门积极参与。以交通部为例，为了给芬兰民众营造体育生活化的环境，该部近年来增加了自行车道及人行道的建设，以鼓励民众通过步行和自行车骑行的方式增加体育活动，进而促进健康。

**(2) 纵向方面的整合**

国家及省、市、县（区）、街道（乡镇）、社区（村落）各级部门及基层组织，在全民健身工作中的角色、动机和需求不同，提供的服务范围和服务内容也各不相同，但工作目标一致。基于此，需要从政府、社会组织、智库等进行纵向方面的整合，汇聚各方力量和智慧，群策群力，细致、全面、高效地做好全民健身工作。例如"谁是球王"中国乒乓球、羽毛球民间争霸赛，整个比赛"由海选、赛区球王争霸赛和总决赛三个部分组成，从全国各省（自治区、直辖市）和部分行业体协选拔出各类别的民间高手，最后齐聚北京参加总决赛，获胜者赢得'球王'称号。"

**(3) 横向、纵向的交叉整合**

无论组织还是个人，既有自身存在与发展的需求，也有开展工作的需求，这些需求纵横交错，需要我们厘清需求的连接点，整合资源，推进工作。以组织为例，组织自身有存在与发展的需求，在这个需求上既有组织与上下级之间的需求连接，也有组织在发展中与其他部门的需求连接；组织还有开展工作的需求，也涉及上下级和关联部门的需求对接……在错综复杂的需求中，对需求进行精细化分析，找到需求的对接点，以此为出发点，立体整合资源，全面推进全民健身工作。

## 3. 以精准对接需求为指导，做好"最后一公里"的动态实施

全民健身工作在真正落实过程中，会受到诸多变化因素影响。这就需要时刻以精准对接需求为准则，做好"最后一公里"的动态实施（图9）。

动态实施主要体现在两个方面：一是落实全民健身工作应与具体环境动态融合。精准对接需求下的全民健身工作在落实的过程中，也会受到具体的环境因素和主观因素的影响，诸如地理气候、风土人情、百姓接受程度等，还有政策方针、经济形势、文化潮流、国内外态势、科技发展程度等大环境下可能出现的变量因素。这些都促使我们因时因地因需及时调整完善工作计划及相关标准，重新进行资源配置，灵活把握，动态实施；二是对全民健身工作本身进行动态审视。全民健身工作实施过程中，要针对

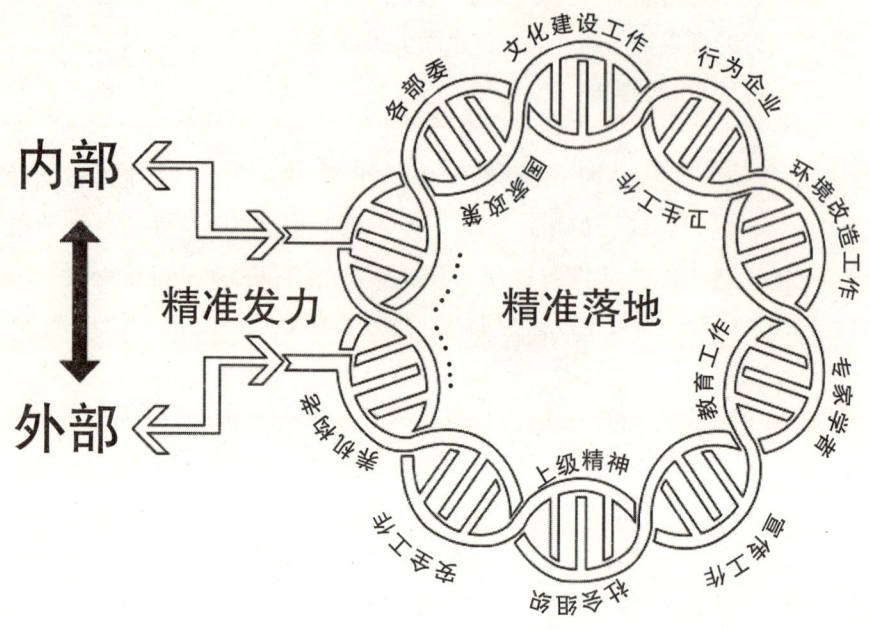

图9　精准落地示意图

工作的效果进行评估。阶段性评估和成果性评估是对全民健身工作的检验，也是全民健身工作动态调整的依据。评估过程中要动态审视，对不同层级、不同区域、不同民族之间的差异性要尊重，不能一刀切，甚至评估的方式和标准也要适时调整，这样才能精确把握全民健身工作的时效性、阶段性、地域性。全民健身工作与社会民生问题密切相关。落实全民健身工作时能否真正让百姓得到实惠至关重要。我们要随时关注服务方、参与方、被服务方的反馈，真正做到让全民健身工作惠及民生、改善民生。

## 四、结论

在日趋复杂的国内外环境中，适应经济新常态，落实全民健身国家战略，必须转变观念，创新工作方法。"精准对接需求"是在分析当前国内外环境、我国全民健身事业发展态势、总结全民健身工作实践基础上提出的理念，对开展全民健身工作，"推动全民健身与全民健康深度融合"具有重要指导意义。"立体构建、整合推进、动态实施"作为"精准对接需求"的理念指导下的工作方法，注重需求，立体调研，涵盖工作开展的全过程，真正做到将需求精细化，并从中找出对接点，平衡全民健身工作服务方、参与方、被服务方三方需求，整合各类别、各层级资源，因时制宜，因地制宜，动态开展工作，进而促进全民健身事业大发展，带动体育产业发展，促进社会经济结构转型升级，助力全面小康社会建设，为实现中华民族伟大复兴奠定坚实基础。

# 参 考 文 献

[1] 军事科学院军事战略研究部.战略学 [M].北京：军事科学出版社，2013：275.

[2] 赵丕，李效东.大国崛起与国家安全战略选择 [M].北京：军事科学出版社，2008：576.

[3] 葛东升.国家安全战略论 [M].北京：军事科学出版社，2006：310.

[4] 吴春秋.论大战略和世界战争史 [M].北京：解放军出版社，2002：338.

[5] 国家发展和改革委员会社会发展司、国家体育总局体育经济司.《国务院关于加快发展体育产业促进体育消费的若干意见》100问 [M].北京：人民体育出版社，2015.

[6] 刘国永、杨桦.群众体育蓝皮书——中国群众体育发展报告 [M].社会科学文献出版社，2015.

[7] 胡鞍钢.我国体育改革与发展的方向 [J].体育科学，2000，20 (2)：1-3.

[8] 胡鞍钢.2020中国：全面建成小康社会 [M].清华大学出版社，2007：38.

[9] 胡鞍钢."三只手合力"是习近平经济思想的重大创新 [EB/OL]．http://economy.gmw.cn/2016-01/08/content_18462556.htm.

[10] 董金裕.《周礼》六艺的内涵及其在教育上的作用 [J].孔子研究，2014（1）：13.

[11] 王俊奇.中国"古代体育史"研究百年回顾与思考 [J].体育与科学，2012（11）：27.

[12] 刘媛媛.先秦身体观语境下的中国古代体育文化研究及其现实意义 [J].体育科学，2012（1）：86.

[13] 赵军. 唐炎. 全民健身的现实问题与发展意义——从广场舞纠纷谈起 [J]. 体育学刊, 2015 (1): 45.

[14] 童丽萍. 西方国家体育权利均等化的三大基石及对我国的启示 [J]. 上海体育学院学报, 2014 (4): 58.

[15] 戴维. 波普诺. 社会学[M]. 李强, 等, 译. 北京: 中国人民大学出版社, 169.

[16] The SDP IWG Report "Harnessing the Power of Sport for Development and Peace: Recommendations to Governments", 2008.

[17] The SDP IWG Report "Harnessing the Power of Sport for Development and Peace: Recommendations to Governments", 2008.

[18] EU White paper on sport, July 11. 2007.

[19] UN, The SDP IWG Report "Harnessing the Power of Sport for Development and Peace: Recommendations to Governments", 2008.

[20] Maarten van Bottenburg, the Netherlands, cited in M. Nicholson, R. Hoye and B. Houlihan, edited, Participation in sport: international policy perspectives, Routledge, London, 2011.

[21] 李景. 我国体育产业呈现积极变化 如何撬动体育产业万亿元大市场 [N]. 经济日报, 2015-10-8.

[22] 郑直, 孙亮全. 2025 年体育产业达 7 亿, 刘鹏对产业发展提新要求 [N]. 新华社, 2015-10-12.

[23] 刘国永. 全面深化群众体育改革的思考 [J]. 体育科学.2015.

[24] 胡鞍钢, 等. 全民健身国家战略: 内涵与发展思路 [J]. 体育科学, 2016, 36 (3): 3-9.

[25] 国家统计局. 2015 中国统计年鉴 [M]. 北京: 中国统计出版社, 2016.

[26] 任海. 论体育产业对中国体育发展的影响.

[27] 靳英华, 等, 体育经济学 [M]. 北京: 高等教育出版社.

[28] 郑晓燕. 中国公共服务供给主体多元化发展研究 [M]. 上海: 上海人民出版社, 2010: 37-373.

[29] 李相如，刘国永. 关于我国两种社会体育指导员制度的比较研究——兼论构建中国社会体育指导员制度体系的设项 [J]. 体育科学，2005，25（3）：78-80.

[30] 谭小勇. 法治中国背景下之政府体育职能转变研究 [J]. 体育科研，2015，25（3）：28-30.

[31] 杨强. 体育产业与相关产业融合发展的内在机理与外在动力研究 [J]. 北京体育大学学报，2013，36（11）：20-30.

[32] 杨强. 体育与相关产业融合发展的路径机制与重构模式研究 [J]. 体育科学，2015,35（7）：3-9.

[33] 陈玉忠. 加拿大体育政策的特点及启示 [J]. 上海体育学院学报，38（1）：36-40.

# 后 记

  2014 年 10 月 20 日国务院发布了《关于加快发展体育产业促进体育消费的若干意见》（以下简称《意见》）。《意见》指出，要加快政府职能转变，进一步简政放权，并将全民健身上升为国家战略。《意见》出台不仅极大提高了全民健身在国家顶层设计的地位和意义，也极大改变了以往计划或规划中对中国体育战略布局的口径与高度。一场史无前例的全民健身活动在神州大地广泛而深入地开展起来。

  近两年来全民健身在国家战略的新的旗帜之下蓬勃开展，老百姓开始感受到了全民健身上升为国家战略之后的新的气象和勃勃生机，智能体育公园、马拉松、路跑、骑行、健步走、广场舞、游泳、龙舟、攀岩、穿越、探险等都出现了快速发展的崭新局面。新的局面必然伴随着新的问题，尤其是体育工作者、学者和体育爱好者对全民健身国家战略的理解和内涵的把握都不尽一致，实践需要理论给以指引和回答。

  为此，在国家体育总局党组和总局领导的部署和支持下，国家体育总局群众体育司在全国范围内，采用跨界的思路，除了总局当时主管群众体育工作的老领导冯建中、分管大群体、体育产业、体育科教的局长助理李颖川，群体司司长刘国永之外，还特别邀请了浙江省副省长郑继伟以及新华社、江苏省体育局、中国社会科学院、中国人民解放军科学院、北京大学、清华大学、北京体育大学、首都体育学院等领导和学者共同探讨和回答新形势下的新问题。经过近十个月的联手打造，本书即将问世。

  在本书即将出版之际，感谢能够接受邀请的各位领导和学者，他们都非常忙，但也都出于对全民健身这个伟大事业的关切和热爱，出于一种为老百姓服务的责任感和使命感，欣然执笔，完成了这一具有重要时代性和权威性的学术专著。感谢许多关注和默默支持我们的领导、学者和朋友。

　　本书的作者在撰写过程中查阅、参考、引用了许多学术专著和论文，在此谨向撰写这些学术专著和论文的原作者表示敬意和衷心的感谢。

《全民健身　国家战略》编委会

2016 年 10 月

# 《全民健身　国家战略》
# 所附文件列表

1.《国务院关于促进旅游业改革发展的若干意见》（国发〔2014〕31 号）

2. 国家发展改革委、民政部、财政部、国土资源部、住房城乡建设部、国家卫生计生委、人民银行、税务总局、体育总局、银监会《关于加快推进健康与养老服务工程建设的通知》（发改投资〔2014〕2091 号）

3. 体育总局、发改委、民政部、财政部、农业部、文化部、卫计委、旅游局、老龄办、全总、妇联、残联 12 个部门，联合印发《关于进一步加强新形势下老年人体育工作的意见》（体群字〔2015〕155 号）

4.《国务院关于加快发展体育产业促进体育消费的若干意见》（国发〔2014〕46 号）

5.《中共中央办公厅国务院办公厅印发〈关于加快构建现代公共文化服务体系的意见〉的通知》（中办发〔2015〕2号）

7. 国家发改委、国务院足球改革发展部际联席会议办公室、体育总局、教育部联合印发《中国足球中长期发展规划（2016—2050年)》（发改社会〔2016〕780号）

6.《国务院办公厅关于印发中国足球改革发展总体方案的通知》（国办发〔2015〕11号）

8.《国务院办公厅关于强化学校体育促进学生身心健康全面发展的意见》（国办发〔2016〕27号）

9.《国务院关于印发"十三五"加快残疾人小康进程规划纲要的通知》（国发〔2016〕47号）

10. 国务院印发《全民健身计划（2016—2020年)》（国发 [2016] 37号）

11.《"健康中国 2030"规划纲要》

12. 国务院办公厅《关于加快发展健身休闲产业的指导意见》（国办发〔2016〕77号）

13. 体育总局等 23 部门关于印发《群众冬季运动推广普及计划（2016—2020 年)》的通知

15. 国家体育总局《全国冰雪场地设施建设规划（2016—2022 年)》

14. 国家体育总局《冰雪运动发展规划（2016—2025 年)》